中国式
区域劳动关系
治理

翟玉娟 石秀印 彭光华 著

中国法制出版社
CHINA LEGAL PUBLISHING HOUSE

第一章 —————————————————————————————————————

中国式区域劳动关系治理——以大亚湾区为例

第二章 ——————————————————————————————————

大亚湾试验区的基本背景

第三章 ——

"劳资同心"行动计划

第四章

方案与企业指引

第五章 ————————————————————————————

劳动关系评估与监测

第一章

中国式区域劳动关系治理

——以大亚湾区为例

开展区域和谐劳动关系构建，进行劳动关系治理是中国实践中特有的做法，是中国和谐劳动关系建设的重要特色和经验。2015年3月，《中共中央 国务院关于构建和谐劳动关系的意见》（以下简称《构建意见》）提出中国构建和谐劳动关系的完整思路，是关于劳动关系治理最高层次的专门性、纲领性和方向性文件，在中国劳动关系治理进程中具有里程碑意义。《构建意见》提出"把和谐劳动关系创建活动作为构建和谐劳动关系的重要载体"并"积极开展构建和谐劳动关系综合试验区（市）建设，为构建中国特色和谐劳动关系创造经验"。

建立综合试验区，是在我国改革开放过程中划定特定区域采用理念创新、制度创新，以先行先试的方式进行改革试验，经过一段时间运行，对效果较好的先进经验进行总结，随后进行大规模推广应用的渐进式改革方式，具有典型的中国特色。2006年，国务院批准天津滨海新区成为全国综合配套改革试验区，可以先行试验一些重大的改革开放措施，通过重点突破与整体创新相结合、经济体制改革与其他方面改革相结合的方式，推进天津滨海新区的开发开放。2012年11月，人力资源和社会保障部（以下简称人社部）与天津市人民政府共同决定在滨海新区构建和谐劳动关系综合试验区，由人社部和当地政府直接领导，人社部附属的科研机构进行专家指导，以滨海新区行政区域为范围开展和谐劳动关系构建，主要目的是探索具有推广价值的劳动关系工作模式和体制机制，为全国劳动关系工作创造经验。天津滨海新区和谐劳动关系综合试验区的建立突破了我国以往以经济体制改革为主的综合试验区模式，首创了在劳动关系领域的试验改革。2015年3月，《构建意见》吸纳了滨海新区创设和谐劳动关系综合试验区的做法，进一步明确提出在全国多个区域开展和谐劳动关系综合试验区建设。《构建意见》颁布实施后，31个省市结合本地实际出台了相应的实施办法、细则，①并以行政区、工业园区为范围在多个省市开展和谐劳动关系综合试验区建设，开启中国区域劳动关系治理的大规模改革试验。广东省是中国改革开放的前沿阵地，同年11月，广东省人力资源和社会保障厅根据《构建意见》出台了具体的实施意见，并选取了具有一定劳动关系治理基础，在机制与体制的创新工作上具有一定潜力的地区作为和谐劳动关系综合试验区。②其中，惠州市大亚湾经济技术开发区（以下简称大亚湾区）因具有独特的毗邻深圳、香港特别行政区，辐射带动珠三角、粤东、粤北地区的区位优势和国家级经济技术开发区经济发达的优势，以石化产业为支柱，电子信息、汽车零部件、现代物流、滨海旅游四大产业为主的"1+4"鲜明的产业特点和长期重视和谐劳动关系构建的良好基础，在2016年6月成为广东省省市共建首批和谐劳动关系综合试验区之一，计划利用五年时间，充分发挥党政力量、群团力量、企业力量和社会力量，根据中国劳动关系特点和区域劳动关系特点，采用推进多种政策、制度、机制、方式，改善区域劳动关系。

国内外对劳动关系的研究，多是从宏观上对某一个国家劳动关系调整模式的研究，从微观上对产业、企业劳动关系的研究，对区域劳动关系的研究，尤其针对单一政治体制下的区域劳动关系治理的研究，并不多见。中国大规模开展和谐劳动关系综合试验区构建，是对区域劳动关系治理的探索，具有中国特色。本书以惠州市大亚湾经济技术开放区和谐劳动关系综合试验区五年来的实践，探讨中国式区域劳动关系的治理经验与模式。

---

① 聂生奎：《积极构建和谐稳定劳动关系》，载《中国人力资源社会保障》2021年第1期。
② 吴潇雯：《和谐劳动关系治理的湾区经验》，载《社会治理》2017年第10期。

第一节　构建和谐劳动关系治理体系

劳动关系是市场经济条件下用人单位与劳动者的社会关系，各国劳动关系有相同的特征，但不同的政治体制、法律制度、社会背景、文化传统塑造了不同国家和地区劳动关系的特殊性，地域性劳动关系又受地域、行业、企业、劳动者等多重因素的影响。以一个行政区域为范围进行和谐劳动关系构建，应根据当地的劳动关系特征建立相应的治理体系，形成治理的思路，劳动关系治理体系是针对劳动关系的现状、特征、规律形成的框架、制度、政策。"体"，是对区域劳动关系有全面深入的了解，"系"要求对劳动关系的治理形成相互衔接、配合得当、行之有效的制度、政策和方法，整合形成区域和谐劳动关系治理体系。

一、建立区域劳动关系治理体系

（一）党政部门的领导、统筹与协调

当前，中国劳动关系既不同于西方对抗式的劳动关系，也不同于计划经济时代的劳动行政关系，而是具有其强烈的社会背景和时代特征。中国共产党是中国的执政党，劳动关系治理体系要在党的领导下实施，《构建意见》从战略的角度提出构建和谐劳动关系是增强党的执政基础、巩固党的执政地位的必然要求，在具体工作体制上是党委领导、政府负责、社会协同、企业和职工参与以及法治保障。劳动关系属于社会关系组成部分，不仅体现在劳动过程中用人单位与劳动者的权利义务关系，也与其他社会关系之间存在相互交织和影响。人力资源和社会保障部门、工会部门等与劳动关系直接相关的职能机构只能在部门职责范围内开展业务工作，构建和谐劳动关系涉及多个

环节，包括劳动者入籍落户、安全健康、住房保障、子女教育等，只有依赖当地党委和政府的组织领导和统筹协调职能，才能让相关职能部门共同重视劳动关系并参与到和谐劳动关系构建过程中，保障相应配套政策和措施在实践中得到实施。和谐劳动关系综合试验区领导协调机制，由当地党政领导领衔，依据党的政策、方针，统揽劳动关系全局，确定构建工作重点，把握劳动关系方向，根据区域劳动关系特点制定当地的劳动政策，及时研究和解决劳动关系中的重大问题，整体提升治理劳动关系的能力。参与和谐构建的部门除人力资源和社会保障部门外，还应包括党建、工会、住房、财政、公安、教育、司法、宣传、运输、安监及基层政府机构，多个部门在本部门的职责工作范围内出台配套措施，支持改进区域劳动关系，形成以当地党政部门为领导，各部门、各街道参与的交叉性、立体性的系统化协同区域劳动关系治理架构。党政主导协调劳动关系适合当前中国劳动关系的内在特征和规律，是中国式区域和谐劳动关系治理模式的典型特色。

（二）三方机制发挥职能

三方协商机制是多元社会中协调劳资双方利益冲突的一项基本制度。[1]我国在国家和省市地方层面建立了协调劳动关系的三方机制，虽然作用受到了普遍质疑，但机制的建立，可以在实践中探索发挥作用的途径，形成一种三方协商的意识、习惯和空间。尤其是将三方机制落地到行政区、街道基层，可以起到协调基层劳动关系的功能，有助于三方协商机制发挥实效。目前在区及街道层次，三方机制中的政府、工会组织比较健全，但企业方代表组织残缺不全，有的地方有雇主组织，但没有开展相应的活动，有的是根本就没有雇主组织。例如，在惠州大亚湾区构建和谐劳动关系综合试验区前，没有建立三方协商机制，原因之一是区域性的雇主社会组织不发达，虽有商会，

---

[1] 李丽林、袁青川：《国际比较视野下的中国劳动关系三方协商机制：现状与问题》，载《中国人民大学学报》2011年第5期。

但商会力量弱，试验区的一项重要工作就是建立区域及街道的三方协商机制，探索基层三方协商机制的功能。后来在多方努力下，成立了惠州市企联大亚湾分会，招聘专业人才从事企联工作，企联成立后积极参与构建和谐劳动关系综合试验区活动，形成了"培训+咨询+资源链接+政策贯彻"的服务模式。在培育培养企业社会组织的基础之上，成立区级和街道三方协商机制，建立三方例会制度，分析研判辖区劳动关系形势，解决辖区内重特大劳资纠纷，探索中国基层三方协商机制之路。

二、构建行业劳动关系治理体系

行业劳动关系治理是根据区域内行业特点，发挥行业组织作用，推广行业龙头企业的引领示范作用，在行业范围内开展劳动关系治理。大亚湾区行业劳动关系治理体系主要采用两种方式：一是发挥行业社会组织联络凝聚作用，开展行业自律；二是根据行业长期劳动关系治理的经验、传统、特点总结出适合在本行业推广的和谐劳动关系模式。

（一）发挥行业组织作用

社会组织在劳动关系治理体系中承担着上传下达、自我教育、权利维护、沟通协商、同心构建、利益分享的功能。《构建意见》提出，和谐劳动关系工作机制中要有社会协同，在具体方法上形成全社会参与的工作合力，营造全社会共同关心、支持、参与构建和谐劳动关系的良好氛围。在构建力量上提到了党政力量、群团力量、企业力量、社会力量的统一。行业社会组织属于社会力量，可以组织发动和指导帮助行业内企业积极开展和谐劳动关系创建，在行业内形成自律、自治、自我监督的氛围。构建和谐劳动关系综合试验区前，大亚湾区已有交通协会、旅游协会等行业社会组织，但覆盖面小、开展活动少；构建和谐劳动关系综合试验区后，通过沟通协调、促动带进等措施激活现有的社会组织，发挥社会组织的双向意见传导功能，从上到下地落实和谐构建，从下到上地反映诉求、汇集意见、参加决策。例如，惠州大亚湾区旅游协会积极配合政府和谐构建工作，规范行业劳动用工，组织行业技术培训，利用平台优势，开展行业自律，发挥了会员企业服务员和指导员的作用。

（二）培育重点领域的社会组织

人力资源管理人员是企业和劳动者连接的关键，是各项劳动关系法律法规的具体落实者，人力资源社会组织可以起到先进劳动关系协调方式的传播、嫁接、创新职能，是劳动关系领域中的核心社会组织。在构建和谐劳动关系综合试验区的过程中，促成建立惠州大亚湾区人力资源服务协会，吸纳了上百家企业的人力资源总监、经理、管理人员和中小企业的业主、管理人员参加。协会成立后参与区域和谐劳动关系标准制定，从行业组织角度提出专业性的意见和建议，先后组织和谐劳动关系企业评选、会员系列培训，组织会员企业到龙头企业如中海壳牌公司石油化工有限公司（以下简称中海壳牌公司）、惠州比亚迪科技有限公司（以下简称惠州比亚迪公司）等企业进行现场交流学习，充分发挥行业组织传播、带领作用，为同行之间提供磋商交流机会。人力资源服务协会下又成立了劳务派遣分会，规范和协调当地的劳务派遣机构。

（三）行业内部带动促进

惠州大亚湾区既有行政区划的城区化特征，又有开发区的园区化特征，同时还具有突出行业化特征，形成了以石化行业为龙头，电子信息、汽车零部件、现代物流业、滨海旅游业为主的典型的"1+4"行业特征，根据行业特点探索了五个行业和谐劳动关系模式，分别是石化超大型产业集群自主协调和谐劳动关系模式、电子信息行业劳资协商和谐劳动关系模式、汽车零部件行业集体协商和谐劳动关系模式、现代物流业班组建设和谐劳动关系模式和滨海旅游业行业自律和谐劳动关系模式五种。石化行业是惠州大亚湾区第一大产业，是整个惠州的主体产业和龙头产业，行业规模不仅在全省、全国，甚至在全世界都居领先地位。石油化学工业区（以下简称石化区）面积约20平方公里，是广东省五个重点发展的石油化工基地之一，石化产业上、中、下游一体化，工业园区共有各类企业百余家，重点企业有中外合资企业中海壳牌公司、国内大型国有企业中海油惠州石化有限公司（以下简称中海油惠州公司）等国内外著名企业，不仅带来了世界上最先进的技术，且在劳动关系管理上形成了成熟的经验，可以充分发挥大型产业集群龙头企业的示范带头作用，将行业龙头企业的和谐劳动关系意识、做法、经验影响辐射到石化大型产业集群和整个产业链，把劳动关系优秀管理经验传导给石化加工产业链中、下游的中小企业，整体提升石化工业区、石化行业劳动关系管理水平。

三、构建企业和谐劳动关系体系

在和谐劳动关系综合试验区构建工作中必须意识到，政府虽然起到了主导作用，但劳资双方是劳动关系中的主体，企业是构建和谐劳动关系的重心，工作重点应放在重视改善企业劳动关系，带动企业参与和谐劳动关系的构建，通过在企业内部进行制度和机制建设，从源头上改善劳动关系。企业和谐劳动关系体系包括从建立企业双方共赢共享的价值理念到建立相应管理制度的整套体系，在理念上培育和谐劳动关系也是生产力的理念，从人性化角度开展劳动关系管理，开展价值理念的培育；严格执行法律法规，充分保障职工权益；加强企业民主管理建设，在企业内部建立多种渠道的协调协商机制；加强企业基层管理能力，在企业内部形成劳动关系治理组织化；在企业内部化解劳动风险，建立劳资纠纷预防调解处置程序。

第二节　和谐劳动关系的推动

一、政府工作的推动

（一）细化任务，分解到具体职能部门

劳动关系改善是一个长期工程，构建和谐劳动关系综合试验区一般历时五年。如何将构建和谐劳动关系的工作嵌入行政体系中的相关职能部门，集中五年时间高效完成各项任务？大亚湾区建立了工作推进机制，将构建工作的具体目标、内容分解细化，把工作分配到相应职能部门，要求各职能部门根据各自的工作任务制定出完成工作的时间表，按照时间表分别制定《年度分工任务推进表》和《季度分工任务推进表》，将方案中的每项任务落实到具体部门、具体完成时间和责任人，分阶段分步骤逐步完成。如将和谐劳动关系价值理念培育工程分解为建立和谐劳动关系讲师团、组建法律服务团、组建法治宣讲团和构建职工公共文化服务体系四项任务，给每一个任务指定具体的牵头单位和参加单位，在五年时间内，每年年初制订工作计划，按照计划落实行动。

（二）引入督查督办机制

督查机制可以提升党的组织纪律性，强化政令的贯彻落实。目前各级党委都建立了相应的督办机构，督查机制完善成熟，机构设置、职能规范、运作流程等各方面都有稳定的制度规则。[1]督查机制可以将当地党政部门的意图有效传达到有关部门，并利用相对超脱具体职能部门的优势，通过目标制定、过程监督、结果验收的方式重点跟进和谐劳动关系综合试验区建设的各项工

---

[1]　陈家建：《督查机制：科层运动化的实践渠道》，载《公共行政评论》2015年第2期。

作。惠州大亚湾和谐劳动关系综合试验区建设引入区委督查机构，并纳入全区长期重点督查范畴，每年度由区督查办牵头召开总结推进会，对小组成员单位完成情况、存在问题、工作计划进行会商研判及部署，对完成情况进行督查督办，对各部门完成情况作出肯定、批评、限期完成、追究责任的督查结论，对没有完成实施方案的有关部门，要求其限期作出整改，再由督查部门进行核查，问责追究，保证完成工作任务。

二、政府对行业的推动

（一）总结五个行业的和谐劳动关系模式

每个行业劳动关系既有相同点，又有不同点，协调劳动关系方式也应有所区别，惠州大亚湾区主要有五个行业，根据区域行业特点总结本土劳动关系实践，基于劳动关系的运作和发展基本规律，经过劳动关系理论总结提出五种实现和谐劳动关系的方式，具有典型的地方特色和中国特色。

1.石化超大型产业集群自主协调和谐劳动关系模式

所谓自主协调模式，是指劳资双方不需要外界干预，根据企业特点在企业层面建立的协调劳动关系的机制和方式，其制度框架是对"党委领导、政府负责、社会协同、企业和职工参与"体制的落实，是强化用人单位和职工主体责任的实现方式，是对既有协调方式的挖掘、继承和创新。惠州大亚湾区有多家国内外知名企业进驻，这些企业管理理念先进，以人为本，尊重劳动者，长期致力于构建和谐的劳动关系，已经形成了完整、系统、成熟的调整劳动关系模式，并运行顺畅，行之有效。对于这类企业，不需要政府进行干预指导，而是需要深入调研，将其调整协调劳动关系的优秀、典型做法进行归纳总结，形成规范指引推广传授给其他企业。

惠州大亚湾区的石化产业是惠州市经济发展的重中之重，也是劳动关系协调的重中之重。构建和谐劳动关系综合试验区之初就将关注重点放在了石化行业，该行业是惠州大亚湾区第一大产业，是整个惠州的主体产业和龙头产业，行业规模在全世界居领先地位。重点企业有中外合资企业中海壳牌公司、外资企业普利司通（惠州）合成橡胶有限公司（以下简称普利司通公司）、国内大型国有企业中海油惠州公司及中海石油天然气及发电有限责任公司、广东省粤电集团和广东电力发展股份有限公司三方共同成立的广东惠州天然气发电有限公司（以下简称惠电公司）等多个国内外知名企业，虽然所有制形式有所不同，但重视劳动关系管理，积累了丰富、先进的经验，根据实践经验和理论总结，提出了石化产业劳动关系自主协调机制的制度和机制框架。

石化产业的劳动关系自主协调机制主要由三大板块构成：一是沟通恳谈板块。沟通恳谈板块的机制内涵是企业与员工充分沟通，企业在接纳、征求员工意见的基础上，对有关规章制度、员工政策和管理方式进行调整，减少侵害、不满并实现和谐、合作。它带有民主集中制的特点。沟通恳谈板块中内含企务公开、意见响应、意见征询、上下沟通、平台恳谈、工会纽带六种方式或者说六个组成部分，它们组成一个相互关联、相互支持的统一体系。二是民主管理板块。民主管理板块的机制内涵是员工参加企业方针政策、规章制度、待遇政策的制定，实现共同决定基础上的利益共享和效益共创，带有民主参与制和共决制的特点。民主管理板块内含有机配合的下列四种方式：职工代表大会、职工提案、民主评议、民主选任。三是集体协商板块。集体协商板块的机制内涵是劳资双方进行组织化的讨价还价，通过妥协达成合意，通过签订集体合同保证合意的实现。它带有市场性议价和契约制的特点，包括行业集体协商和企业集体协商。

（1）企务公开

企务公开采用多种方式让员工了解企业信息，参与企业经营事务，尤其是将涉及企业发展的重大问题以及与职工切身利益有关的问题向职工公开，听取员工的意见和建议，激发员工的主人翁意识和工作积极性。国有企业的企务公开还包括向员工公开企业领导班子建设和党风廉政建设有关的问题。中海壳牌公司的外方合资方是荷兰壳牌集团,是世界第一大石油公司,中海壳牌公司人力资源管理体系借鉴了很多母公司的管理理念和政策,坚持诚实、正直和公平的价值观,关注尊重员工,将平等意识、开放意识、规则意识和责任意识体现在劳动关系管理细节中。中海壳牌公司的愿景之一是成为"石化行业最佳雇主",从员工入职开始到劳动关系整个过程都深刻体现了尊重员工的价值理念,公司所有中高层管理人员参加新员工见面会,公司总裁平时与员工一起在餐厅排队打饭,参与员工的各种活动,无论职位高低在电梯中均奉行女士优先的礼仪,员工对公司领导直呼其名,形成平等、信任的友好氛围。在薪酬制度上实行公开透明的全球管理经验,明确告知员工的薪酬标准、等级、计算方式,上线ERP信息系统,劳动合同管理、工资发放、工资标准、奖金分配、年休假、请假申请、社会保险缴纳、个人所得税等涉及员工切身利益的事项全部实行电子化、网络化,该系统具备工资报酬动态更新、相关权益提醒、员工事务办理、政策变化告知等多项功能,让员工对自身权益事项一目了然。通过与财务平台对接,及时导入工资发放数据,让员工对自己的工资发放、工资构成等情况动态掌握。员工请事假或者病假,实现系统提交,主管领导在网上审批,自动提醒员工本年度休假情况、未休假天数,督促及时安排年休假。企业涉及员工利益的政策有变化更新时,系统会向员工及时告知。在绩效管理上,考核流程公开、公平、公正,发放平衡计分卡,年初设定经营目标,分为部门目标和个人目标,年底绩效打分,既考虑部门考核绩效,也考虑个人绩效,将人员流失率纳入部门考核因素。

国有企业的惠电公司、中海油惠州公司制定了厂务公开实施办法,对厂务公开方式、内容进行了详细规定,保证员工对企业的知情权。惠电公司发挥各种议事程序的民主决策作用,如定期召开党政联席会、总经理办公会、生产协调会、总经理接访日、经济分析会等,将议定事项利用公司OA办公系统、内网、厂务公开专栏、厂刊会议纪要、简报等形式进行公开,将公司人才选拔、年度财务报告、职工福利、车辆维修使用、合理化建议、对厂务公开的意见和建议、整改措施的落实情况等员工关心的热点、焦点事情进行公开，接受员工监督，拓宽员工参与民主管理的渠道。通过厂务公开和沟通反馈，员工的合理意见和建议得到了采纳，员工反映的重点、热点、难点问题得到了落实和解决。

（2）意见响应

意见响应主要包括两个内容：一是企业建立多种渠道，员工可以反映问题，表达不满，提出建议；二是企业管理方对员工的意见进行接纳，当员工意见达到特定量级时即启动制度修改程序，意见响应表现了企业对员工意见的尊重、听取和实际行动。中海壳牌公司自成立以来，管理层深信企业只有在和谐的劳动关系的基础上才能发展，员工只有在拥有和谐的劳动关系的工作环境中才能发挥其才干并长期为公司服务。管理层一贯重视公司与员工之间的和谐关系，"认真、耐心聆听员工的心声"，重视员工的意见和建议，在规章制度制定及实施上、在具体的员工福利项目设置上听取员工意见，根据员工的意见和建议进行修正。

（3）意见征询

意见征询是指企业管理方主动收集和征求员工的意见，是进一步调研、确认，或者是新制度、政策出台之前的民意征集。中海壳牌公司本着民主、平等、广泛参与的原则制定规章制度，凡是涉及劳动者切身利益的事情，由所有部门抽出专人负责，提供意见，参与讨论，再由人力资源部牵头—组织有关人员讨论—投票—形成制度—落实到行为，制定过程多方酝酿，讨论争辩，一旦形成严格遵守。在劳动关系中比较敏感的薪酬问题上，坚持体面劳动、公开透明的原则，为员工提供对外具有竞争力、对内彰显公平性的薪资福利。每年邀请第三方机构进行员工满意度和敬业度调查，实行匿名方式，员工自愿参与率达到98%。在2016年的调查中，员工的满意度为90%，敬业度为88%。优秀的企业文化和良好的制度激发了员工的工作热情，塑造了高素质的员工队伍。在1100名员工中，平均每年有200余名员工获得合理化建议奖，100余名员工获得合理化建议实施奖。

（4）上下沟通

上下沟通是指管理层与被管理者的沟通，既包括直接领导与被管理人员的沟通，也包括上级领导与员工之间的越级沟通。在劳动关系过程中，上级领导与普通员工的沟通可以起到事半功倍的效果。中海壳牌公司以公司与员工互动、主动信息传递和日常沟通与辅导三种沟通模式展开。员工互动包括员工大会、总裁茶歇、奖励认可、人力资源座谈和员工问卷调查。总裁茶歇是指随机选取20个一线员工与总裁一起参加茶歇会，由总裁与员工面对面沟通联络感情，解答问题，问题可以现场解决的当场解决，不能当场解决的事后办理或者给予充分解释。主动信息传递包括内刊、邮件、内部网和学习培训项目。日常沟通包括个人发展谈话、日常认可、绩效辅导和经理谈话等。每年制订年度沟通计划，每个季度召开员工沟通大会，每个月设立总裁茶歇，平时还有部门经理沟通茶歇会和其他多种非正式沟通方式。公司CEO工作日历对所有员工开放，任何一个员工都可以直接通过内部平台与CEO约定面谈的时间。上下沟通让员工充分感受到了尊重、信任，问题可以得到快速解决，减少信息阻梗，避免小问题引发大矛盾。

中海油惠州公司的上下沟通包括日常沟通和特殊沟通。在每季度一次的"总经理接待日"活动中，公司总经理带领领导班子集体参加，各部门（中心）经理、分工会主席、提议人、职工代表全部到会，由公司工会主席主持，与员工直接沟通。在公司重大事项上，坚持一事一沟通制度，召集员工（代表）双向沟通交流、充分解释说明，最大限度与员工达成一致，如劳务派遣用工清理政策讲解沟通会、二期员工划转政策讲解沟通会等，由员工现场提问，现场可以答复的立即答复，不能答复的及时给予解释说明，并将结果和进展在全公司通报、公示。

（5）平台恳谈

平台恳谈是指企业建立多种与劳动者的沟通方式、机制，与员工进行面对面的沟通对话。中海壳牌公司本着"公司有事要让员工知道，员工有事要及时说出来"的朴素理念形成了良好的沟通氛围，通过多种正式和非正式的沟通平台，建立企业与员工的恳谈机制。对员工关心的核心问题如内部晋升、人员结构调整、工资薪酬福利、补充保险等问题开展全员沟通，直接在工作现场召开员工沟通会，录制视频，便于员工在公司内网上随时观看。公司全部管理层参加新员工入职见面会，向新员工介绍公司文化，30多个部门经理与新员工面对面进行沟通，了解新员工需求，为新员工提供各方面支持。总裁、副总裁出席新员工晚宴，在友好、轻松的氛围下与员工沟通。有一些员工从公司离职后再次返回就职，主要原因之一是留恋公司平等公平、尊重员工、友好沟通的企业氛围。日常沟通更是多种多样，不拘固定形式、固定时间随时沟通。

（6）工会纽带

工会是劳动者的组织，企业工会组织作用发挥得当，可以起到传达员工声音及传递管理层意图的双向传导功能，发挥桥梁及纽带作用。中海壳牌公司成立之初就建立了工会组织，由员工民主推选工会代表和工会领导，工会组织具有良好的群众基础。企业工会坚持服务员工，参与各项涉及员工切身利益的规章制度的制定和修改讨论，企业形成了尊重工会的规则，对于公司内涉及员工利益的重要事项，主动征求工会意见。中海壳牌公司工会为丰富员工业余生活成立了十余个职工爱好俱乐部，举行了书画、摄影、棋牌比赛等丰富多彩的文体生活，在重大节日、员工生日等节点关爱员工，对于困难员工如有重大疾病的员工等，工会及时给予人文关怀，出面帮扶，企业工会成为公司团结凝聚友爱的主要基地和组织，员工通过工会感受企业的关爱。

中海油惠州公司工会成立后，通过多种培训提高工会干部工作理论和业务素质，工会认真贯彻关爱员工、服务员工理念，协调解决职工最关心、最直接、最现实的问题，如协助员工团购住房、解决家属安置、户口迁移、子女入学等实际问题，组织职业健康法律、防护讲座，广泛开展球类、户外、健身、参观等多种文体活动，开展对困难、伤病、生日、新婚、有变故员工的慰问以及员工节日慰问，开展社会公益活动，增强广大职工的归属感和社会责任感。

（7）职工代表大会

职代会是我国特有的职工民主参与形式，通过职工代表大会或职工大会的形式，对公司重大事项及与员工有切身利益的事项进行商议研讨决定，组织职工参与本单位的民主决策、民主管理和民主监督。国有企业的惠电公司、中海油惠州公司建立了完善的职代会制度。惠电公司坚持每年召开职代会，把事关企业发展的重大问题、涉及员工切身利益的重大事项，提交职代会讨论和审议，经营管理层认真听取职工代表的意见和建议，对有关经营管理和劳动报酬、员工培训、工作时间、休息休假、劳动安全卫生、保险福利等涉及员工企业利益的问题，诚恳、耐心地向员工作出解答，重要管理制度、措施需经职工代表大会讨论通过后实施。中海油惠州公司开展职代会提案、意见箱、党组领导接待日、总经理接待日、基层现场办公、厂务公开、网络论坛答复等活动，开通微信、微博新媒体平台，拓宽民主管理渠道，畅通"上情下达、下情上传"有效渠道，让员工充分表达意愿，参与企业民主管理。公司总经理亲自参加职代会，与职工代表一起讨论改革发展方案，职代会已成为出谋献策谋发展、切实解决问题的重要议事平台，促进了企业科学发展和内部劳动关系的和谐。

（8）职工提案

职工提案既是职代会的组成部分，也是广大职工参与企业管理的途径、方式。2013年至2017年，中海油惠州公司共征集职工提案314件，立案27件，作为意见建议办理的提案287件，95%的提案建议围绕改革发展、安全生产、技术创新、降本增效等中心工作建言献策，所有提案都得到解释答复或落实。

为鼓励职工代表积极提出议案，公司对征集的提案、意见和建议进行评比奖励。中海油乐金化工有限公司对提案建立了督办制度，成立由总经理助理或办公室主任担任领导的督办小组，凡是员工提案，均在一周内给予回复解决，并将回复解决情况纳入部门考核评估重要指标。

（9）民主评议

民主评议是指员工对直接上级领导或企业领导进行民主评价，参与对上级领导的考核。通过民主评议，督促主管领导及企业领导关注员工的利益和需求，而不是简单粗暴的指挥与被指挥的关系，有利于在公司内部建立民主氛围。

（10）民主选任

民主选任是指企业在任命、提拔管理人员时，充分听取、征求员工意见和建议，员工可以参加对拟任领导干部的推荐，甚至选举。通过民主选任，可以将有良好群众基础、有威信的员工推选为管理人员，与员工建立良好的合作关系。中海油乐金化工有限公司秉承"事业吸引人、情感留住人、政策激励人、岗位造就人、培训提高人"的用人理念，人力资源管理精细化，在公司内部建立公平公正的竞聘机制，人才选拔前发布竞聘公告，公布候选人名单，进行竞聘演讲，由总经理、同级别员工、一般普通员工进行评分，在人才选拔上充分体现了民主原则。

（11）行业层面的集体协商

行业性工资集体协商，是指由行业工会组织代表职工与同级企业代表或企业代表组织，就行业内企业职工工资水平、劳动定额标准、最低工资标准等事项，开展集体协商、签订行业集体合同的行为。《劳动合同法》对在县级以下区域推行区域性、行业性集体协商，签订区域性、行业性集体合同作出了规定，为开展区域性、行业性工资集体协商提供了法律依据。推进行业集体协商，建立行业性集体协商制度，是我国平等协商、集体合同制度的一种重要形式，适应了我国非公有制中小企业快速发展和劳动关系深刻变化的需要，是加快建立行业内劳动关系协调机制、扩大集体协商覆盖面、增强集体合同实效性的重要途径。

（12）企业层面的集体协商

企业集体协商是企业劳资双方以达成集体合同为目的进行协商的活动，劳动者通过工会或者推选协商代表的形式与用人单位达成有关劳动条件的活动，对提高劳动条件、维护劳动者权益具有重要意义。虽然自主协调机制包括集体协商板块，但鉴于汽车行业集体协商的经验更为丰富，在石化行业推行除集体协商机制之外的其他自主协调劳动关系模式，制作详细的操作指引手册在石化行业和石化工业园内推广。

2.电子信息行业劳资协商和谐劳动关系模式

劳资协商制是由企业主导，在企业内部建立多种形式、多种层次的沟通平台，由企业与劳动者之间就生产经营活动、劳动条件和生活条件进行沟通协商，预防劳动争议、化解劳资冲突的机制和制度。美国通用电气公司总裁杰克·韦尔奇认为"企业管理就是沟通沟通再沟通"，沟通可以解决企业管理中80%的问题，其工作时间的一半是用于与员工沟通。凡是劳动关系和谐的企业，在与员工沟通上也是做得最充分的企业。惠州比亚迪公司、光弘科技股份有限公司（以下简称光弘科技公司）均是电子信息行业的知名企业，在与员工沟通上积累了丰富的经验。经过理论总结，大亚湾区劳资协商制主要包括以下形式。

（1）提供信息式的沟通协商

沟通的本质是信息传递，沟通的过程也是信息传递的过程，企业发展与劳动者息息相关，通过信息传播、交流可以让员工了解公司发展的动态信息，让劳动者对公司的未来发展充满信心，激发员工的合作精神。惠州比亚迪公司鼓励公司员工积极参与公司管理，及时发现和处理隐患问题，通过企业OA平台、企业报刊、墙报、板报、定期和非定期会议、培训方式向员工公开企业的基本信息和实际经营情况，广泛征求员工的意见和建议，取得员工的共识和支持。

（2）常规性会议的沟通协商

会议沟通是通过召开各种会议的方式进行沟通，属于比较正式的沟通协商方式，包括各种形式的会议如座谈会、论证会、听证会、恳谈会、协商会、沟通会、对话会、议事会、茶话会、总裁茶歇、新员工座谈会等。会议沟通应尽可能扩大劳动者参与的层次和范围，照顾到劳动者需求。为了将沟通制度化，惠州比亚迪公司颁布了《员工内部沟通管理规定》，详细规定了各事业部总经理、事业部工会、事业部人力资源部、各部门、总经理信箱管理员在沟通过程中的职责，对沟通的内容、形式、流程进行了详细说明，沟通渠道包括现场沟通、总经理信箱、座谈会、试用期访谈、离职面谈等，员工可以通过电话、短信、电子邮件、信件、直接来访等形式进行情况反映，随着互联网的应用，还开发设计了小程序，员工可以通过小程序向公司反映问题并收到公司反馈。惠州比亚迪公司将现场沟通接待人员、总经理信箱、管理员的联系方式告知员工，制作沟通流程图进行指引，制作现场沟通受理记录，要求现场沟通接待人员在五个工作日内回复员工，员工对处理结果不满的，可以在一个月内向上级申请复核，对反映的问题，总经理在七个工作日内进行回复，并将反映问题、回复意见公开。各事业部人力资源部门设立员工关系专员，专责处理员工沟通事项，员工对于沟通不满意的，可以请求上级领导或者工会代表介入处理。光弘科技公司为构建员工与管理层的有效沟通平台，每个月至少召开一次员工座谈会，甄选不同级别的员工代表参与，公司高层管理人员与员工面对面交流，没有等级观念，有意见谁都可以提出来，都会被重视。及时了解员工存在的问题与思想动态，对员工所提意见进行回复，帮助员工解决工作和生活中的实际问题，做到充分尊重员工，员工与企业沟通无障碍、无怨气。

（3）工作场所的嵌入式沟通

沟通可以有专门的沟通方式和渠道，但更多的是在工作场所中随时随地沟通，沟通更多的是嵌入工作场所和劳动过程中。工作场所的沟通包括：一是积极鼓励员工参与工作场所的决策。员工直接参与生产，最了解劳动过程和环节，是问题的第一发现者，鼓励员工对生产环节中的问题提出看法、建议，通过生产改进获得更高生产效率。二是引入质量管理圈、质量管理改进小组、生产攻关小组等多种形式，让员工与企业一起改进生产质量。三是注重对管理者的培训。由于沟通的广泛性，管理人员需要掌握管理沟通的技巧，避免产生沟通不到位、沟通误解的情况。

（4）征求意见式的沟通协商

意见征询是指企业管理方在政策、方案、制度出台前，主动收集和征求员工意见、要求，对员工意见进行综合、整理和归纳，对合理的部分进行吸纳，然后进行决策管理。

（5）提案制度

员工通过提案对企业发展重大问题和涉及职工群众切身利益的热点问题提出意见和建议，在对企业发展重大决策和涉及职工切身利益等重大事项上参与决策。在劳资协商方面，光弘科技公司采用了职代会、提案制度、员工关爱中心、总经理直线通信制、员工座谈会、班组互助、员工满意度调查和丰富的文体活动等多种方式。作为一家民营企业，光弘科技公司不但建立了职代会，且职代会积极活跃，每年定期召开两次职代会，讨论包括工作岗位设置、工资级别确定、工资待遇增加、文体活动形式等涉及员工切身利益的各种事项，职工代表由员工民主选举，在公司事关员工利益的事项上可以找职工代表倾诉反映。光弘科技公司提案制度分为两种，一种是职代会提案，另一种是平时的提案。每年在职代会上都能收到提案上千条，涉及生产、品质、生活等多个方面，提案制度激发了员工参与民主管理的工作热情和主人翁意识。平时的提案，有深入钻研高精度生产设备原理，提出创新改良方案的；有刻苦研究提高生产线的配合性和稳定性，突破生产瓶颈，大幅提升产能和质量的；还有优化程序和流程，提升工作有效性的奇思妙想，如系统优化、称重改善、变废为宝的，如一个员工就公司产品的配套夹具闲置直接报废造成浪费提出议案，建议在报废前将可用部分拆除再次循环使用，该议案每年可为公司节省50万余元。各种高质量、高水平的提案促进公司提高生产效率、改进产品质量、建立安全健康工作环境，提出提案的有技术员、工程师，也有一线的班组长和员工。对于优秀提案，公司设置"优秀合理化提案奖""金点子提案奖""年度最佳提案奖"等多个奖项，提案制度让员工在工作中善于发现问题、解决问题，为公司的建设和发展献计献策。

（6）问题申诉机制

尽管大部分企业会按照法律法规维护劳动者权益，但在劳动关系实践管理过程中，劳资双方产生误解、冲突仍然不可避免。在这种情况下，要让员工及时将不满、意见反映出来，并给予合理解决，避免产生更大的冲突和对抗。为了畅通员工诉求渠道，光弘科技公司建立"总经理意见箱"直线信访制，员工对岗位分配、工资待遇、奖惩不公等涉及个人、公司利益的事项，可以通过"总经理意见箱"及公司投诉邮箱以书信形式向总经理直接反映，由总经理及其指定部门负责人对员工意见进行回复，要求相关部门限期跟进处理，做到来信必复，对具有普遍性、重要的问题进行专门讨论并将结果公示，属于越级反映的沟通机制。除此之外，光弘科技公司还在每期的企业杂志上公告职代会主席邮箱、职工代表邮箱、员工关爱热线电话、24小时值班热线电话、公司干部夜间值班电话等多种联系方式，便于员工提出各类申诉。

（7）领导接待制度

除了常规性的问题申诉之外，企业还根据实际情况建立越级接待、开放日等活动。据企业调查发现，员工与企业的很多冲突主要发生在员工与直接管理层之间，直接管理层与一线员工接触较多，产生的冲突类型多样，起因琐碎，如果直接进入申诉程序，矛盾公开化且不利于今后双方继续相处，通过更超脱的上级管理人员出面化解，可以起到大事化小，小事化无的效果。

（8）多种形式的员工关爱和团建活动

员工关爱和团建活动可以让劳动者感受到企业的关怀，在团建活动的同时放松心情、增加友谊、加强沟通，很多企业采取了多种多样的关爱和团建活动，收到了较好的效果。光弘科技公司从一家仅有百人规模的电子元器件工厂，以年均20%—30%的速度增长，发展成为拥有2万名员工、全球领先的电子制造上市公司。在劳动关系上，本着"以人为本、利益兼顾、互利双赢、和谐发展"的理念，以中国传统"和"文化和"家"理念建构劳动关系，企业发展集众人之智，让"家的温暖陪伴每一位光弘大家庭的家人"，建立了完善的劳资协商和关爱机制。光弘科技公司建立了员工关爱中心，是一个为员工提供各项沟通关爱的专门机构，以"光弘知心姐姐"为形象代言人，解决处理员工工作和生活中的难题，协调员工与管理者、员工与员工之间的关系，预防劳动争议。"有问题，找光弘知心姐姐"，"光弘知心姐姐"平台是一个从员工入职到劳动关系中每一个环节通过短信问候、短信提醒、问题解答、互动留言、申诉投诉、问题反馈等联系企业与员工的沟通互动平台，最初采用中国移动的"企信通"进行短信群发，后来为了适应互联网发展升级为微信公众号、手机App。"光弘知心姐姐"关爱每一个员工，新员工入职时会收到知心姐姐的欢迎短信，"各位新员工：欢迎您成为光弘大家庭中的一分子，我是光弘知心姐姐，以后在公司碰到什么困难都可短信联系我"；对员工在工作和生活中遇到的问题及时进行提醒，"各位员工：这里是'光弘知心姐姐'信息平台，如遇到什么困难或烦心事，可以发短信告诉我，愿成为您的工作生活'万事通'"；员工入职培训分配到工厂或部门后，知心姐姐会告诉员工他们工厂或部门负责人的信息及联系方式；每逢过年过节、员工生日时都会收到"光弘知心姐姐"的节日问候。光弘科技公司员工关爱中心设立员工关系专员，员工来信反映意见或投诉后，员工关系专员与员工进行"单对单的恳谈"一直到问题解决，不能解决的说明理由，对员工提出的任何问题及时回复，遇到特殊情况如台风、暴雨等紧急情况会提前提醒，成立由人力资源部、生活服务部为主的员工应急小组，安排专人24小时后台值班，及时处理员工出现的突发问题。员工关爱中心设有心理咨询室，分别设在生活区和工作区，有专人接待员工，"光弘知心姐姐"已经成为关爱员工的工作生活及身心健康、帮助员工排忧解难、倾听员工心灵诉说的贴心朋友。自2006年起，公司每半年进行一次员工满意度调查，通过走访和问卷形式了解员工对公司各方面的意见和建议，针对员工诉求进行改善。每月出版内刊，内容包括企业动态、员工感想、生活小常识等，员工通过内刊发表言论、随笔、感想、意见、建议，内刊成为公司与员工之间、员工与员工之间信息沟通的桥梁和媒介。为了适应"90后""00后"员工的习惯，引入新媒体平台，开通微信公众号，在短视频平台上用镜头记录员工在公司工作生活的每一个精彩瞬间。

3.汽车零部件行业集体协商和谐劳动关系模式

集体协商是市场经济下劳动关系双方当事人通过平等磋商决定劳动条件，签订集体合同，是平衡劳动力市场和调节劳动关系不可或缺的手段。推行集体协商和集体合同制度是我国协调劳动关系的重要工作之一，但实践中存在集体协商形式化、表面化，难以推进的现实困难。惠州大亚湾区汽车零部件产业中的中日合资企业东风本田汽车零部件公司（以下简称东风本田公司）、普利司通公司、惠州港业股份有限公司（以下简称惠州港业公司）等企业多次连续签订集体合同，集体协商已经成为调解劳资关系的主要有效机制。经过几年来的推动工作，试验区的集体协商呈现出典型的特色。通过集体协商实现了：第一，工会与企业方坐在了一起，具有实际的要价、回价的协商过程。第二，员工的利益得到了切实的改善，逐年有所提高。第三，劳动关系实现了和谐，劳方增加了公平，资方提高了效率。第四，集体协商可持续地进行，并且势头良好。与当前全国和广东省的一般情况相比，克服了集体协商中存在的普遍性困难，具有突破性意义。

（1）党的统领

企业内的中共党组织是中央文件中关于集体协商政策的贯彻者、集体协商制度的建构者、集体协商工作的发动者和促进者。在集体协商成功和持续进行的企业中，集体协商是在党的领导下进行的。党的统领体现在以下关键领域：第一，贯彻落实党的相关政策和国家法律，发起和指导建立集体协商制度。第二，帮助工会集体协商运作，要求企业方配合，使双方得以坐在一起协商。第三，重视与工会的沟通，指导和规制工会，使工会朝向正确方向，保持合适行为。第四，当作为弱势者的工会在集体协商中遇到难题、向党组织报告和求助时，予以帮助。第五，当工会与企业方在协商中发生分歧或争议时，进行调解或裁决，以及做企业方的工作。

东风本田合资公司于1994年成立，1998年建立工会组织，从1999年开始，在企业党组织统筹协调下，以三年为周期，建立了长期的集体协商机制。东风本田公司在集体协商前，会组织召开三个会，为集体协商做准备。第一，召开工会（员工）协商代表预备会议，研究并提出协商事项及其目标值，协商的方法和策略等。第二，召开党委专题会议，根据公司党委议事制度和"三重一大"事项的有关规定，党委会重点审议工会（员工）协商代表预备会提出的工资集体协商事项及目标值，形成执行决议。第三，召开公司经营管理层沟通会议，由公司中方总经理及其他高管人员按照党委会决议，与公司日方管理者进行沟通和研究，并责成公司相关部门制定具体方案。

党的统领使集体协商实现了三个突破：第一，对于企业方强势的突破。企业方相对于劳动方具有天然的强势地位，这种强势地位在经济发展主义和经济全球化的背景下更显突出。强势地位使得企业方具有非常大的自由裁量权，倾向于直接拒绝工会的集体协商要求，不接受工会的集体协商要约，而工会对此一般没有应对办法。党的统领使这一困局得以突破，通过思想引领和制度设置，引导企业方进入集体协商。第二，对于工会弱势的突破。当劳动者个体相对于企业方处于天然弱势地位时，作为组织的工会不一定是弱势的。但是在我国的特定情况下，工会基本是弱势的。党的统领的作用是帮助工会，以党的初心和党的力量增进工会与企业方的平衡。当工会在强大的企业方面前束手无策的时候，进行支持和做企业方的工作。第三，对于法律缺陷的突破。《集体合同规定》规定："一方提出进行集体协商要求的，另一方应当在收到集体协商要求之日起20日内以书面形式给予回应，无正当理由不得拒绝进行集体协商。"但是，它没有规定企业方"不回应"的法律责任，也没有明确的处罚条款，所以无法对企业方形成有效压力。党的统领以党和国家的力量，在一定程度上弥补了法律的欠缺。

（2）企业可控

企业可控是企业方具有一定的控制力，可以预控集体协商的进程，预防集体协商的风险，预期集体协商的结果。实践中，很多企业不愿意开展集体协商，主要有以下的担忧：第一，工会力量会削弱企业经营自主权，从而影响企业管理和经营，导致秩序紊乱。第二，集体协商有可能让人工成本大幅度提高，使企业失去市场能力。第三，工会可能变得野性，员工可能情绪化和暴力。第四，集体协商可能形成对立，恶化劳资关系。工会和员工当然会追求利益的最大化，并通过较强硬的行动实现，但是如果企业方认为不可控，风险很高，就会拒绝集体协商。

对此，中国式集体协商应在企业的主导下进行，企业主导就可以将集体协商处于企业可控的范围，让企业对于集体协商具有安全感，在感到安全的条件下安心地接受和参加集体协商，履行诚信协商的义务。企业可控是企业方具有一定的控制力，可以预控集体协商的进程，预防集体协商的风险，预期集体协商的结果。

企业可控的主要内容包括：第一，企业方在集体协商中担任统合、组织、召集、主持等角色。这一决策在有的企业是非正式规定却实际具有的，在有的企业则是成立集体合同制度领导小组，由企业方担任组长，工会主席担任副组长。第二，工会方在集体协商中扮演陈情、请求和建议者角色，双方进行分析、讨论后，由企业方做决定。第三，企业方内部制定一个限额，所答应工会的要价以该额度为限。例如，惠州港业公司规定，薪酬总额的2%用于晋级，不能超过。

（3）互利共赢

互利共赢是指通过集体协商，员工方和企业方都有增益，尽管员工方可能增益多一些，但是企业方也有好处，而不是一方受益、另一方不受益甚至受损的零和博弈。东风本田公司每三年一次的集体合同和工资集体协商专项合同都约定了在企业利润增加的情况下，员工的工资增长率，实现了劳资双方的互利共赢。东风本田公司集体合同互利共赢的原则是公司确保在发展生产和提高经营效益的前提下，适当提高员工的收入，改善员工的生产工作条件，提高员工的物质文化生活水平，工会支持公司的生产、经营和管理，公司全体员工要为完成公司生产经营任务、实现公司发展目标作出贡献。

互利共赢的具体领域有：第一，工资增长的互利共赢。例如，东风本田公司集体合同约定：企业利润总额增长某个比例，职工工资总额增长某个比例；企业利润下降超过某个比例，工资总额下调某个比例。第二，奖金发放的互利共赢。东风本田公司集体合同约定，年中（终）奖以公司事业计划达成作为主要评价项，按月度工资为基准发放。如果达成目标，全年奖金为4个月工资。在此基础上，年度利润实绩相比年度目标增长的部分，三分之一用于员工奖励，三分之一用于公共福利设施改善和员工作业环境改善，三分之一用于公司发展储备。未达成年度目标时，按实际达成情况由双方协商确定。第三，工资晋级的互利共赢。东风本田公司根据集体协商采取了根据业绩考核晋级的制度，员工中当年业绩考核分数高于某一数值的，来年的工资级别晋升一级。惠州港业公司通过集体协商制定了积分晋升制：当年（包括历年）积分达到规定数值的，得以晋升工资级别。积分的具体项目包括年度绩效评核、技能提升、专业提升、培训等。通过积分晋升，员工提高了工资级别，企业增值了人力资源，提高了员工努力水平和经济效率。互利共赢缓解了企业方对于集体协商的"割肉疼痛"，又因为有收益而具有参加集体协商的积极性。通过互利共赢，他们或许会增加一些开支，却收获了生产率，从而能够更好地接受集体协商。

（4）规实并重

规实并重是指集体协商内容既包括员工工资增加的比例，又包括工资增加的制度和机制；既协商"蛋糕"数量的多少，又协商"切蛋糕"的规则。这与当前普遍实行的只协商工资增长幅度有所不同。东风本田公司的集体协商内容体现了规实并重原则，主要表现在以下几个方面：第一，集体合同约定协商规则。东风本田公司集体合同约定，集体协商的内容之一是薪酬分配制度、工资标准和具体分配形式；之二是员工年度工资总额及其调整幅度；之三是奖金、津贴、补贴等的分配办法。其中之一、之三是规则，之二是实体数额。第二，员工工资调整的规则。东风本田公司集体合同约定，员工的工资根据三方面的标准调整。一是物价水平，每个员工的增幅与物价水平等值。二是个人业绩水平，绩效考核达到规定的数值，可以晋升工资级别。三是公司业绩水平，公司业绩达到某个数值，员工可以普调。惠州港业公司则协商出了积分晋升制，员工的积分达到了某个数值就自动进行晋升工资级别。第三，集体协商的规则。东风本田公司集体合同约定，在公司工会要求下，公司承诺在正式协商前30天将"方案"向工会（员工）协商代表通报和说明，让其事先参与到"方案"的修订和讨论中。

规实并重破解了企业方对单纯数额协商和数额增加的担心，提高了对集体协商效果的可预测性和可控性。当工会提出工资总额提高10%的时候，企业方必须通过测算才能知道10%对自己意味着什么，但一般很难预测。而通过协商规则，企业方可以据此进行预测和预控，并具有确定感。规则协商不直接涉及"分蛋糕"的数量，也降低了集体协商的时间成本和摩擦成本。一旦规则商定，双方的所得就可以根据规则得出，而不必讨价还价。这让担心集体协商费时费力的企业方减少了顾虑。

（5）分项协商

分项协商是将所要协商的内容进行分拆，分布到不同的时间段，一个时间段只协商一个或几个内容。当前，集体协商的内容包括劳动报酬、工作时间、休息休假、劳动安全与卫生、保险和福利、女职工和未成年工等领域，集体合同的期限一般为三年。全面协商涉及内容多、范围广，如果企业不具备全面协商的条件，该做法也是有副作用的，如当每项内容的数额都有增加，而这些增加将连续三年时，企业方会感受到较强的压力，甚至让他们产生畏惧。专项协商是对劳动关系某一方面的内容进行协商。专项协商和分项协商做法的优势是分散压力，淡化畏惧。东风本田公司的集体协商既有三年一次的全面协商，也有专项和分项的协商，分项协商是将所要协商的内容进行分拆，分布到不同的时间段，一个时间段只协商一个或几个内容。公司工会与公司按照约定，每三年进行一次综合性集体协商，每年进行三次工资集体协商：3月协商员工年度工资调整方案，6月协商员工年中奖励方案，12月协商员工全年奖励方案。可以进行专项和分项协商。

（6）常态协商

常态协商是将集中时间的协商分解为常年都进行的协商，而每次进行的协商则既可以协商多种事项，也可以只协商某个事项。惠州港业公司的做法是：每个季度进行一次协商，每年进行四次协商；每次协商的内容都根据工会所收集的员工诉求而定，第四季度的协商重点是年终奖和工资晋级。

常态协商带给工会的好处是：第一，可以随时提出员工的诉求。例如，物价上涨导致食堂饭菜提价，工会就提出增加伙食补助；年底员工放假回家，工会就提出车辆运送；公司上马新项目，工会就协商人员配备，争取优先使用现有的人员；国家的公积金制度变化，即协商公积金的缴纳。第二，可以制定协商计划和协商策略。例如，对于员工的各类诉求，工会计划先争取解决哪些，再争取解决哪些；第一季度的沟通会解决哪些，第二、三季度解决哪些。第三，可以实现渐进性的提高。例如伙食补助，2011年是130元，根据工会的要求，逐渐增加，从每月160元、200元达到了240元。

常态协商破解了企业方的两个阻力：第一，分散一次性加高的压力，淡化畏惧。第二，提高应对经营风险的信心。例如，当签订三年一次的集体合同时，企业方难免担心这一期间的复杂性和风险，担心不能兑现集体合同而引发争议。而通过常态协商，企业方能够机动地应对风险，减少压力。

（7）柔韧协商

柔韧协商是和平气氛、理性讨论的协商，避免过分的对抗与过激的语言甚至行为暴力。柔韧协商具有以下形式：第一，沟通性协商。惠州港业公司的集体协商采取了沟通会的形式。每季度一次的协商之前，工会通过工会小组收集工人的诉求和意见，召开工会委员会分析和集中诉求，提出协商议题。接着，向企业方发出协商要约，列出拟协商的议题，协商的具体时间由企业方决定。沟通会由公司的总经理、副总经理全部参加，工会方的工会主席、工会委员、员工代表大约60人参加。工会报告工作情况，提出向企业方沟通和诉求的事项。总经理、副总经理对工会提出的议题逐条沟通回应，并公开有关经营方面的信息。能够解决的，当场决定解决，需要进一步统计信息的，责成人力资源部调研，不能解决的，说明理由或未来计划。工会写出会议纪要，双方签字确认后成为"集体合同文本"。人力资源部经理负责记录和跟进，在下一次沟通会上报告执行结果。工会对沟通结果进行通报和宣贯。显然，这种沟通性协商比"标准的"谈判桌前的协商具有柔性的特征。第二，遵守规则。规则经双方协商和彼此同意，只要事先有"切蛋糕"规则的事项，即按照规则办，不必再协商"蛋糕"的数额。第三，理性商议。工会和企业方的协商代表坚持做到理性表达和商议。首先是心平气和，尊重人性，怀有善意。其次是理性说明，陈述诉求，以理由、依据、数据和测算结果进行表达。最后是理性讨论，进行解释、说服和商量，也包括韧性地坚持和争取。第四，合适为止。双方并不以最大化为目标，而是在感到"合适"的时候接受条件，达成协议。所谓合适，对于企业方而言是"可以承受"，对于员工方而言则是"高于底线，难以再高"以及"理解公司"。

柔韧协商同时破解了工会方和企业方各自的顾虑和障碍。第一，工会方的障碍是"不敢谈"。不敢谈的原因是担心企业方的报复，包括职业生涯受阻、失业甚至人身威胁等。而报复则与在集体协商中的行为力度有关，激烈对抗的行为无疑更可能导致报复。柔韧协商使协商保持在"不撕破脸皮"的范围之内，工会就变得"敢谈"和"会谈"。第二，企业方的障碍是"畏惧谈"。那些经历过激烈对抗性集体协商的企业高管一般会产生强烈的精神紧张，以致一听到工会要集体协商就心生畏惧。这是一些企业启动了集体协商却很快中断的原因。柔韧协商能够缓解高管们的心理压力和紧张情绪。

柔韧协商能够支持集体协商的正常进行，而激烈对抗性的方式，可能让协商的目的发生转变，从利益分配转向输赢博弈。输赢博弈中不可能存在诚信协商，也没有协商终局。

（8）综合配套

综合配套是在集体协商的同时，在企业内部还建立起其他的协调机制。例如，建立员工申诉通道、管理方通过行政途径主动征求员工意见，进行满意度调查，召开员工座谈会或恳谈会，以及设立职工董事和职工监事，实行厂务公开，建立职工代表大会制度等。在集体协商的同时，在企业内部还需要建立起其他的协调机制。东风本田公司的正、副总经理和工会正、副主席一般每半年举行一次联席会议；每逢重大事项，如工资调整、奖金发放、制度调整等，都召集工会代表，充分听取、采纳员工意见和建议，最终决议交公司工会批准方可执行。集体协商与这些措施之间是综合配套、相辅相成、互相支持的。如果没有诸多措施的相互配合、共同作用，集体协商本身几乎是不可能的，也不大可能取得实质性结果。

以上八个特点是惠州大亚湾区集体协商正常开展的必要条件和坚定支撑，也是惠州大亚湾和谐劳动关系综合试验区集体协商推进的突破口，同时是制度化、机制化的长效机制和持续保证。

4.现代物流业班组建设和谐劳动关系模式

班组是企业生产经营、管理的最小单位组织，有的企业以班组相称，有的企业以部门、生产线相称，这里的班组是统称，泛指企业的基层管理单位。班组是企业的最小执行单位，一切战略目标必然落地于班组；班组是制度落地的基础，制度只有落实到基层才是真正的落实；班组是人才成长的起点，人才素养、能力的养成80%在班组；班组是文化培育的土壤，企业文化生根、发芽、落地于班组；班组是安全生产的主体，是安全管理的前沿阵地和基础；班组是效益产生的源泉，成本控制的90%发生于班组；班组是质量管理的保障，产品质量的90%形成于班组。因此，班组在企业中具有重要的地位和作用，现代化企业的生产经营、民主管理、技术进步、安全生产标准化工作均需要与班组建设有机结合起来。尤其在惠州大亚湾区石化行业中，班组在深入贯彻实施安全生产标准化体系，全面提高员工的质量意识、服务意识、安全意识和环保意识方面的作用更为突出。省市共建惠州大亚湾和谐劳动关系综合试验区从以下几个方面开展班组建设。

（1）重视班组建设

班组虽然属于管理学企业金字塔模型的底层——操作层，是员工进行施工作业、安全生产、民主管理、技术进步、沟通联络的主要单位，基层班组对劳动关系和谐起着至关重要的作用。惠州港业公司作为港口运输物流企业，班组在经营生产中起到关键核心作用，公司高度重视班组建设，不断丰富班组建设的内涵，创新班组建设的方式，建立一整套班组建设规范制度，出台《惠州港业有限公司班组建设工作管理办法》《关于进一步加强班组建设工作的意见》《班组建设工作实施细则》《班组创先争优达标考核标准》《生产类优秀班组安全生产评分表》《非生产类优秀班组安全生产评分表》等多项制度，把班组建设工作列入企业重要议事日程。公司成立班组建设工作委员会，负责班组建设考核、检查、指导工作，在班组开展安全生产、质量管理、技术攻关、岗位练兵等竞赛活动，根据考核情况将公司班组等级分为"标杆班组""优秀班组""达标班组""不合格班组",并将班组建设纳入各级相关管理人员的绩效考评范畴,考评结果与绩效工资挂钩。以班组为单位建设"班组小家",通过"公司拨一点、工会出一点、班组捐一点"的方法加大对班组建设工作的经费投入,实现每个班组配有工作室,组长配有办公桌,组员配有工具箱、座椅等硬件设施,为基层班组建立班组学习园地、工艺流程图、班务公开专栏等,为三班制的班组配备有空调设施的候工室,改善员工的工作环境和候工条件。激发基层团队活力,惠州市大亚湾华德石化有限公司以班组为核心开展"抓安全、守纪律、做表率"党建工作,实现"班班有党员,旬旬有党建",开展导师带徒制、班组长"带兵"制,实现班组安全生产零事故率。

(2)以尊重与信赖为前提,增强班组的内部协作

劳动关系是一种复杂的管理关系,并非仅仅通过雇主之管理、指示、命令以及建立企业规章制度来使劳动者完成劳动过程。劳动者在生存需要之外,还有安全、归属与自尊的需要。企业与员工之间不仅是领导与被领导的不平等关系,也同样应该遵从人与人相处时的一系列基本原则。企业尊重员工,员工才会在组织中求得安全感和归属感。具体到班组建设中,企业应当营造一种对班组长乃至班组成员尊重的氛围,进而使双方建立起相互信赖的平等关系。营造尊重与信赖的氛围,对维护劳动关系的和谐稳定具有重要意义。惠菱化成有限公司基于对班组长充分的信赖,力图在不违背规章制度的前提下充分发挥班组长的工作自主性。通过赋予班组长紧急处置权,即授予班组长在紧急状况下不经汇报而自行做出决断并采取措施的权力,充分践行对基层管理者的信赖,实践中班组长也尽职地履行了职责,极大地促进了劳动关系的和谐。

(3)软规制与柔和是班组建设的工作方法

班组是管理链条中的实施终端,一切管理行为都是实在的、具体的、针对性强的,工作非常具体、琐碎、复杂,任务分配细、各种考核细、管理工

作细，并面向每一名员工，所以班组是生产管理中最细的一个层次。班组长不合理的管理行为，常是导致劳动争议或员工离职的诱因。如果组织不能及时发现和纠正，那么原本针对班组长个人行为的负面情绪，可能会泛化到组织身上，并影响到和谐劳动关系的建构，导致员工就业稳定性大幅度下降。班组作为产生争议的一线，在措施的适用上更需要慎之又慎，采用简单强压的手段只能激化矛盾，采取柔和的软规制手段，不仅在产生争议时能够快速有效地平息争议，在日常生活中也能及时了解员工的困难并实现最大限度降低争议发生风险的作用。班组长同时是员工的心灵导师，要定期与班组员工谈心，了解员工思想动向，帮助员工排忧解难，为员工疏导心理压力和负担。只要员工有问题，无论是员工与企业之间的纠纷还是日常生活中的零星琐事，不管问题多么微不足道，班组长要尽量做到有求必应，通过柔和的处事态度和无微不至的关怀，有效地发现员工所面临的问题并尽快解决，并且缓和员工遇到问题时产生的不满情绪，有效减少冲突的发生，营造出一种员工被关怀的和谐氛围，有效增强员工的安全感。班组长对员工的问题要用柔和的方式进行处理，及时化解矛盾，避免矛盾升级。

（4）培训是班组建设的核心

培训是班组建设的核心，培训的核心则是对班组长的培训。班组建设与管理需要由班组长主导，由组员协同来完成，因此班组长是企业基层管理的核心力量，同时是企业管理层的人才储备军。通过完善的培训制度，对班组长进行赋能，进而为其晋升提供能力上的保障，对和谐劳动关系的塑造具有举足轻重的作用。系统的班组长培训，必须在管理能力培训、人文教育、企业融入培训三大模块进行全面的再教育，才能够培养出获得晋升的合格管理者，从而实现从基层管理者到公司管理者的飞跃。在培训方面，惠州比亚迪公司构建了系统的培训体系，层层把关，环环相扣。其培训先由各事业部人力资源总监集中学习，再由各事业部人力资源总监分散对班组长进行培训，保证培训内容可以由上至下贯彻到基层，有效地保证了培训内容的准确性。

对班组长的培训主要包括以下三个方面内容。

第一，管理培训。管理培训的内容分为三个模块：如何管理部下、如何管理生产、如何和部下相处。在管理部下方面，班组长作为企业的基层领导者，对于提升企业凝聚力具有至关重要的作用，掌握有效的驭人之术对班组长的重要程度不言而喻。在管理生产方面，企业价值产生的源头在于班组的正常运行。因此，班组长肩负着保证企业生产持续稳定高效的重要责任，而这迫切需要管理生产技能的培养。在如何和部下相处方面，班组长作为与基层员工朝夕相处的领导者，掌握有效的为人处世之道对提高劳动关系的稳定性至关重要。培训方式可以通过案例对比教学论述交往之道，一方面，列举优秀的班组长的特征以及案例，强调班组长的教学性和领导力等素质；另一方面，要避免光说不干、闷头死干等问题，全面地论述交往之道对于班组长个人乃至企业的重要作用。光弘科技公司针对班组长开展了多种培训，包括全方位的培训和专项的培训，对初任班组长进行为期两周的全脱产"后备班组长培训班"，邀请各部门具有丰富实战经验的优秀班组长亲自授课，将理论与实践相结合，提升未来班组长的基层管理能力。惠州比亚迪公司编纂了专门的劳动争议调解教材，丰富翔实，有效地保证了培训内容的有效性。例如，教材中包括通过列举并具体描绘几种班组长的类型，告诫班组长在工作中应着力避免哪些行为；同时，还具体指出了如何做好班组长的几大重要指标，包括怎样向班组成员下命令，怎样和班组成员相处，如何做好管理者等内容。

第二，企业文化融合培训。企业文化融合培训的目的在于将员工自身命运和公司发展联系在一起，培养员工对公司文化的认同。企业文化建设是企业人力资源提升的重要方面，如果一个企业的文化脱离个人和组织，那么企业文化就会流于形式，难以获得员工认同。企业不能只重视知识技能的学习，而没有对企业文化的学习思考。培养企业价值观，不仅要增强员工对企业文化的认同，更要让员工将个人发展和企业发展联系在一起，从而提高组织内部的凝聚力和员工劳动的积极性。

第三，人文培训。人文培训包括一般教养培训和沟通培训。一般教养培训的目的在于使班组长能够有效约束自我欲望，明确自身定位，学习进行职业发展规划的能力，不要妄自菲薄也不能好高骛远。沟通培训旨在使班组长和员工之间的沟通更为有效，保证沟通能够目标明确，有效传递信息并最终达成合意。由于班组长是班组的核心与灵魂，是管理层和员工之间沟通的纽带与桥梁，因而其既是生产者也是管理者的特殊地位决定了班组长对构建和谐劳动关系有着双重性影响：一方面，班组长不合理的管理行为常是导致劳动争议或员工离职的诱因；另一方面，班组长也可以成为和谐劳动关系的建构者、维护者。此外，如果班组长能充分认识到自己在建构和谐劳动关系中的重要性，还可以利用自己的角色主动去开展活动，以增进劳动关系的和谐性。光弘科技公司对班组长进行了"高效沟通、问题分析与解决"专题培训，让班组长带着工作中遇到的问题参加培训。邀请心理咨询师对班组长开展"情绪与压力管理"，从心理学的角度指导班组长认识压力，传授情绪管理的技巧、提高情商和应对压力的策略，学习掌握放松训练法、合理宣泄法、延迟及转移能力的方法；学习如何自我解压和帮助员工解压，学会换位思考，减轻压力和情绪。光弘科技公司在班组长培训中还采用了"世界咖啡"的交谈模式，运用交谈的7个核心原则[①]，以启发性问题为引子，让员工打开心扉、真诚交流，共同探索群体智慧，聚集多元化的观点，找到解决问题的思路。

（5）打通以班组长为代表的基层员工的晋升空间

班组建设与管理需要由班组长主导，由组员协同来完成，因此班组长是企业基层管理的核心力量，同时是企业管理层的人才储备军，可以把一些具有较强协调指挥和处理问题能力、群众威信高、热心班组建设工作的员工选配到班组长的岗位上来，充实班组工作的骨干力量，给予提拔使用。

---

① 七个原则包括：设定情境，营造友好的空间，探索真正重要的问题，鼓励每个人积极参与贡献，交流并连接不同的观点，共同倾听其中的模式、见解和深刻的问题，收获和分享集体的智慧。

5.滨海旅游业行业自律和谐劳动关系模式

行业自律是指针对行业内发展规模不均衡，劳动关系形态复杂多样，由行业组织制定行业标准，开展行业培训，在行业内进行监督的规范机制。惠州大亚湾区地处滨海旅游地带，旅游业是新兴及未来发展方向，但面临着发展规模不一，劳动关系形态多样等现状，因此需要通过行业协会发挥社会组织作用，依靠行业自律引导旅游企业劳动关系规范发展。

（1）制定标准进行规范

旅游行业企业主要包括三种类型：酒店住宿类、餐饮服务类和休闲旅游类。住宿类企业既有国际著名的连锁品牌，也有中小型酒店，还有近年快速发展的民宿。惠州大亚湾区旅游协会组建民宿分会，制定民宿分会章程，针对民宿用工标准、登记办理流程、证件审批手续、行业监管等问题进行规范，从源头上加强管理，推动民宿行业健康有序发展。

（2）发挥政府与企业之间的桥梁沟通作用

行业协会属于社会组织范畴，发挥着连接政府有关部门和组织行业内企业会员自主管理的作用。行业组织发挥会员企业服务员和指导员作用，利用平台优势，积极与政府有关部门配合，有效传导旅游企业的声音，带领行业内企业与政府共同提升旅游行业的旅游品质和行业竞争力。行业协会起到了上情下达、下情上传的双向传递功能，并与全国其他地方的行业协会进行横向交流活动，发挥行业协会的自治、自律优势，引导旅游企业经营者遵法守法，有序管理，促进旅游服务品质提升。

（3）大力开展培训，提升从业人员的素质

行业组织可以发挥会员多、联系广的优势，根据行业的热点和会员企业的需求，在行业内部建立企业交流互动平台，互相切磋交流经验，通过培训加强从业者的服务意识，提高服务素质和水平。

（4）承担社会责任，密切与社区联系

行业组织根据行业特点优势和当地需求，带动会员企业承担社会责任，让企业、员工投身公益事业，通过组织活动密切与当地社区的互动关系，让员工在志愿活动中建立良好的合作关系。

（二）在行业内部试行、在全区内推广

和谐劳动关系综合试验区的工作分阶段、分步骤进行，根据不同行业总结出来不同的和谐劳动关系模式先在本行业内部推行，后在全区范围内推广。惠州大亚湾石化工业园区内共有各类企业百余家，既有中海壳牌、中海油炼化龙头领袖企业，也有从事中下游的不同所有制的中小企业，石化行业的自主协调和谐劳动关系模式通过龙头企业在平时的经营业务中影响与公司有业务联系的企业，在对有关承包商进行业务合作和培训时，将劳动关系优秀管理经验传导给从事石化加工的产业链的中小企业。政府部门通过经验总结、亮点提炼、经验传动、互动交流、具体引导、推广应用等多种方式，以点带面，将自主协调的十种方式制作成操作指引手册，在石化产业链推行，整体提升石化工业园区、石化行业劳动关系管理水平，实现劳动关系总体和谐。行业协会组织开展现场观摩，将培训学习的方法向行业内其他企业进行推广。惠州大亚湾在构建和谐劳动关系综合试验区的过程中，于2018年提出自主协调十大亮点和经验，制作宣传手册和企业指引手册，在石化行业进行引导传播。2019年在汽车零部件行业总结了集体协商八个亮点，以及现代物流业班组建设亮点。2020年对电子信息行业进行了劳资恳谈亮点总结，对旅游行业进行了行业自律的经验总结，五个行业首先在本行业推广，然后再进行全区范围推广。尽管不同行业有其自身特点，在一个行业被实践证明行之有效的运作机制，可尝试推行适用于其他的行业，通过"移植"的方式继续发挥其作用，在不同行业推行适用同一机制，从不同的角度审视其优势和不足，为弥补其短板找到更多的契机。在和谐劳动关系综合试验区的深化建设中，推进设立跨行业试点，为有效的机制找到在不同行业下均适用的"交叉处"，进一步在综合试验区内全面推广。

三、政府对和谐劳动关系的推动

（一）观念引导

思想观念是行动的先导，方法措施是实现和谐的路径。和谐劳动关系的构建，也是一个价值重塑的过程。为深入领会构建和谐劳动关系的重要意义，培育劳资双方"同商、同心、同力、同享"的价值理念，实现企业与职工共建共享，可以通过以下几种方式培育和谐劳动关系的氛围：第一，成立讲师团。惠州大亚湾区成立了既有劳动关系理论背景的专家学者，也有擅长实务操作的劳动行政部门专业人员和企业劳动关系管理人员组成的"和谐劳动关系讲师团"。讲师团根据综合试验区的有关工作开展法律法规、劳资沟通、员工关系、劳动争议处理等多个模块的劳动关系管理实务培训，推动企业内部劳动关系协调机制的建立，帮助企业人力资源管理人员掌握和谐劳动关系管理的方法和技巧。第二，及时传导信息。创办内部刊物，刊物中设立政策法规、时政要闻、部门动态和企业经验等栏目对企业进行宣传引导，介绍企业构建和谐劳动关系的经验，宣传和谐劳动关系先进典型，传授劳动关系管理的方式方法。第三，培养专业人才。举办由企业人力资源从业人员和工会干部参加的劳动关系协调员、协调师培训班，政府给予财政支持，全面提升辖区内企业人力资源人员和工会干部的专业素质和能力水平，培养一支正规化、职业化、专业化的人才队伍，从源头上提高劳动关系管理水平，预防和减少劳资纠纷。

（二）沟通指导

沟通指导是指通过对企业调研、诊断、座谈、访谈等形式对企业劳动关系进行具体细致指导。在构建和谐劳动关系综合试验区的过程中，调研走访企业，在现场直接感受企业劳动关系，与企业人员进行沟通，对企业劳动关系有全面了解，对观念进行引导，对疑难问题进行解答。

"体检式"诊断是通过向企业管理层、企业人力资源管理人员、工会干部、企业员工发放调查问卷的形式，对企业劳动关系作出量化分析，作出企业劳动关系书面诊断报告，总结企业劳动关系存在的优势和不足，并就劳动关系存在的具体问题提出解决的路径和思路。例如，对石化工业园区企业自主协调情况进行调查后，针对所有参与调查的企业出具详细的企业调查报告，对该企业的劳动关系现状、问题、员工感受进行分析，并就该企业在同行业的整体情况进行对比排名，不仅让该企业对自身劳动关系情况有全面深入了解，而且与同行业对比的情况也有清晰的参照。分别召集企业管理人员、员工10—20人展开座谈会，就企业人力资源、劳动关系管理等集中关心的问题进行沟通对话。与企业管理人员、员工进行一对一、面对面的全面深入访谈，更深入地从企业、员工视角了解他们对本企业劳动关系的感受。

（三）会议推进

会议推进是指通过召开全区范围或者行业会议的方式推进和谐劳动关系的建设。本着"从企业中来，到企业中去"的原则，惠州大亚湾区将五个行业的先进经验细化为具体的操作指引，详细说明每一种协调劳动关系措施的意义、功能、内容、做法、形式、法律依据和典型事例，制作成便于携带的宣传册，通过会议形式进行宣传指导。例如，在总结确定石化区自主协调经验后，由石化工业园管委会协调在石化工业园内召开会议，并邀请专家讲解自主协调的具体措施和步骤。五种和谐劳动关系的模式确定后，召开全区企业会议，进行详细讲解，便于让企业管理人员在实践中操作执行。

（四）经验交流

经验交流是由政府部门或行业协会组织先进企业介绍经验或组织企业到典型企业进行现场学习、互动交流的一种方式。如中海油惠州公司、中海壳牌公司分享自主协调劳动关系的经验，东风本田公司介绍集体协商经验，光弘科技公司介绍劳资协商经验。惠州大亚湾区人力资源协会成立后，先后组织会员企业到中海壳牌公司、惠州比亚迪公司等企业现场交流学习，让同行之间磋商交流，通过现场学习，直观感受先进企业的和谐氛围。

（五）检查验收

检查验收是指将和谐劳动关系模式推广到实践运行一个阶段后，由政府通过调查问卷、企业走访等形式了解实施效果，对实施效果进行评估，对做得比较好的企业给予肯定，对做得不好的企业指出不足，提出改进措施。例如，在石化行业，鼓励和支持石化产业和工业园区的六十家企业共同参与构建和谐劳动关系工作，推行自主协调机制一年后，政府对参与进行自主协调和谐劳动关系实验的企业进行问卷调查，对企业管理人员、人力资源管理人员、工会干部、员工采用不同的问卷，了解自主协调机制在企业推行的情况及效果，作出客观评估。

（六）政府表彰

政府表彰是政府对和谐劳动关系表现较好的企业进行表彰的做法。惠州大亚湾区先后多次对和谐劳动关系做得比较好的企业进行验收评比，评选和谐劳动关系3A级、2A级、A级企业并召开表彰大会，通过鼓励先进，引导企业的内在积极性。

惠州大亚湾区和谐劳动关系构建的工作重点是"从企业中来，到企业中去"，立足区域经济结构的特点，深入探究优秀企业和谐劳动关系经验，通过观念引导、氛围营造、典型引路、经验交流、制定标准、检查验收、政府表彰等多种途径推动和谐劳动关系的构建工作。

第三节　评价标准与理论形成

中国的劳动关系具有历史和社会的独特性，构建和谐劳动关系，必须探求劳动关系内在的规律性，从中国的客观实际中总结经验，摸索、分析、提炼可复制、可推广的经验。通过全面深化和谐劳动关系综合试验区的成果，进一步从客观实际中逐步总结实验效果，分行业进行了经验总结，形成了五种特色模式，并在理论构建上提出完整的调整中国劳动关系的基本理论体系框架。在综合试验区阶段，先后进行了三次大规模的企业调查和数据比对，并对参与调查的企业进行了体检式的分析，设计了劳动关系评价体系的整套指标。

一、前期调查了解整体和重点企业状况

在开展综合试验区前，对全区的经济状况、产业分布、企业类型、人员结构、劳动关系状态、员工感受等多方面进行了问卷调查，调查主要有四个目的：一是识别劳动关系领域存在的问题。发现劳动关系领域中的问题、障碍、短板，了解区域劳动关系真实状况，为构建工作辨识根源和原因。二是分析劳动关系变化的发展趋向。了解掌握区域劳动关系的动态走势，便于对实践中存在的问题、症结、隐患进行预测、预警、预控和化解，有的放矢找出对策、制定政策、采取行动、观察效果。三是制定区域构建和谐劳动关系的方法和途径。在全面了解整体的劳动关系状况的基础上，制定区域劳动关系改善方案。四是对重点企业建立监测初始数据。形成大数据类型的数据库，对所调查的企业进行评估，得出各企业、各行业的综合分数和分项分数，为参与调查企业提供劳动关系状况和管理的"诊断式"服务，提出改进意见建议。

二、中期进行对照调查，扩大监测企业范围

增设相应的对照组，制定数据收集和评估方案，逐年扩大监测企业数量，定期监测评估企业劳动关系状况，动态跟踪研究区域劳动关系状况。随着不同和谐劳动关系模式在行业、企业的推广，在试验区中期阶段，再进行问卷调查，适时发布区域劳动关系研究报告，扩大监测企业范围，为监测企业提供劳动关系状况"诊断式"服务，进一步从客观实际中逐步总结实验效果，设计改进劳动关系评价体系整套指标，探索构建和谐劳动关系的方法、途径与价值，形成符合中国国情的劳动关系评价标准体系。

三、形成适应劳动关系的路径和方法

劳动关系涉及劳动者、企业、政府和社会组织等多方主体，通过区域和谐劳动关系的试验，分析地区劳动关系状况的影响因素和形成机理，分析各类协调方式对劳动关系的功能、作用，辨别出实现和谐劳动关系安定、效率、公平目标协调机制的功能，将企业劳动关系和谐程度作为政府选择采购供应商、工程承包商以及企业经营者评先评优的考核指标。

第四节 未来展望

构建和谐的劳动关系是一个长期持续的目标，全国多个省市在《构建意见》后开展了数十个和谐劳动关系综合试验区的建设工作，除个别区域成为全国示范区继续开展和谐劳动关系的探索外，大部分试验区工作历时五年就暂告一个段落，这种嵌入原有政府治理结构中的阶段性工作虽有成效，有的区域在劳动信访、劳动监察和劳动仲裁案件量上有所下降，但在目前法律制

度的框架下能否取得长期效果还有待继续观察。在区域治理体系方面，地方政府虽然意识到构建和谐劳动关系对经济发展、社会稳定、党的建设的重要意义，但和谐劳动关系工作涉及多个领域和部门，多个职能部门仍然存在被动情绪，有待继续协调沟通和磨合。在社会治理体系方面，社会组织数量少、基础弱，专业化劳动关系社会组织较少，在专业性、持续性、针对性方面需要加强。

构建和谐劳动关系是企业长期可持续发展的基石，企业作为经营主体，面临激烈的全球化竞争和市场竞争，更注重生产效率、企业利润、股东利益等经济性因素，对和谐劳动关系的重视程度不足，这不是个别问题，而是在整个社会背景下的普遍问题。企业目前仍然存在内部协调机制不畅通、劳动者缺乏话语权、投诉处理不及时等问题，这些都是目前和谐劳动关系构建中存在的问题。

一、继续发挥中国体制优势，形成特色的领导体制

经过和谐劳动关系综合试验区五年的工作，地方政府已经形成了一个在党政领导下横向到整个政府的行政部门，纵向到社区的纵横交错、交叉性、十字化的系统化协同架构，这种体系架构起到了方向把握、统领全局、协调各方、统筹推进的强大功能，体系结构优势仍需要向纵深方向发展。我们需要进一步认识和把握中国劳动关系的发展规律，全面了解国内外形势、互联网平台经济带来的劳动关系的新特征、新要求，识别劳动关系领域中的和谐因素和不和谐因素，发挥中国的制度优势，将和谐劳动关系工作嵌入地方区域规划和长期发展目标，统一协调税收、教育、住建、公安、市场监督等与劳动关系领域相关的部门，形成中国特色的和谐劳动关系领导机制的成型化、制度化、机制化和可操作化。根据本地实际，将三方机制扩展为多方机制，由党委统领，明确组成单位，健全组织结构，确定职责权限，建立议事规则，

实行监督督办，实现工作常态化。发挥群团组织和社会组织在劳动关系治理中的作用，提高专业化社会组织的参与度和活跃度，培育专业性和谐劳动关系社会组织，重点培养劳动关系枢纽型社会组织，让专业化社会组织、行业组织参与劳动关系治理。

二、健全劳动关系公共服务体系，实现劳动关系治理体系和能力的现代化

劳动关系是最基础的社会关系之一，政府部门要加强劳动关系服务治理队伍专业化、职业化建设，强化劳动关系公共服务保障，做到劳动信访、劳动监察、劳动仲裁一体化联动机制，推动劳动关系治理重心向基层街道下移，提升基层就业服务、劳动关系治理水平，实现劳动关系治理水平和治理能力的现代化。健全政企沟通机制，在制定区域劳动关系政策时听取企业意见和建议，畅通企业参与劳动关系政策制定的渠道，为企业提供标准化、规范化、便利化的服务。

三、从试验到实验，走中国特色和谐劳动关系道路

和谐劳动关系综合试验区更注重在区域范围内展开，今后可以重点选择一些企业，将总结的经验在这些企业进行落地实验，同时选择产业规模基本相同的企业作为参照组，对进行实验和没有进行实验的企业对比分析，根据实验情况对协调劳动关系的模式补充完善，通过推进实验进程，以企业协调劳动关系的实际行动探索具有中国特色的和谐劳动关系道路。

在协商协调机制方面，可以针对不同所有制企业适用不同协调方式。在国有企业，激活改善发挥职代会制度的协调作用，对不同所有制、不同行业、不同规模的企业，试验不同的职代会形式。改革和试验职代会的架构、代表

产生、权力权限、议事规则，让职代会切实运作起来。在大中型企业，推行集体协商模式，集体协商是提高劳动报酬在初次分配中的比重，完善工资制度，健全工资合理增长机制，提高劳动者收入水平，实现劳动者与用人单位互利共赢的有效手段。在集体协商中通过党的统领方式开启集体协商程序、提升工会力量以及集体协商的多种方式和技巧。在目前各地集体协商陷入被动、僵局的情况下，东风本田公司的集体协商机制具有典型的中国特色和推广价值。今后应加强对集体协商过程的指导，总结各种类型企业集体协商的经验、技巧、方式、方法，找出适合中国国情的集体协商机制，实现集体协商劳资双方共建共享、长期共赢的功能。在中小企业，推行劳资协商制，进行沟通协商实体化、对象化、程序化建设，确定和明确沟通的实体内容，主要针对企业劳动规章制度、工资福利政策、劳动纪律等关系员工切身利益的事项进行沟通，明确企业公布、员工知晓、员工表达、企业修改等重要流程，起到准集体协商的效果。通过不同类型的协调协商机制，正确处理新形势下劳动关系的新问题，畅通和规范劳动者诉求表达、利益协调、权益保障通道，完善企业内部信访申诉制度、调解联动工作体系，有效推动劳动关系协调方式的现代化。

四、构建全闭环和谐劳动关系体系

和谐劳动关系体系应该包括源头治理、前端化解、过程合规、主体互动、协商协调、争议修复一体化体系。可以从企业依法合规、权益保障、民主管理、内部协调、员工关爱、共享共赢等多方面深入进行。企业合法合规管理是对企业劳动关系的基本要求，企业管理方式既有书面约定，也有习惯惯例，书面约定就是双方契约和企业内部劳动规章制度。劳动规章制度是企业依照法律和民主程序制定，在企业内部实行的组织劳动过程、进行劳动管理、规范双方权利义务关系的规则和制度，是企业经营自主权、指挥管理权的体现，是企业与劳动者在民主、合法前提下的内部约定。

《劳动合同法》实施后，企业基本上建立了劳动规章制度，但实践中仍然存在劳动规章制度内容上不合法、不合理、不人性化，程序制定上存在瑕疵的问题。企业的劳动规章制度是了解企业最好的切入点，从劳动规章制度上基本可以了解企业管理的导向、方针、原则和政策。大部分企业对自己的劳动规章制度实行保密制度，有的企业并不给员工提供劳动规章制度书面文本，员工也未能从企业内部网上查询到劳动规章制度。企业劳动规章制度不对外公开的主要原因：一是劳动规章制度属于企业内部规范，不希望被外界了解；二是劳动规章制度存在不合法、不合理的规定，存在一定的法律风险。

制定劳动规章制度既是用人单位的权利，也是用人单位的义务，是规范双方权利义务的主要法律文件，属于劳动关系源头治理的重要内容。对劳动规章制度的审查应从合法性、全面性、民主性和人性化四个角度进行。合法性包括内容合法和程序合法。全面性是指劳动规章制度应包括可以用书面方式确定下来的所有涉及劳动者切身利益的内容，比如劳动报酬、工作时间、休息休假、劳动安全卫生、保险福利、职工培训、劳动纪律、劳动定额管理等。民主性是指劳动规章制度在制定和修改过程中，应当经过民主程序，要经过职工代表大会或者全体职工讨论，在实施过程中，工会或者职工提出意见和建议的，企业要通过协商程序予以修改和完善，劳动规章制度的文本要向劳动者公示、告知。人性化是指企业虽然拥有制定劳动规章制度的权利，但劳动关系是建立在信赖基础之上长期持续的社会关系，企业要以人为本，制定规则时充分考虑合理性，不能利用单方规则制定权作出对劳动者过于严苛的规定。企业劳动规章制度的审查可以分为自我审查、专业讲解、示范文本、个别辅导等多种方式。企业依照法律规定，听取专业人士、工会、劳动者的意见和建议对内部劳动规章制度进行自我审查。专门讲解是指政府部门、行业社会组织、企业邀请专业人士包括专家、学者、律师对企业劳动规章制度的性质、内容及制定注意事项进行讲解。示范文本是指政府或者行业社会组织可以对辖区内优秀的企业劳动规章制度进行整理和归纳，制定出标准的示范文本，提供给企业参考。劳动规章制度因企业性质、企业文化而各有特色，可以根据企业的具体情况进行针对性辅导。

　　源头化解劳动争议可以通过专项培训、重点梳理、社会组织介入等方式对劳动关系管理过程中容易产生不和谐因素的重点、难点进行梳理，调查劳动争议多发的根源，研究消除争议的路径，让大部分争议事件在企业层面实现前端化解。在劳动争议调处方面增强协商性、灵活性和简便性，保证劳动争议处理结果的公平，劳动信访、劳动监察、劳动仲裁建立溯源追问帮助机制，对争议产生体现的企业不合法、不合规的情况进行溯源追问，找出企业管理不规范或者制度建设的漏洞，帮助企业建立合规制度，拓展工会和企业对劳动争议调处的参与，加强劳动仲裁对劳动关系的修复功能，避免撕裂、怨恨和猜忌滋生。企业通过制度构建、程序合法，建立平等协商、互利共赢、共建共享的劳动关系管理协调机制，本着互相理解、互相包容、共同发展的理念，强化对劳动者的人文关怀，通过企业劳资恳谈、良性互动的协商协调机制，形成劳动关系全流程的和谐机制，推动劳资之间形成长久稳定和谐的良性互动关系。

第二章

大亚湾试验区的
基本背景

本章的背景介绍主要是在大亚湾区开展和谐劳动关系综合试验区之前的情况，故各项研究均以2014年之前的数据为依据。

大亚湾区位于广东省惠州市，毗邻深圳、香港特别行政区，集成公路、铁路、航运、空运交通，自然条件与地理区位条件优越。惠州大亚湾是国务院批准成立的经济技术开发区。多年来，大亚湾区国民经济持续健康发展，行业逐渐健全，石化、汽车、电子、建筑、房地产、港口物流以及旅游的产业格局初步形成，各类经济组织主体基本成熟，党委领导、政府负责、社会协同、企业和劳动者参与、法治保障的和谐劳动关系工作体制初步形成并有效运行，劳动关系保持了总体和谐。

在经济新常态与社会转型的客观背景下，大亚湾区要素密集型产业、小微企业走向转型之路，劳动关系矛盾逐渐凸显；长期的开放环境使得利益关系复杂化，社会价值多元化，劳动关系及劳动者诉求逐渐复杂；人力资源市场供求的变化与劳动者主体意识的成熟、法律意识的加强使协调劳动关系工作成为当地政府的主要工作。这一形势，对大亚湾地区构建和谐劳动关系提出了新的要求。描述并分析大亚湾地区劳动关系的现状，总结本区劳动关系实际运行中的特性与规律性，是构建与发展和谐劳动关系的前提，是解决实际劳动问题的关键。

劳动关系的运行实际，概言之，包括主体、机制与规则三个相互联系的层次。劳动者、企业、政府是劳动关系的主体，在描述中，我们需要回答主体的状况如何，主体做出了何种行动或进行了何种行为，此种行动或行为对于关系运行产生了何种影响等问题。围绕着劳动关系主体之间的种种行为的互动构成劳动关系中的交涉，其在不同的层次上形成机制，产出规则，并进而构成一个自我再生的生态系统。现实生活中，常见的交涉机制包括讨价还价、厂务公开、经理信箱、劳资恳谈、集体协商、职代会制度等。通过这些交涉机制，主体会缔结劳动合同、形成企业规章、集体合同、职代会决议等不同形式的规则。在地区层面上，国家政策和法律法规更多的是以国家力量为背景，鼓励或者制约主体的行动或行为，塑造了地区劳动关系的基本形态。从产业关系系统的视角而言，中国政策和法律法规以极其具体的方式，体现了国家产业关系系统（NIRS）对地区、行业产业关系系统（IRS）影响，体现了国家意志希望地区行业劳动关系达到的理想状态。除此之外，产业经济环境、社会价值作为外部力量，也对地区劳动关系状况产生着直接或间接的影响。

对地区劳动关系的研判需要大量的经验材料，在调研过程中，研究团队对地区人力资源和社会保障部门、工会、公安部门、区管委会，相关产业主管部门，几大产业代表性企业及其工会先后进行访谈14场，对88家企业及其3200名员工进行问卷调查，回收企业问卷87份，员工问卷2778份，全面收集并整理相关政府部门、企业劳动关系相关的文献材料。

本章共分五节：第一节为大亚湾区经济社会概况，介绍大亚湾区经济社会的基本环境并对此种环境对劳动关系产生的影响做出分析；第二节为劳动关系中的企业，主要介绍企业劳动关系经营的基本状况，并分析企业劳动关系经营对和谐劳动关系的影响；第三节为劳动关系中的劳动者，主要介绍劳动者一方的状况、行为和行动选择，并分析此种行为与行动选择对劳动关系的影响；第四节为构建和谐劳动关系的政府实践，主要介绍以人力资源社会保障部门为主的政府部门在劳动关系中扮演的角色、发挥的作用，并试图分析此种作用对和谐劳动关系的构建的影响；第五节为大亚湾区劳动关系的基本特征，总结地区劳动关系总体状况，并分析其中的经验和不足，归纳其中体现的规律性，最终为和谐劳动关系综合试验区的建设提出建议。

第一节　大亚湾区经济社会概况

一、地区概况

惠州大亚湾区位于广东省惠州市南部，总陆地面积289平方公里，海域面积1300平方公里，海岸线63.1公里。毗邻深圳和香港特别行政区，地理区位优势明显，已成为深莞惠经济圈乃至珠三角经济区的重要组成部分。大亚湾区集成了海陆空交通方式，海域宽、航道短、淤积少，拥有国家一类对外开放口岸惠州港，年吞吐量5000万吨，已开通至香港特别行政区、台湾地区以及至日本神户、大阪的定期航线；惠大铁路为惠州港专线货运铁路，支持水铁联运，已连接广梅汕铁路、京九铁路。周边分布着惠深沿海、深汕、广惠、潮莞、惠盐、粤赣等多条高速公路，惠大高速、莞惠城际轻轨的建成，距深圳宝安机场仅1小时车程。区内供水、供电、通信、消防等公用设施配备齐全；学校、医院、银行、公园、广场、星级酒店等生活配套完善；基础设施建设较为完善，为人民生活与经济生产提供了良好的基础与便利的条件。

大亚湾区的政策优势有力促进了经济社会的发展。1993年，在改革开放与社会主义市场经济确立的大背景下，国务院批准成立了大亚湾经济技术开发区，借助惠州港的交通优势以及毗邻香港特别行政区的开放优势，发展石化与汽车工业。2006年，国务院批准扩大大亚湾经济技术开发区。2014年广东省批准了惠州市建立"环大亚湾新区"的战略规划，旨在整合包括大亚湾区在内的所有地区资源以实现惠州市整体经济社会的发展。之后，地方政府转变职能、加强行政审批改革与服务意识，实行税收、用地、建设、水电、重点产业扶持等政策优惠措施。政策的优势与地方政府的有力措施，有效吸引了投资，促进了地区经济发展。

二、经济与产业发展

（一）经济概况

建区以来，随着工业投资的持续增长，大亚湾区经济保持了快速增长。2014年，全区实现地区生产总值（GDP）470.4亿元，增长3.0%；人均GDP为233716元，按平均汇率折算为38195美元。近年来，本区经济增长从高速走向稳定，从高速增长走向中速增长（图2-1），2015年本区GDP增长预期为4%。这一趋势，为经济转型与结构调整提供了契机，也同样带来了压力。

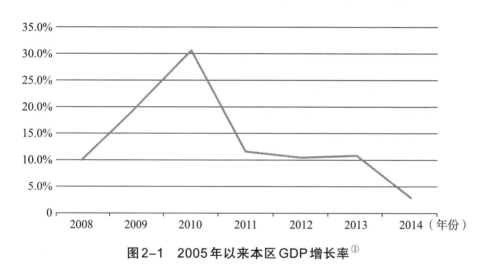

图2-1　2005年以来本区GDP增长率[①]

2014年，本区第一产业增加值1.9亿元，增长2.9%；第二产业增加值405.3亿元，增长2.5%；第三产业增加值63.2亿元，增长7.3%。三个产业对GDP的贡献比值为0.4∶86.2∶13.4（图2-2）。总体上，第二产业一直以来是大亚湾区经济的主导与支柱，第二产业增加值长期以来占本区GDP的80%以上。

---

① 数据来源，大亚湾区历年统计公报。2006年国务院批准扩大大亚湾经济技术开发区，区域的扩大导致出现GDP增长率达102.5%的现象。

这一产业结构意味着劳动关系成为当地经济生活中的重要变量，关系到地区经济的健康发展。

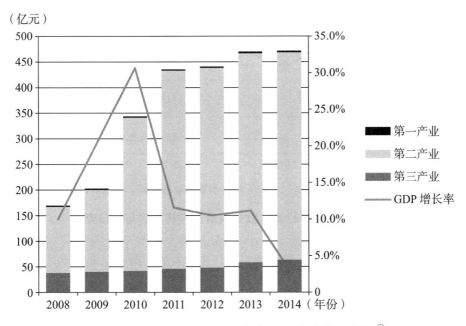

图2-2 GDP总量、GDP增长率与三大产业增加值[①]

相对于消费和出口而言，投资是带动本区经济发展的核心力量。2007年以来，本区固定资产投资长期处于百亿元以上，2014年则高达212.7亿元。与固定资产相比，社会消费品零售总额以及出口总额的规模多在20亿元左右（图2-3）。投资与工业投资的高水平意味着产业经济在未来本区经济中的重要地位，未来居民收入水平的提高带来的消费提升的空间构成了本区经济发展的巨大潜力。

---

① 数据来源，大亚湾区历年统计公报。GDP=第一产业增加值+第二产业增加值+第三产业增加值。

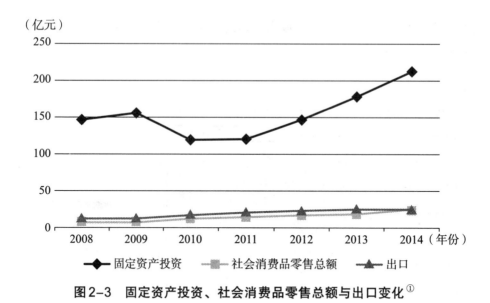

（亿元）

图2-3　固定资产投资、社会消费品零售总额与出口变化①

开放的市场环境下，多种所有制经济蓬勃发展。国有企业在本区工业中占主导地位，以2013年为例，国有企业增加值为218.9亿元，占全部增加值的比55.4%；其次为外商及港澳台投资企业，增加值为159.1亿元，占比40.3%；民营企业增加值为8.8亿元，占比2.2%。固定资产投资中，2014年民间投资大幅增长至106.6亿元，占比50.1%，国有投资则有所下降，占比36.8%。国有企业与外资企业的发展，实现了本地区规模以上工业企业的壮大，民营资本的活跃突出表现为本地区小微企业的勃兴。所有制、产业以及规模的差异，给劳动关系的具体运行造成了不同的影响。

（二）产业经济的发展

在城市规划中，大亚湾区重点发展石化、物流、综合、经济服务、物流五大产业区域。一是东区石化产业板块，石化是整个惠州的主体产业和龙头产业，大亚湾区现在和将来的经济都以石化和炼油的中下游开发为主体。二

① 根据历年统计公报整理。

是港区物流产业板块，其目标在于借助香港和黄参资入股建设惠州港的历史性机遇，将惠州港建设成为华南地区重要的物流中心，继而向国内一流的枢纽港口努力。三是西区综合产业板块，鼎力打造汽车、电子信息基地。区域发展的重点在于高科技、高效率、低能耗、低排放的新型产业，意图形成以高新技术产业为特色的产业基地。四是中心区总部经济板块，以行政、金融、商务、居住为发展方向，意图将中心区建成"总部后台经济服务中心"和生活配套区域，重点发展第三产业。五是建设黄金海岸区旅游板块，鼎力打造休闲度假胜地，开发以霞涌为核心的滨海旅游区，促进旅游商贸发展，发展以休闲旅游和海上运动为主的旅游区域，实现旅游产业与石化产业的相互扶持，兴建石油化工职业教育培训科研基地，将霞涌区域建设为华南地区石化产业的"展示展览中心、会议培训中心、交易中心、科研教育基地"。

得益于政策扶持、区位优势与集聚效应，经过长期的发展，石化、电子、汽车已经成为大亚湾区工业经济的三大支柱；物流、建筑房产等产业在大亚湾区域经济中已经占据了重要位置；高新技术制造业方兴未艾；旅游业则处于起步之中。值得一提的是，在2014年人社部门统计的各类企业名单中（图2-4），劳务服务公司有38家，其中建筑劳务服务公司有23家，劳务服务公司的繁荣发展反映了企业对灵活用工的强烈需求以及地方经济的活力，也反映了地区劳动关系的复杂性。下文将对本区石化、电子、汽车、建筑房产、港口物流以及旅游行业的状况，分别做出介绍。

1. 石化产业

大亚湾经济开发区的建立与发展，源于本区的石化产业。1991年，国务院批准了南海石化项目，同年，广东省批准成立大亚湾规划区，与大亚湾经济开发区共同成长发展。2000年，中海—壳牌石化项目签署合同，同年，壳牌南海石化项目进入实施阶段。经过十余年的发展，本区工程配套设施基本完善，中海炼油项目与中海壳牌乙烯项目作为产业的龙头企业，引领整个产业的发展，炼油与乙烯两大龙头项目所产生的集聚效益使得中下游产业链初步形成。与此同时，安全环保与消防应急机制也取得了长足发展。①

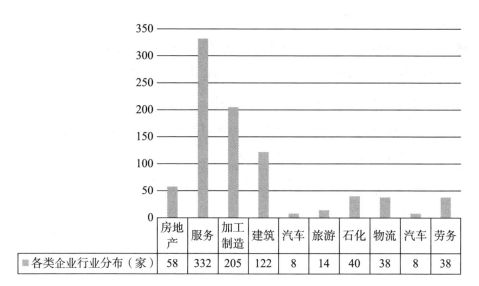

各类企业行业分布（家）	房地产	服务	加工制造	建筑	汽车	旅游	石化	物流	汽车	劳务
	58	332	205	122	8	14	40	38	8	38

图2-4　2014年各类企业行业分布②

　　长期以来，石化产业工业增加值占本区规模以上工业产业增长值的60%以上（图2-5）。2014年，石化产业从业人员有8640人。根据2010年的统计，石化业的中海炼油、中海开氏、中海壳牌与制造业的比亚迪电子4家龙头企业工业总产值为992.5亿元，占全区工业总产值比重的77.7%③，中海油与壳牌是石化区毫无疑问的领袖企业，也必然在本区整个石化产业乃至社会有着巨大的发言权与影响力。

　　需要指出的是，大亚湾石化产业面临三个约束：一是安全生产问题，它带来的危险对企业、劳动者、政府乃至社会全体，都是致命性的；二是环境问题，政府与企业的博弈和协调对于妥善处理环境问题至关重要；三是石化

---

　　①　《惠州大亚湾石化区二十年发展历程》，载《化学工业》2012年第3期。

　　②　统计共计857家，其中，服务业主要包括商贸、零售、投资等，已经将房产、劳务服务、旅游三类刨除；50人以下的小微企业并未纳入这一数据。数据由大亚湾人力资源和社会保障局提供。

　　③　大亚湾统计局：《2010统计公报》。

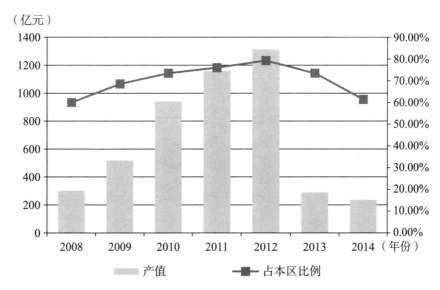

图2-5 石化产业产值/增加值及占本区规模以上工业产值/增加值的比例①

产业对技术要素的较高要求，会导致其管理模式的差异化。这三个约束，在整个石化产业中或有其普遍性。因此，石化产业的和谐劳动关系构建就显得尤为重要。

2.电子产业

电子产业是本区三大支柱之一，产业产值（或增加值）长期占本区工业产值（或增加值）10%以上（图2-6）。2014年，本区电子产业规模以上企业工业增加值为74.3亿元。在主要产品上，2014年生产印制电路板283.7万 M^2，比2013年增长3.5%，电子器件11666万只，比2013年减少53.2%。2014年电子产业从业人员为78789人，庞大的劳动者队伍是电子行业的重要特征。民营企业惠州比亚迪电子有限公司是行业中最大规模的企业，2014年拥有员工5.9万人，是本区人员最多的企业，主要侧重于汽车电子产品，同时涉及能源汽车发展。

---

① 根据历年大亚湾统计公报整理，2013年、2014年的数据为工业增加值。

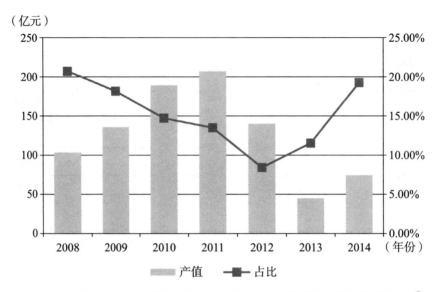

（亿元）

图2-6　电子产业产值/增加值及占规模以上工业产值/增加值的比例[①]

本区电子产业呈现了以下三个特征。首先，产业链发育相对不完整。电子生产企业并没有形成本区石化产业类似的较为完备的产业链，而仅仅处于全球电子产业分工中的部分环节，过度依赖外部市场，外部市场状况必然会对本区电子产业造成巨大的影响。其次，电子产业的生产特征，决定了其生产模式是技术精英与劳动密集的结合。此种模式下，企业管理模式往往围绕技术精英的价值观念而设计，对事业成功和成就感的追求、对于风险和敬业精神的推崇，毫无疑问会影响到普通生产线上的基层劳动者。最后，生产装配线上庞大的劳动者数量也给企业管理带来成本，客观为劳动者形成群体或组织提供了条件。

3.汽车产业

早在1991年，汽车产业基地的构想就已经写入了大亚湾地区发展蓝图。经过二十余年的经营与发展，汽车产业成为本区工业三大支柱之一。2014年，本区汽车产业规模以上企业增加值为34.3亿元，占全区规模以上企业增加值

[①]　根据大亚湾区统计局历年统计公报整理。2013年、2014年为增加值。

的8.9%（图2-7）。2014年，汽车产业从业人员为16468人。混合所有制企业东风本田汽车零部件公司则是本区另一大汽车类企业，2014年劳动者为2440人，主要生产发动机与底盘部品。

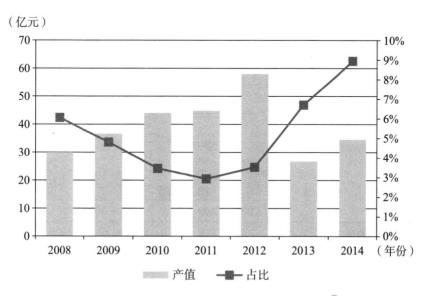

（亿元）

图2-7 汽车产业总产值/增加值及其比例[①]

相对于电子产业而言，汽车产业一般能够以大企业的形式，在内部形成较为完备的产业链。相对于市场因素而言，企业内部规划（预算）更能够对实际生产造成影响。企业劳动关系也因各大企业理念与管理方式的差异而有所不同。

4.建筑与房地产业

尽管建筑与房地产业的产业增加值相对三大支柱产业较小，但是因其能够带来大量就业，促进地方财政增长以及与人民生活的息息相关而显得十分重要。2013年，本区房屋建筑面积为1029.1万平方米，商品房销售面积为274.4万平方米；建筑业增加值为12.8亿元，房地产业增加值为9.1亿元（图2-8）。毗邻深圳的区位条件以及近期政策的变化，使得当前房市再度呈现繁荣：2015年

① 根据历年统计公报整理。其中2013年、2014年为增加值。

上半年，本区商品房销售总面积为136.54万平方米，同比增长42.68%；平均销售单价为5757.29元/平方米，相比2014年同期增长4.08%，而2009年的单价为3941.8元/平方米。[①]2014年，建筑房产从业人员合计7018人。[②]

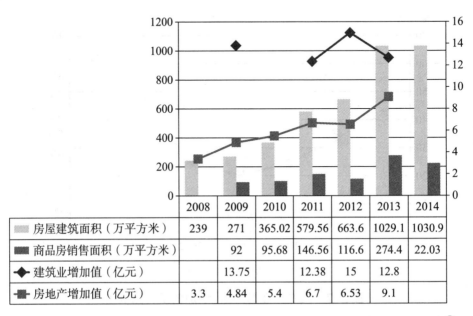

	2008	2009	2010	2011	2012	2013	2014
房屋建筑面积（万平方米）	239	271	365.02	579.56	663.6	1029.1	1030.9
商品房销售面积（万平方米）		92	95.68	146.56	116.6	274.4	22.03
建筑业增加值（亿元）		13.75		12.38	15	12.8	
房地产增加值（亿元）	3.3	4.84	5.4	6.7	6.53	9.1	

图2-8　历年来房屋建筑面积与商品房销售面积与建筑业和房地产增加值[③]

房产市场的繁荣带动建筑业的发展，建筑业的发展则使建筑业劳动力市场活跃而复杂。根据2014年的统计，本区857家企业中劳务服务公司有38家，其中23家为建筑业劳务公司。此外，建筑业层层转包的行业习惯、社会关系与劳动关系复合的背景之下，建筑业的劳动关系也显得错综复杂。

5.港口物流业

海运是本区最重要的交通运输方式，是本区经济的命脉，因此，港口物

---

① 数据来源，2009年房价根据2010年统计公报推算，2015年上半年数据参见惠州大亚湾区房产协会，2015年上半年大亚湾区房地产市场总结。

② 未包括建筑工人。

③ 根据历年统计公报整理。部分年份数据缺失。

流业是本区产业的关键部门。当前惠州港由荃湾、东马、惠东三大港区组成，设计年吞吐量为9691万吨，2030年将达3.5亿吨；万吨级以上泊位18个，珠三角港口群中唯一拥有30万吨级深水泊位的港口，是我国超大型泊位最密集的港口（图2-9、表2-1）。

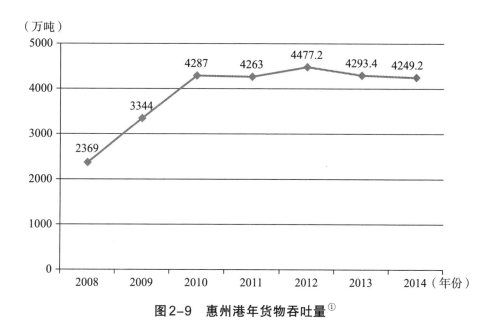

图2-9 惠州港年货物吞吐量[①]

表2-1 惠州港港区企业概况[②]

	所属企业	用 途	设计年吞吐量（万吨）
荃湾港区	惠州港务股份有限公司	通用件杂、成品油、集装箱	270（其中成品油占118万吨）
	大港石化码头公司	石化	95
东马港区	泽华石化仓储码头有限公司	成品油	138
	惠州国际集装箱码头有限公司	集装箱	40

① 根据历年统计公报整理。
② 张瑞光：《惠州港在环大亚湾新区中战略地位的意义》，载《中国港口》2013年第10期。

	所属企业	用　　途	设计年吞吐量（万吨）
东马港区	华德石化有限公司	原油	3300
	中海壳牌南海石化项目	化工、石化原料、滚装	1409
	中海油惠州炼化分公司	原油、成品油、石油焦	2740
	国华热电厂	煤炭	350
	欧德公司	石化	160
	中海石油（惠州）物流有限公司	通用件散货	30
惠东港区	碧甲沙湾综合码头有限公司	通用散货	30
	平海电厂	煤炭	665
	港口大澳塘码头公司	通用件杂	113
	惠东协孚港口综合开发有限公司	通用	20

从表2-1可得，惠州港中82.14%的吞吐量均与石化产业直接相关，二者相互依存的关系，自不待言。港口作为中介地与经济枢纽，其中的经济、社会关系往往较为复杂，劳动者所拥有的"结构性力量"也较强些。历史上，因港口劳动争议而导致供应链瘫痪的案例不胜枚举。可以说，港口物流产业和谐劳动关系的维持对于地区经济的稳定和发展至关重要。

6.旅游业

旅游是本区规划中的五大核心板块之一，但就目前而言，尚处于起步阶段。2014年，本区旅游收入为1.2亿元，接待游客118.3万人，取得了较快发展。目前，本区旅游业主要企业包括四家星级酒店（三星级），五家旅行社，以及两大AAA级景区，2011年从业人员达1000余人。作为服务业，劳动者的状态与其提供的服务往往直接相关，行业自身规范与自律意识的形成，也对其长期发展至关重要。

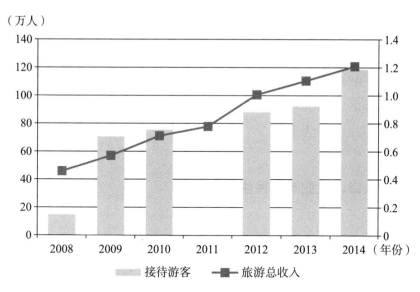

图2-10 大亚湾旅游业历年接待游客数量与收入[①]

除以上六大产业以外，本区的家具制造业、铅酸电池制造业也带动了大量就业，在本区劳动关系中扮演着重要角色。此外，大量未纳入数字统计与制度框架的小微企业、加工作坊也因雇主的不成熟与经营的无序，成为劳动关系问题的多发企业。

（三）转型中的产业发展

从2010年以来，大亚湾区产业逐渐走向了转型之路；而2012年以来的"新常态"客观上也造成了转型的压力。石化区逐渐走向物料互供利用、精细化工项目，产业链进一步延长。在制造业，一批要素密集型、高污染的企业逐渐向我国中西部地区或东南亚搬迁，制造业整体向着高端化发展。商贸旅游业与服务业也逐渐打开新局面，为环境的进一步优化提供了契机和平台。

转型过程中，经济与劳动关系存在阵痛。要素密集型产业，特别是劳动

---

① 根据历年统计公报整理。部分年份数据缺失。

密集型产业，往往集中了大量劳动者，这类企业的搬迁或停业，通常会导致劳动争议的发生。2014年房产市场的不景气导致的建筑业讨薪潮，以及本区小微企业"跑路"所造成的讨薪与争议的高发，都是转型过程中难以避免的劳动关系问题。在产业转型期，劳动关系的经营务必更加谨慎，和谐劳动关系构建的任务也将更为重要。

三、人口、就业与人民生活

（一）人口概况

作为新兴的工业城市，本区经济增长的同时，人口也呈现较快增长。2010年全国第六次人口普查显示，大亚湾区常住人口19.25万人；2014年年末本区常住人口20.35万人，增长2.3%，其中户籍人口8.37万人，男性人口4.21万人，女性人口4.16万人（表2-2）。人口出生率为11.4‰，人口死亡率为4.45‰，人口自然增长率为6.95‰，高于全国5.21‰的平均水平。

人口增长率（23‰）与自然增长率（6.95‰）的较大差额，说明本区在经济发展中吸纳了大量外来人口，也说明了本区工业化快速进程与经济的蓬勃发展。2010年第六次人口普查以来的数据显示，非本地户籍常住人口长期占总人口的55%以上。因统计口径等条件的限制（如并没达到常住人口的"六个月"的标准），外地劳动者的规模，应当比11.98万人更大些。2013年经本区人社部门统计，当年外省劳动者有8.38万人。[1]

（二）外来人口与就业

外来人口广泛分布在本区各产业之中，而尤以劳动密集型产业为最多。

---

[1] 数据根据大亚湾地区历年统计公报、全国统计公报、2010年第六次人口普查惠州数据、大亚湾人社局提供数据整理。

劳动关系是他们与本地区社会产生联系的主要形式。作为本区经济增长与工业化的重要推动者和经济社会发展的重要贡献者，异地务工人员自然应当得到更加公平的回馈，外来人口在本区的融合不仅集中反映在劳动关系上，更反映在广泛的社会关系上，这是经济社会稳定必须考虑的问题。

表2-2 本地常住人口、户籍人口、非本地户籍常住人口以及从业人员数量

（万人）

年份	常住人口	户籍人口	非本地户籍常住人口	从业人员
2008	14.22	7.32	6.9	9.4
2009	14.58	7.41	7.17	12.06
2010	19.25	8.07	11.18	13.6
2011	19.44	8.3	11.14	13.84
2012	19.56	8.1	11.46	13.7
2013	19.9	8.3	11.6	14.1
2014	20.35	8.37	11.98	15.7

新常态下经济增长的降低，突出表现在本区GDP增速变化上。与2011—2013年10%以上的增长率相比，2014年本区GDP增长为3%，2015年预期增长为4%。增长的放缓会造成潜在就业增长的放缓。登记失业率的小幅增长，一定程度上反映了就业困难的存在（图2-11）。①尽管异地务工人员的存在，会为本地就业提供有效的缓冲空间，但就业机会的减少本身就是一个结构性问题，影响着本区劳动关系的和谐乃至不同社会群体之间的团结。

---

① 从原理上看，中国登记失业率在反映失业问题上的说服力并不强。尽管如此，2012年以来的登记失业率还是增长的。

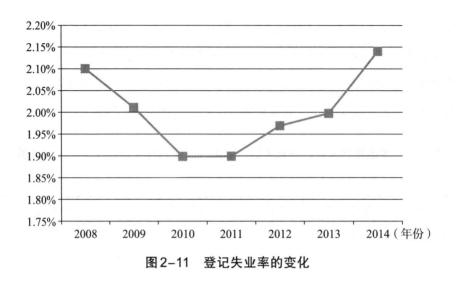

图2-11　登记失业率的变化

（三）劳动者生活

生活需求直接影响劳动者的工资要求，工资水平也会对生活水平产生直接影响。近年来，我国居民生活水平不断提高，对物质文化的需求也日益增长。2008—2013年，广东省城镇居民消费支出从1294元增长到2011元；而相应的月均食品支出从488.87元增长至738.08元；恩格尔系数，即食品支出占总消费支出的比例在36.9%左右，有小幅下降。

出于保障劳动者生活的目的，我国建立了最低工资标准制度。从本区的实际看，最低工资标准水平处于食品支出与消费支出之间（图2-12），这也意味着，最低工资标准仅能够维持在基本生存的水平，最低工资标准的增长趋势相对于消费支出的增长，是较低的。

此种条件下，考虑到人力资源市场的统一性以及新生代劳动者的生活实际，以及现实中企业工资制度和本区月平均工资的较高水平等因素，工时的普遍延长恐怕将成为既成事实。最低工资标准在本区的实际效果，更需进一步地反思。

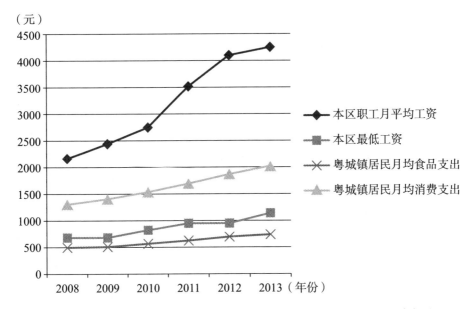

（元）

图2-12 2008—2013年大亚湾地区职工月平均工资、最低工资标准；
广东省居民月均食品支出与消费支出[①]

四、小结

劳动关系和谐是地区经济发展与社会和谐的重要保障，地区良好的经济与社会状况也为构建和谐劳动关系提供了良好环境。在经济社会的现实下，必须认识到当前构建和谐劳动关系的重大意义，以及构建和谐劳动关系过程中必须重视的问题。

良好的区位、便利的交通、优惠的政策以及大量劳动力的供给，造就了大亚湾地区近年来经济的增长与社会的发展，为构建和谐劳动关系提供了良好的经济社会条件。新常态下，经济增速的放缓、产业结构的转型均体现在本区的经济运行之中，就业潜力的下降、企业关停并转问题、劳动条件的波动等，是和谐劳动关系构建过程中必须面对的问题。

---

① 根据本区统计公报、广东省统计年鉴整理。

劳动关系是生产关系，不同所有制企业、不同产业的成长过程，是本区的劳动关系模式乃至社会关系格局的塑造过程，为和谐劳动关系的构建提供了可循之迹。所有制的差异往往造成企业文化、管理模式的差别。在产业经济的发展中，石化、电子、汽车、建筑房产、港口物流、旅游业形成了不同的产业特征，拥有不同的技术与市场。这些差别都会对劳动关系产生直接或决定性的影响。因此，所有制与产业的分别探讨，是和谐劳动关系建设的重要思路。

劳动关系是社会关系。在劳动关系的实际运行中，它复合了交换关系、上下级关系、党群干群关系乃至家族关系、乡土关系、族群关系等。可以说，劳动关系牵一发而动全身。劳动关系与多重关系的相互塑造、相互影响，需要纳入和谐劳动关系构建的视野，以劳动关系实现社会关系的和谐，是构建和谐劳动关系的题中之义。

尽管其表现纷繁复杂，但归根结底，劳动关系是人的关系。人的基本需求是劳动关系成立的原动力，人的交往是劳动关系运行的基本单位，是劳动关系交涉的细胞。

第二节　劳动关系中的企业

企业是当前中国劳动关系的最基本层次，是劳动关系运行的最主要场域，也是劳动关系的主体，是和谐劳动关系构建的参与者。对当前大亚湾地区劳动关系中企业的基本状况、角色、职能和行为的了解，是理解本区劳动关系运行规律性、构建和谐劳动关系的前提。

一、概况

（一）基本情况

为解答上述问题，项目团队对11家企业进行了深入访谈，并对87家产业代表性企业的管理层和劳动者进行了问卷调查。87家企业的行业分布如表2-3所示。

表2-3 调查企业的行业分布

行 业	数量/个	百分比/%	有效百分比/%	累计百分比/%
石化	13	14.9	14.9	14.9
电子	23	26.4	26.4	41.4
汽车	3	3.4	3.4	44.8
建筑	21	24.1	24.1	69.0
其他加工制造	11	12.6	12.6	81.6
港口物流	7	8.0	8.0	89.7
旅游	4	4.6	4.6	94.3
其他服务业	5	5.7	5.7	100.0
总计	87	100.0	100.0	

所有制同样是劳动关系的重要变量。本次调研所抽取的企业中，民营企业占39家，港澳台资企业占22家，国有企业占12家，日本及欧美企业共5家，具体分布如表2-4所示。

表2-4 调查企业的所有制分布

企业所有制类型	数量/家	百分比/%	有效百分比/%	累计百分比/%
国有	12	13.8	13.8	13.8
私营	39	44.8	44.8	58.6
日资	3	3.4	3.4	62.1

续表

企业所有制类型	数量/家	百分比/%	有效百分比/%	累计百分比/%
港澳台	22	25.3	25.3	87.4
欧美	2	2.3	2.3	89.7
其他	9	10.3	10.3	100.0
总计	87	100.0	100.0	

和同行业相比，本次抽样中，有45家企业认为和同行业相比，自己的销售额处于行业中等水平（图2-13）。赋值后的偏度为-0.158，峰度为0.561，较接近正态分布中的一段。从而能够有效排除经营状况的因素，全面地体现本区劳动关系的实际状况。

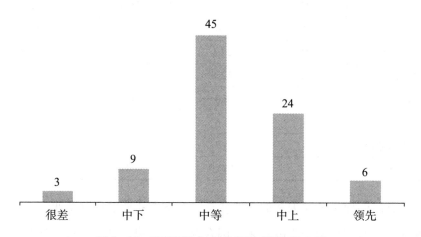

图2-13　和同行业企业相比销售额水平

从其他指标上看，企业近五年来的经营状况基本处于平稳较好的状态（图2-14）。37.9%的企业的客户投诉率持续降低，36.8%的企业的交货准时率持续提高，三分之一的企业产品合格率持续上升，64.4%的企业表示产品利润率较为稳定或持续上升：在新常态的背景下，这一点无疑是较为乐观的。此外，58.6%的企业表示自身人工成本持续上升，人力资源价格提高给劳动力密集型企业造成了压力。

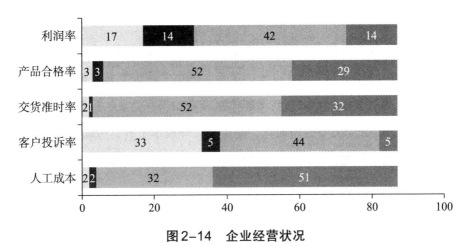

图2-14 企业经营状况

（二）用工概况

从企业用工上看，本区以中小型企业为主。从企业用工规模上看，87家企业共用工82011人，其中最大规模企业用工32000人（即惠州比亚迪电子公司），用工最少的30人，平均用工942.66人；在频率分布上，百人以下的企业占13.8%，500人以下的企业占73.6%，千人以下的企业占85.1%，万人以上的企业仅比亚迪电子一家。这也与本区中小企业为主的经济实际一致。

从用工方式上看，无固定期限劳动合同签订率偏低，员工流失率过高。根据87家企业的有效数据，当前无固定期限劳动合同签订率平均为12.41%，但是73.1%的企业的签订率都低于这一平均值，甚至有30家企业报告称并不存在无固定期限劳动合同。长期劳动关系的培育，任重而道远。在较低的无固定期限劳动合同签订率的同时，本区企业员工流失率也较高。从招工数量上看，2014年77家企业平均招工430.8人，是平均就业人数的45.6%；其中惠州比亚迪公司最多，招工6500人，是目前就业人数的20.3%。结合2014年经济增长放缓的实际背景、劳动密集型产业以及本区实际来看，本区企业较高的招工率更多的是由较高的员工流失率，而非生产扩大造成的。71%的企业员工流失率在月均5%以上，月流失率在10%以上的企业，占32%，意味着本区三分之一的企业员工队伍每年度要更新一次。其中，以劳动密集为特征的加工制造业（电子、家具）的员工流失率是普遍较高的，而工资水平较高的石化行业以及受管理体制影响的国有企业、日资企业，员工流失率较低。① 劳动关系的短期化，使企业管理成本上升，劳动者技能水平、职场地位难以持续提升。培育长期的劳动关系，应当是本区构建和谐劳动关系的重要任务之一。

表2-5　企业员工总量、历年招工状况

年度	有效样本数量	最小值	最大值	总和	平均数	标准偏差
2013年招工	18	18.00	1377.00	6327.00	351.5000	371.94374
2014年招工	77	3.00	6500.00	33172.00	430.8052	1030.05489
2015年招工	15	2.00	1500.00	3605.00	240.3333	397.81397
2015年年初人数	83	10.00	22000.00	62458.00	752.5060	2447.95176
就业人数	87	30	32000	82011	942.66	3493.094

（三）组织机制概况

在组织机制建设上，党政自上而下的推动与企业自身的需求共同促进了制度的建立。从数据上看，企业的组织建设最普遍的是工会组织，在88个企业中共建立了70个工会组织，覆盖率为72.16%；其次为党组织，共建立了44个，占45.36%；然后是食堂管理委员会，共建立了38个，覆盖率为39.18%；劳动争议调解委员会、宿舍管理委员会覆盖率分别为31.96%与30.93%；其他

---

① 访谈数据。企业调查数据由于样本量的问题并不支持数据的χ^2检验。

社会组织，如共青团覆盖率为20.62%。

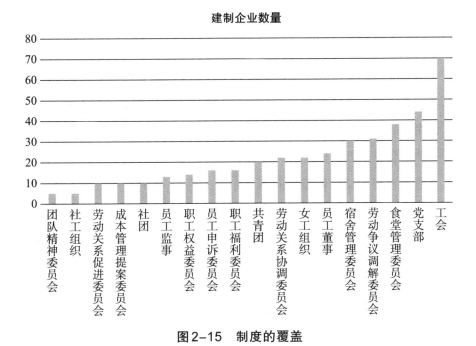

图2-15 制度的覆盖

在整个样本中，国有企业占12家，在国有企业中，工会与党组织建制率较高，可以看出党政的力量，包括党对加强企业党建、工会的要求在国有企业得到了体现。同时，两新组织建设、工会长期以来"两个普遍"的推行、人力资源和社会保障部门"社会力量办调解的方针"，都有力地促进了企业党组织、工会组织以及劳动争议调解委员会的建设。另外，党组织、工会与企业劳动争议调解委员会的设立，能够促进改善各类企业管理与维护劳动者利益。食堂、宿舍管理委员会的设立，更强调了实用性，包括管理的便利、劳动关系的协调在推动企业劳动关系中的重大作用，也从侧面反映了劳动者工作生活在当前企业中高度一体化的特征，这一特点，在食宿条件调查中，更加突出。

二、劳动条件

（一）工资福利

市场行情、企业经济效益以及最低工资标准制度，是影响企业薪酬制度的三大主要因素，集体谈判在薪酬制度中发挥的作用最小（图2-16）。访谈中，各企业工资制度变化具有一致性：工资制度是企业管理制度的重要一环，基本由企业一方单独决定。近年来，工资水平总体提高了，其主要原因是人力资源市场的结构性短缺问题（如用工荒）。同时，用工量下降、企业经济效益的下降，又使得工资水平呈现波动。总体来说，当前的工资制度基本上是以企业为中心，由企业自主决定工资水平与工资方式，其参照的要素，是市场行情、企业经济效益与政府要求——劳动者在工资决定制度中作为空间不大。

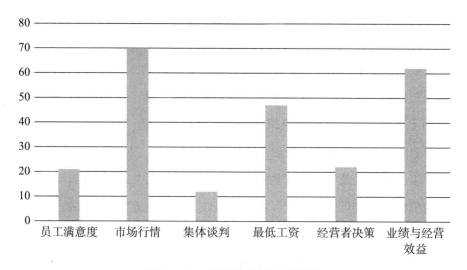

图2-16　薪酬制度的影响因素

福利方面，住宿、食堂、冬季热水澡是企业较为普遍提供的三项福利，知识技能培训也因其用工的必要性而为企业普遍提供（图2-17）。文体休闲活动，如旅游、运动场、文艺活动，也是企业较普遍设置的福利项目之一。此外，有35%的企业为劳动者提供了免费或低价的夫妻房，33%的企业设立了网吧或宿舍网络。与之相应的是，网络已经成为劳动者，特别是新生代劳动者的刚性需求。食宿福利的普遍性更加反映了异地务工人员的密集型以及企业工作—生活的统一性，劳动者的社会关系，同样会影响到劳动关系。

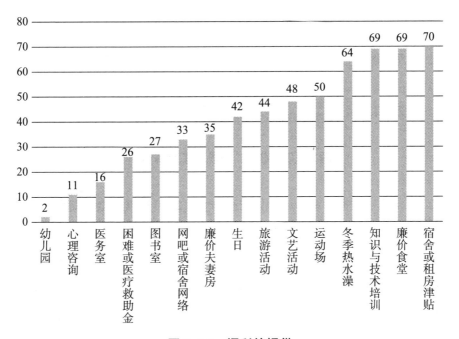

图2-17 福利的提供

（二）劳动安全卫生与特殊保护

妇女、未成年工保护措施为企业普遍采纳，但并未实现全覆盖。较为普遍的措施是重体力劳动禁止与妇女产假以及哺乳期保护。但需要明确的是，重体力劳动禁止、产假以及妇女三期保护，均是由《劳动法》做出明确规定的，即使如此，这些措施也并没有达到全覆盖的标准。

本区企业工伤率处于较低水平，部分行业形成了自己特殊的劳动安全实践。2014年，27.6%的企业没有发生工伤，56.3%的企业工伤率低于0.5%

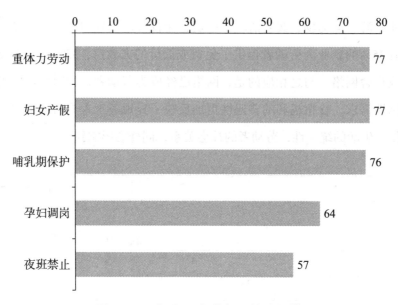

图2-18　妇女、未成年工特殊保护

（表2-6）。这一数据，与本区总体情况吻合：2010年以来全区安全事故（包括交通事故）低于100起，2013年工矿企业死亡共计8人。因其直接牵涉到劳动者的生命安全与企业的正常运转，职业安全在石化产业与建筑业，往往会被摆在相当重要的地位。在石化业，安全作为一种核心价值会贯彻到生产技术和企业管理的各个方面。用劳动关系和谐维系安全生产，在许多企业已经形成了共识。在建筑行业，既有的安全制度一般难以覆盖复杂承包关系下的工伤问题，因此有的企业通常还会购买商业保险，以更好地解决工伤赔付问题。安全风险较高的工种的商业保险赔付额甚至可能高于《工伤保险条例》规定下的工亡赔付额。

表2-6　2014年企业工伤率

工伤率	数量/个	百分比/%	有效百分比/%	累计百分比/%
没有发生	24	27.6	27.6	27.6
低于0.5%	49	56.3	56.3	83.9

工伤率	数量/个	百分比/%	有效百分比/%	累计百分比/%
0.5%—1%	7	8.0	8.0	92.0
1%—3%	7	8.0	8.0	100.0
3%以上	0	0	0	100.0
总计	87	100.0	100.0	

（三）绩效评价与晋升

绩效评价已经被大部分企业所采纳，成为决定个人奖金与晋升的重要管理工具。调查中，97.7%的企业会使用绩效评价这一工具，85.1%的企业会在绩效评价后与劳动者进行绩效反馈和沟通。绩效沟通的做法，不仅在于通过沟通改进劳动者的绩效，更在于有效减少评价中的争议，特别是减少员工"不公正"的疑虑，促进劳动关系和谐。

在当前的职业通道中，普通劳动者到管理者的晋升是最基本的路径。48.3%的企业在受访中表示，会尽量从内部招聘管理者，现任的管理者中，平均有42.2%是通过内部晋升而来的。

调研中发现，在企业中，一个一以贯之的组织体系，往往是和畅通的职业发展通道并行的。实现基层劳动者培育与企业战略目标一致性，应当通过基层组织的建设，将基层劳动者纳入有效的组织，通过组织的过程进行企业价值与战略目标的教育，通过组织的方式明确劳动者与基层组织在企业中的定位，通过基层组织赋权实现基层班组的自我管理和素质提升，以组织建设的方式连接并拓展基层劳动者的职业通道，最大限度地动员企业的人力资源，促进企业发展。总之，拓宽劳动者职业发展通道，是《构建意见》所提出的要求，畅通的职业发展通道，是防止劳动者与管理层对立分化、实现企业团结的重要手段。服务于企业战略目标与企业组织体系的基层班组建设必须在职业通道畅通过程中重获重视。

三、沟通协商、工会与劳动争议

（一）沟通协商

沟通协商包括知情、建议、协商、共决多个层次，在企业管理中因具体层次和内容的差异会形成不同的制度机制。信息公开是沟通协商最基本的措施，也被企业普遍采用。调查中，企业最通常公开的事项包括政策变动、未来发展计划、经营状况，分别占69%、63%以及58%（图2-19）。值得关注的是，与劳动者利益最直接相关的公开工资提升计划却仅占49.3%。企业固然拥有工资分配水平与分配方式的决定权，但是更应在工资的公开透明性上多做工作。

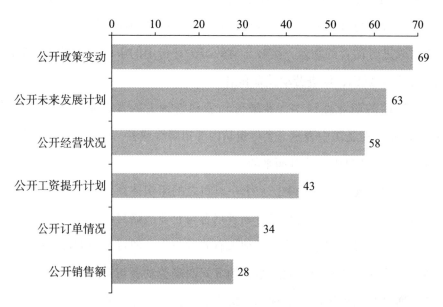

图2-19 企业信息公开的覆盖范围

职代会是民主管理最重要的制度和形式，但运行状况并不理想。在调查中，31%的企业表示建立了职代会制度并定期召开，41.4%的企业表示建立了职代会但并不定期召开职代会，另有27.6%的企业未建立职代会。

集体协商的实际运行情况并不乐观，但在部分企业，如东风本田公司，却形成了长期集体协商的制度。在东风本田公司，中国的工会制度与日本的集体谈判制度结合形成了企业独特的工资集体协商机制。企业党建有力地带动了工会建设，党建对群众路线的践行有力地推动了企业劳动关系制度的建设。日资企业对劳资协作的重视以及成熟的谈判经验，也极大地促进了集体协商的完善。在东风本田公司，集体协商不仅是一个制度问题，更在技术上得到了完善。工资标准的确定、数额的计算以及员工意见的征集和引导等都形成了较完备的技术体系，也涌现出了谈判中的技术专家。

以管理为目的沟通协商机制对工会正式制度的替代，或是职代会制度覆盖较少的重要原因。劳资恳谈会方面，85.1%的企业建立了相关制度机制，52.7%的企业维持了恳谈会的正常运转。在工资、奖金、绩效等关乎劳动者直接利益的人事政策上，96.8%的企业会进行沟通，其中55.2%的企业会保持经常性沟通。在规章制度的沟通上，《劳动合同法》强制性沟通的要求无疑保证了规章制度沟通的普遍性，企业均会就规章制度的变更征求员工意见，其中，视情况而定的征求者占32.2%，表示"一般均会征求"者占31%，广泛征求者占36.8%。此外，总经理面谈是一项能够有力促进企业政策执行、凝聚组织力量，实现劳资和谐的管理实践。调查中，总经理和中层管理人员的面谈最为普遍，另外在三分之一的企业设立了总经理和员工直接面谈的制度（图2-20）。

访谈显示，目前企业的沟通协商机制呈现以下特征：其一，高水平管理者是企业进行有效沟通的主要动力。管理者为了了解劳动者状况、稳定和凝聚员工队伍，实现科学和高水平的管理，积极地与员工进行恳谈。也因此，沟通协商的第二个特征在于明确的层级性，即其二，它是自上而下的，劳动者在其中或面临着层级的压力而难以有效沟通。在部分企业，为了鼓励劳动者发言，企业总经理甚至并不出席协商会议。了解劳动者状况是企业进行沟通的基本目的，劳动者并非机制的主动方。其三，沟通机制长效运转的关键并不仅在于劳动者发声，更在于管理层对发声的积极反馈，通过发声与反馈，形成区别于企业层级体系之外的问题解决渠道。

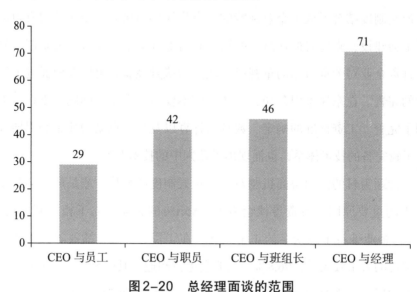

图2-20 总经理面谈的范围

管理实践中还会通过将满意度调查作为管理的依据，从而实现间接的沟通。在调查中，96.6%的企业都会进行满意度调查，其中，57.2%的企业至少每年进行一次满意度调查。离职面谈方面，企业均会进行离职面谈，其中，54%的企业会进行普遍离职面谈。

（二）工会

在政府和工会的推动下，大亚湾企业普遍建立了工会组织，并进行了大量的工作。近年来，工会主席直选或社会化是工会改革的重要动向，本区的工会主席直选，也在进行之中。调查显示，55.2%的企业工会主席的产生方式是"企业推荐会员选举"，直接由会员选举的有20.7%（表2-7）。

表2-7 工会主席的产生方式

产生方式	次数/次	百分比/%	有效百分比/%	累计百分比/%
企业决定	11	12.6	12.6	12.6

续表

产生方式	次数/次	百分比/%	有效百分比/%	累计百分比/%
上级工会决定	1	1.1	1.1	13.8
上级工会与企业公决	9	10.3	10.3	24.1
企业推荐会员选举	48	55.2	55.2	79.3
会员选举	18	20.7	20.7	100.0
总计	87	100.0	100.0	

工会工作较为偏重经济技术和宣传教育。调查中显示，企业工会较常举办的活动包括文体活动、解决劳动者的实际困难、员工意见征求、合理化建议及劳动技能大赛等（图2-21）。"加强维护"应当是未来改进企业工会工作的重点。

在企业运行中，工会与人事工作的协调一致更有助于劳动关系的和谐。因此，工会与人事的联席制度就有必要。现实中，人事经理兼任工会主席的做法比较普遍，此外，非正式的沟通协调（占71.3%）也能够有效地统一两个部门的步伐，而正式化的制度，如联席会议、恳谈协商会等并不普遍。

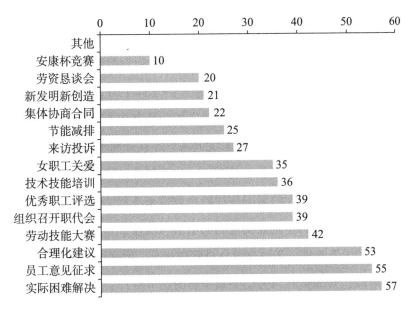

图2-21 工会的日常事务

（三）劳动争议

仲裁与诉讼等个别争议是人事管理者普遍面临的问题。劳动者法律意识的增强与信息获取的便捷，使他们越来越依赖法律与政府途径解决问题。相应地，访谈中所暴露的企业管理制度的漏洞（如规章制度的不完备）以及管理者法律知识的薄弱，又往往使用人单位一方在仲裁和诉讼中并不占优势。

总体而言，集体争议发生率不高，规模较小，企业劳动关系尚处于和谐的状态。停工事件在各类企业中并不频繁，小型停工并未造成过多的损失，在处理上往往以解雇领头人或"杀鸡儆猴"的方式解决，集体停工尚未进入管理层的视野。尽管有的管理者曾因劳动关系问题遭受过恐吓甚至暴力，但这些事件毕竟是"偶然的"。

四、小结

本区劳动关系的总体和谐，为企业发展创造了良好的条件，企业的发展进而为劳动关系的改善提供了基础。尽管当前劳动力市场出现了结构性短缺，劳动者的权利意识和法律意识有所增强，但总体上看，劳动关系中企业是"工资、工作的给予者""关系中的上级"的角色并未有大的变化。在私营中小型制造业企业中，这种上下级色彩尤其浓厚，其管理水平也相对较低。

本区各类规章制度的覆盖率较高，一些强制性、底线性的规章制度在执行上并不彻底。规章制度的漏洞往往给企业带来不利结果。可以说，目前劳动关系的温和环境有利于企业实现利润增值和快速扩张，但是这种较为温和的环境并不利于企业进一步地改善自身管理状况，增强法律意识与自律意识。在转型期阶段，管理实际与劳动关系矛盾的脱节或许会给和谐劳动关系建设造成阻碍。

事预则立，企业改善自己的劳动关系管理，必须从企业整体，即战略角度着手。如何将企业价值和战略目标、愿景用一以贯之的方式贯穿企业生产、经营和管理的各个环节；如何贯彻执行国家法律和劳动标准，将国家劳动制度资源与社会组织资源整合到企业战略管理之中，充分发挥制度的活力以增强企业活力；如何改善企业组织，特别是基层组织，提升基层管理者管理的能力和水平，将基层职工纳入整个企业的战略架构之中，为职工劳动者的发展创造畅通渠道，为企业的发展动员和凝聚更多的力量以建设一种事业的共同体，是企业在经营劳动关系中所必须思考的问题。

第三节 劳动关系中的劳动者

劳动者是劳动关系最关注的主体。在当前以企业为主要层次的劳动关系中，以个体为单位，关注劳动者的价值、状况与行为模式，能够有效地描述当前劳动关系的基本情形，探讨劳动关系的未来趋势，归纳其中的规律性。

本次调查在上述87家企业中抽取了30—50名劳动者进行了问卷调查，发放问卷3200份，回收问卷2778份。调查覆盖私营企业劳动者1257人，占45.2%；港澳台企业680人，占24.5%；国企381人，占13.7%；日资企业90人，占3.2%；欧美企业60人，占2.2%；其他所有制企业员工310人。行业上，石化产业430人，占15.5%；电子产业800人，占28.8%，汽车产业110人，占4.0%；建筑产业631人，占22.7%；港口物流业207人，占7.5%；旅游（包括酒店）业120人，占4.3%。

一、劳动者基本情况

在性别分布上，男性劳动者1698人，占61.1%；女性劳动者1080人，占

38.9%。年龄分布上，26—35岁劳动者是员工的主力，占总体的49%。1980年以后出生的劳动者，即新生代劳动者，已经占所有被调查者的69.76%；1990年以后出生的劳动者占20.48%。与其前辈相比，新生代劳动者成长环境较为优越、文化水平相对较高、熟悉互联网与新媒体，给劳动关系带来了新的变量，如对劳动条件要求较高、跳槽率较高、善于通过法律渠道维护自身权益等。

综合年龄与性别的分布，并对比其预期分布值来看，呈现了男性劳动者的大龄化与女性劳动者的年轻化的趋势（表2-8）：35岁以下女性劳动者，占全部女性劳动者的79.8%；在36岁以上劳动者中，男性占到了该年龄组的70%以上。这种分布特征，或与劳动者的家庭生活、体力状况是直接相关的。

表2-8　年龄性别的交叉分布①

		性　别		总　计
		男	女	
年龄	16—20岁	37	40	77
	21—25岁	241	251	492
	26—30岁	413	313	726
	31—35岁	385	258	643
	36—40岁	291	123	414
	41—50岁	290	83	373
	51—60岁	41	12	53
总计		1698	1080	2778

来源上，调查中75.2%的劳动者为外地（本市以外）户籍，54%的劳动者为农村劳动者。其中，省内劳动者868人，占全部样本的31.2%；湖南

---

① 年龄与性别的pearson χ^2=105.854，由此可知，在劳动者群体中，年龄与性别不独立。

（14.4%）、四川（10.9%）、湖北（9.4%）、河南（6.8%）、江西（6.1%）、广西（5.4%）六省区是外地劳动者的主要来源地，占全部劳动者的53%。这些外地劳动者中，男性占60%以上。

在受教育程度上，96%以上的劳动者都接受了初中及以上教育，但大学以上学历的仅占14%。农村劳动者的受教育水平与城市劳动者和本地劳动者相比较低。从产业分布差异上看，本科以上劳动者主要集中在石化行业，拥有本区38.3%的本科学历者和61.3%的研究生学历者；港口物流行业则居其次。从经济组织类型上看，国有企业的劳动者的学历水平较高些。值得一提的是，学历水平在性别上的分布较为均匀，不能证实学历水平与性别的关系。

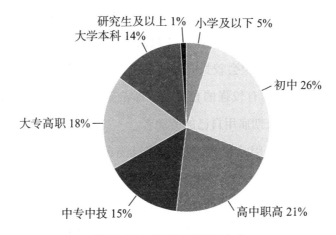

图2-22 受教育程度分布

在岗位分布上，普通工人占全部样本的39.1%，技术工人占16.6%，办事人员文员占13%，工程技术人员占7.2%，基层管理人员，如班组长、线长、拉长，占6.7%；中层管理人员，包括专职工会干部与党的专职干部，占10.4%；其他还包括专业业务人员3.5%，后勤服务人员2.3%，保安外围人员0.9%，供销人员0.3%。

二、劳动条件

(一)雇用安全

雇用安全关系到劳动者对未来收入和生活状态的期望,是影响劳动关系和谐的重要因素。本次调查中,关于雇用安全的主要结论如下:

其一,劳动合同签订率较高。在所有劳动者中,83.9%都是第一次在被调查的用人单位工作。94.9%的劳动者明确表示企业已经和自己签订了劳动合同。以书面的方式明确劳资双方的权利义务,有助于预防争议,建立长期的劳动关系。

其二,建立长期劳动关系,符合劳动者的期望。他们对于工作稳定性的判断,总体比较乐观:39.7%的劳动者表示企业"可能会雇几年",36.9%的劳动者表示双方的关系是长期的。这一数据与劳动者所期望的服务年限也相对应。64.7%的劳动者希望会较长时间做下去,28.4%的劳动者表示会根据情况决定去留。两组数据有较强的相关性,即希望在企业多做几年的劳动者,往往也是认为企业会长期雇用自己的劳动者。

考察以往的工作年限,40.1%的劳动者已经在本企业连续工作了1—3年,同时,工作十年以上的有6%。根据经济组织类型进行比较,日资企业的工作年限稍长些。从行业上看,港口物流业和汽车行业的劳动者工作年限稍长。另外,工资(上个月工资额)与工作年限,有着较弱的相关性。

(二)劳动条件

在工资方面,75.9%的劳动者工资处于2000—6000元/月(表2-9)。总体上,收入随着受教育水平的提升而提高。工资分布的男女性别差异极其显著,男性工资普遍高于女性,考虑到双方受教育程度大致相当,这种差别,有可能由体力差异导致,但高收入组(8000元以上)的显著差异,也意味着女性职场通道的不畅。从经济组织类型对比来看，日资企业与国企的收入是较高的，其中日资劳动者之间的收入差距较小些。工资的行业差异也较为明显，汽车、石化、建筑行业的收入水平较高，而汽车行业的收入差距非常明显。

表2-9 工资分布

		人数/人	百分比/%	累计百分比/%
工资收入水平/元	2000以下	42	1.5	1.9
	2001—2500	198	7.1	8.6
	2501—3000	532	19.2	27.8
	3001—4000	915	32.9	60.7
	4001—6000	660	23.8	84.5
	6001—8000	240	8.6	93.1
	8001—10000	153	5.5	98.6
	10000以上	38	1.4	100.0
	总计	2778	100.0	

最低工资标准是企业工资的重要参照，也直接关系到劳动者的收入。38.8%的劳动者表示，自己的底薪仅仅相当于最低工资标准，甚至有8.1%的劳动者表示底薪低于最低工资标准。最低工资维持劳动条件方面的重要性，不言而喻。结合本章第一节提及的本地区的生活水平与消费支出情况，劳动者加班情况比较普遍。

企业信用良好，工资支付较为及时。85.5%的劳动者表示工资能够按时发放，但同时有11%的劳动者表示工资偶尔会拖欠。企业良好的信用记录使得劳动者并不担心将来会发生工资拖欠的现象——这一数据，占全部样本的89.9%。调查中发现，拖欠工资的现象，多发生在以承包关系而展开的建筑行业以及小作坊式的小微企业中。

劳动者普遍认可自己的工资水平和公平性，劳资双方作为利益共同体的观念得到了普及。75.5%的劳动者认为自己的付出和自己的所得匹配。尽管41%的受访者表达了对工资的不满，但大部分劳动者是接受目前的工资水平并感到满意的。62.5%的劳动者是认可企业效益与工资增长之间的正向关系的——其中11.7%明确表示当企业效益下降时，工资会减少。这一情形意味着双方作为利益共同体的价值观，有着较普遍的基础。

（三）工作时间、劳动过程与工作环境

较低的正常工作时间工资造成了加班的普遍化。调查中，93%的劳动者表示自愿加班，其中更有23.9%的劳动者认为加班时间过少。加班所带来的工资增长是明显的，66.7%的劳动者表示自己会得到1.5—2倍的加班费（或者调休），没有加班补偿的占16.4%。

在休假方面，大部分劳动者可以享受到带薪休假，病假、事假较容易获取。调查中，70%的劳动者表示自己按国家法定标准享受到了带薪休假——同时有30%的劳动者表示并未足额甚至未获得带薪休假。在病假、事假方面，70%的劳动者表示较容易享受。

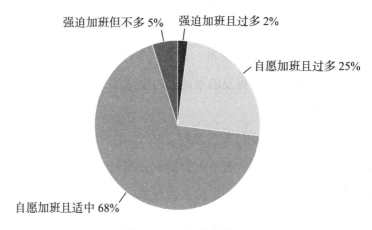

图2-23 加班的情况

在工作负担方面，27.6%的劳动者表示八小时内的工作负担较重，"干不完"；同时有45.9%的劳动者表示工作基本上能够完成。在工作速度方面，87.2%的劳动者表示大部分时间能够跟得上工作速度。在工作过程的评价中，57.7%的劳动者表示自己对工作有兴趣，但同时有30.2%的劳动者表示，工作较为单调枯燥。总体来说，劳动者对于劳动过程中的负担、工作速度以及趣味性是满意的——这一结论和劳动过程去技术化和劳动退化的猜想截然相反。其原因或在于本区较为温和的劳动关系环境，也在于现代劳动过程与管理制度对劳动者的熏陶。

对工作环境的评价也呈现类似的分布。大部分劳动者认为其工作环境较为舒适（82.1%），认为工作并不影响健康（66%）。同时，职业安全卫生的培训也较为普遍，78.4%的劳动者都参加过职业安全卫生培训。

（四）福利

由于存在大量异地务工人员，食宿条件的提供几乎成为企业必须提供的福利。在调查中，62.7%的劳动者都需要在单位住宿，单位食宿条件直接影响了他们的生活状况，甚至可以作为劳动条件的一部分，影响低收入劳动者的收入水平和生活水平。总体来看，劳动者对于食宿条件还是较为满意的：64.4%的劳动者对企业员工食堂表示满意，表示不满的，只有22.7%；在需要住宿的劳动者中，84.3%的劳动者对宿舍条件表示满意；在住宿中感到拘束的劳动者有12.8%。

总体上，劳动者对其工作待遇是比较接受的。64.2%的劳动者认为，自己的工作和待遇总体来看是体面的。相应地，也有35.8%的劳动者认为并不体面甚至寒酸。分行业来看，港口物流、电子以及其他服务业的劳动者更多地认为自己的工作不够体面。工资水平特别是底薪水平，毫无疑问是影响工作待遇体面感的核心因素。

表2-10 工资待遇体面感与工资额度的交叉分布表

| | | | 工资待遇 | | | | 总计 |
			很寒酸	不太体面	比较体面	相当体面	
工资收入水平/元	1808以下	计数	3	5	2	0	10
		预期	0.6	3.0	5.5	1.0	10.0
	1809—2000	计数	7	8	12	4	31
		预期	2.0	9.2	16.9	3.0	31.0
	2001—2500	计数	27	60	93	18	198
		预期	12.5	58.5	108.0	19.0	198.0
	2501—3000	计数	42	169	284	33	528
		预期	33.2	156.0	288.1	50.7	528.0
	3001—4000	计数	56	283	448	87	874
		预期	55.0	258.2	476.9	83.9	874.0
	4001—6000	计数	26	185	385	57	653
		预期	41.1	192.9	356.3	62.7	653.0
	6001—8000	计数	5	46	157	29	237
		预期	14.9	70.0	129.3	22.8	237.0
	8001—10000	计数	5	44	80	20	149
		预期	9.4	44.0	81.3	14.3	149.0
	10000以上	计数	0	3	22	13	38
		预期	2.4	11.2	20.7	3.6	38.0
总计		计数	171	803	1483	261	2718
		百分比	6.29%	29.54%	54.56%	9.60%	100.00%

三、职业生涯与职场关系

(一)培训与职业发展

工作中知识经验的积累,是个人职业发展的重要条件。这种积累主要有三个来源：企业培训、同事间的心口相授以及"干中学"。在培训方面，调查中48.7%的劳动者参加过一到两次的培训，这一数字和上文提及的"职业安全卫生培训"是显著相关的（spearman相关系数=0.548，χ^2=1218.072）（表2-11），即目前的职业培训大部分是与职业安全健康培训同时进行的，大多劳动者参加的是短期（一到两天）的入职培训，这种培训较难对劳动者知识技能的增进产生长远影响。

表2-11　职业安全卫生培训与工作培训的高度一致

			工作培训			总计
			参加过多次	参加过一两次	没有参加过	
职业安全卫生培训	较多参加	计数	527	247	51	825
		预期	239.5	410.7	174.8	825.0
	参加一两次	计数	217	937	198	1352
		预期	392.5	673.0	286.5	1352.0
	没有参加过	计数	45	169	327	541
		预期	157.0	269.3	114.6	541.0
总计		计数	789	1353	576	2718
		百分比	29.03%	49.78%	21.19%	100%

此外，64.1%的劳动者表示在工作中能够学到知识，其中10%的劳动者表示自己学到了很多；但同时，有33.7%的劳动者认为自己学到的东西并不多。这方面，"工作中学习"与劳动者对工作趣味性的评价高度一致（Spearman相关系数=0.459，χ^2=1029.561）：工作感到越充实的劳动者，一般也是能够学到较多知识的劳动者。最后，同事之间知识传授方面，85.7%的劳动者表示同事之间一般会相互传授技术经验。

在内部晋升渠道上，劳动者同样保持了比较乐观的态度。52.9%的劳动者认为在管理岗位的选任上，个人是有机会的，选任机制主要是竞争，但同时有44.9%的劳动者对此并不乐观。这一数据与企业的回应是相当的，48.3%的企业表示自己会尽量从内部遴选管理人员，而现任的管理者中，平均有42.2%是通过内部晋升而来的。

需要指出的是，劳动者的乐观态度与企业的实际并不一致：认为"有机会靠竞争"进入管理岗位者，其所在企业只有39.06%的管理岗位是由内部员工晋升而来的，相反，认为没机会、选拔不公平者，却有41.47%的管理岗位是内部晋升的。

（二）职场关系

职场关系较为和谐。62.9%的被调查者认为，单位是关心员工的，不同经济组织类型企业、不同行业企业在这一问题上并无明显差异。双方的信任关系也较为坚实，81.4%的被调查者认为企业承诺基本是可信的。

领导的管理风格较循规蹈矩且亲民。84.4%的管理者是通过"遵守规章"进行管理的。上级管理者对待下级基本上是心平气和的，占88.1%。这一态度，在不同经济组织类型企业、不同产业企业中具有一致性和普遍性。

劳动者普遍感受到被尊重。86.4%的劳动者感受到被尊重，有1.8%的劳动者强烈地感到不受尊重，认为自己受到了管理层的欺负。在管理严格程度上，20.9%的劳动者有被束缚感，同时有51.2%的劳动者认为其还是拥有合理的自由的。

在同事关系方面，22%的劳动者表示至少有几个让其感到讨厌的同事，有42.5%的劳动者对其同事并无意见。需要指出的是，同事关系与同事间传授技术经验的可能，并无较强的关系。总体来说，职场关系是温和的，劳动者对其现状感到满足。

四、沟通协商、工会与劳动争议

（一）沟通协商

个人投诉是劳动者解决问题的重要渠道。调查中，65.6%的劳动者表示，通过到企业有关部门投诉，解决了其面临的问题。但同时还有将近三分之一的劳动者表示，投诉渠道仅能解决一小部分甚至根本不能解决问题。在集体协商或职代会缺位的情况下，劳资恳谈或座谈会也是沟通协商的重要渠道，但是51%的劳动者并未参加或者很少参加这些会议，能够频繁参加劳资恳谈会的劳动者，仅占10.3%。调查发现，能够频繁参加劳资恳谈会的劳动者，往往感到被尊重（Spearman相关系数=0.36，χ^2=472.374），感到工资待遇较为体面（Spearman相关系数=0.393，χ^2=570.315）。

整体上，本区职代会建制率较低。54.8%的劳动者没有参加过职代会，定期参加职代会的劳动者只有11%。集体协商也存在类似的情况，59.3%的劳动者没有参加过集体协商。由此可见，个人渠道投诉反馈以及以企业为主体建立的劳资恳谈会（座谈会）是当前本区主要的劳资沟通模式。

劳资双方的沟通多限于劳动方面的问题。在生产经营改进意见上，49.5%的劳动者没有通过任何渠道（包括工会渠道、管理渠道等）提出过任何意见，35.5%的劳动者仅提出过一两次。

（二）工会与工会工作

工会的建设整体并不乐观。89%的劳动者所在企业建立了工会，但是只有42%的劳动者表示参加了工会，这一数据远远低于工会组织希望达到的结果，44.9%的劳动者没有参加或者不知道其是否参加了工会。从企业组织类型上看，在国有企业以及日资企业，劳动者参加工会的比例较高。

表2-12　企业组织类型与工会参加率

			参加工会/个			总计
			参加了	没参加	单位无工会	
企业组织类型	国有	计数	242	132	7	381
		预期	163.4	174.8	42.8	381.0
	民营	计数	339	649	239	1227
		预期	526.4	562.9	137.7	1227.0
	日资	计数	62	28	0	90
		预期	38.6	41.3	10.1	90.0
	港澳台	计数	283	323	44	650
		预期	278.8	298.2	72.9	650.0
	欧美	计数	15	38	7	60
		预期	25.7	27.5	6.7	60.0
	其他	计数	225	77	8	310
		预期	133.0	142.2	34.8	310.0
总计		计数	1166	1247	305	2718
		百分比	42.90%	45.88%	11.22%	100.00%

在工会主席选举方面，有28.2%的劳动者表示参加过选举，有50.6%的劳动者明确表示没有参加过工会干部的选举。这一结果与企业调查中"55.2%的企业工会主席的产生方式是'企业推荐会员选举'，直接由会员选举的是20.7%"有出入，甚至两个变量是较显著的独立关系（Spearman 相关系数=0.03，$\chi^2=75.725$）。企业组织类型与劳动者参与工会主席选举之间关系不大。劳动竞赛方面也存在类似的情况，56.9%的劳动者表示其没有参加过劳动竞赛或者不记得是否参加过劳动竞赛。

工会工作的亮点是定期收集员工意见并向企业行政方反映，三分之二的劳动者表示工会曾向他们征集过意见。因此，根据企业实际进行工会建设并开展工会工作，是工会需要努力的方向。

表2-13 工会的作用

		次数/次	百分比/%	有效百分比/%	累计百分比/%
有效	矛盾很多，很多企业只顾自己	68	2.4	2.5	2.5
	有矛盾，企业多考虑自己	480	17.3	17.7	20.2
	有的像利益共同体相互关照	1093	39.3	40.2	60.4
	利益共同体，同舟共济	1077	38.8	39.6	100.0
	总计	2718	97.8	100.0	

　　总体来说，劳动者还是信任内部争议解决渠道的。当自己权益受损时，59%的劳动者表示自己会找单位领导或主管领导反映问题，同时还有14%的劳动者会找单位的劳动争议调解机构解决问题，劳动者通过法律途径解决的占8%，通过工会途径解决的约占8%（图2-24）。由此可见，内部争议解决渠道因能够维持双方的关系、低成本与及时等优点，得到劳动者的青睐。

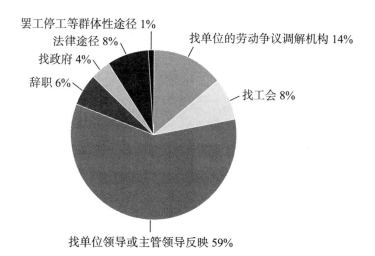

图2-24 劳动争议的渠道选择

（三）劳动关系总览

在对企业前景、个人工作积极性以及人生幸福感的评价中，被调查者同样用一种温情的方式评价了个人和企业的状态：认为企业前景一般的占49.3%，认为企业状况很好的占35.4%，只有9.3%的劳动者认为企业前景不怎么样。在工作积极性上，63.3%的劳动者认为自己在工作中有较高的积极性，认为自己根本没有积极性的占7.3%。

面对个人前景时，22.5%的劳动者表示自己的工作没有前景，26.1%的劳动者认为自己或许有希望，认为自己工作有希望或者很有希望的占45.5%。这种迷茫或者说得过且过的心态，一致存在于各个经济组织类型企业（列联系数=0.134）、产业企业（列联系数=0.194）中，也较一致地存在于不同收入（Spearman相关系数=0.147）、不同教育程度（Spearman相关系数=0.077）、不同年龄（Spearman相关系数=0.023）、性别（列联系数=0.081）甚至不同户籍来源地（列联系数=0.073）的劳动者之中。

那些感到自己工作较有前景的劳动者，往往是认为管理岗位的选拔中"有机会、靠竞争"者（Spearman相关系数=0.390，χ^2检验在0.000水平上显著），也往往是那些愿意在企业长期工作的劳动者（Spearman相关系数=0.453，χ^2检验在0.000水平上显著）；一般也是那些较频繁参加劳资恳谈会的劳动者（Spearman相关系数=0.450，χ^2检验在0.000水平上显著）（表2-14）。

表2-14　个人工作前景与各类劳资事务恳谈参加频率的列联分布情况

			个人工作前景				总计
			谈不上前景	或许有希望	会有希望	很有希望	
劳动事务恳谈	从未参加	计数	328	237	124	36	725
		预期	173.4	201.1	265.9	84.6	725.0

续表

			个人工作前景				总计
			谈不上前景	或许有希望	会有希望	很有希望	
劳资事务恳谈	很少参加	计数	183	232	242	36	693
		预期	165.7	192.2	254.2	80.8	693.0
	参加过一些	计数	125	266	502	121	1014
		预期	242.5	281.3	371.9	118.3	1014.0
	经常参加	计数	14	19	129	124	286
		预期	68.4	79.3	104.9	33.4	286.0
总计		计数	650	754	997	317	2718
		百分比	23.91%	27.74%	36.68%	11.66%	100.00%

在对个人与企业关系的评价上，75%的劳动者认为双方是一种利益共同体的关系。这一点与劳动者对工资的判断是一致的。利益共同体与劳资协作应当是劳资双方都能够普遍接受的重要价值观念。

最后，劳动者对企业劳动关系的评价较高，企业平均得分7.75分。旅游业、汽车行业以及其他加工制造业在行业中评价较高。在企业组织类型上，其他企业、私营企业以及国有企业是较高的。根据工资分组来看，工资越高者，往往对劳动关系的评价越高一些。不同年龄组对企业劳动关系的评价差异显著（F检验在0.000水平）。随着年龄增长，劳动者对企业劳动关系的评价会增加。其他特征如性别、学历对劳动关系的评价差异并不明显。年龄不同造成的差异，可能是由新生代劳动者的人口特质决定的。

表2-15 年龄差异下的劳动关系状况评价

因变数：劳动关系状况			
年　　龄	平均数	标准偏差	N
16—20岁	7.12	1.928	68

因变数：劳动关系状况			
年　　龄	平均数	标准偏差	N
21—25岁	7.54	1.601	479
26—30岁	7.66	1.555	706
31—35岁	7.77	1.380	627
36—40岁	7.90	1.448	412
41—50岁	8.06	1.392	373
51—60岁	8.04	1.386	53
总计	7.75	1.505	2718

五、小结

总体上，劳动者对其状况是较满足的，劳动关系在一段时间内并不存在结构性矛盾。大部分劳动者对其工资工时、工作环境、劳动过程、企业福利、职场关系、个人生活等状况是较满足的。这为本区构建和谐劳动关系提供了良好的基础和氛围。

在价值上，企业和劳动者普遍接受双方"利益共同体"的理念。和谐劳动关系的构建需要总体价值观的引导。利益共同体的价值观，无论在西方"社会伙伴关系"的实践中还是在中国"劳资两利"新民主主义劳资关系实践中，都发挥过较大的作用。在后期和谐劳动关系的构建中，也应打造共同体的文化，促进劳资合作，促进经济社会发展。

与此同时，劳动者的调查也揭示了一些问题。首先是工资水平普遍较低。将近一半的劳动者的正常工作时间工资相当于最低工资，而其工资水平也多在3000—4000元，相对于本区的消费支出水平而言，这一数字无疑是较低的。

较低的工资水平激励劳动者增加其工作时间，因此大多数劳动者都会自愿加班。但是，在大部分制造业企业中，市场需求—产出—加班—工资水平是直接相关的。新常态下订单量的下降，无疑会导致本来就不高的工资水平进一步下降，劳资争议有可能在此类节点大规模爆发。

劳动者对其职业前景或个人前景并不乐观。这一态度，或与职业发展空间、职业发展通道直接相关。如何促使企业建立相应制度，将劳动者组织到企业有机体之中，整合既有的培训资源与职业发展，为劳动者创造更广阔的空间，为企业发展动员更大的力量，是后期企业劳动关系管理需要关注的话题。

此外，个体投诉是劳资沟通的主渠道。本区正式化沟通协商与民主管理制度并不健全。大多数企业没有建立职代会或者进行集体协商，甚至没有建立制度化的劳资恳谈会。直接诉诸企业权威（上级领导），及时、有隐私保障（相对于同事和社会关系）的个人投诉渠道，反而深受劳动者青睐。劳资沟通协商机制有多种途径，在后期和谐劳动关系的构建中，必须加强劳资沟通的有效性、及时性和隐私性。健全企业劳动者抱怨处理（投诉）机制，应当成为构建和谐劳动关系的重要工作内容之一。

需要特别指出的是，调查中发现企业的劳动者团结结构是较为复杂的。传统劳动关系将团结结构简单划分为劳动者—雇主（管理方）。然而，这一结构在中国是否适用，值得探讨。在工会主席直选中，往往拥有最多劳动者的部门领导人（如制造部门主管）容易被选举成为工会主席，部门经理往往会成为该部门劳动者的领袖。

这一团结结构有其深刻的经济社会背景：其一，一直以来，中国劳动者概念包含甚广，即使是企业的厂长、经理，也可能是劳动者的身份。意识形态的劳动者与劳动关系的劳动者重叠起来，无疑是防止阶层分化的一重保障。其二，现代生产结构的部门划分，决定了劳动者以其部门作为基本组织体系，劳动者的交往限定在生产线之中，也容易以生产线、部门组织起来。其三，部门主管具有的技术、资历以及管理权力都容易使他成为劳动者的领袖，其前提是部门主管有较良好的品质。其四，企业作为社会组织，往往是以部门开展活动，进行社会划分的。

这种结构划分，是对传统劳动关系团结结构的有力瓦解。部分企业已经深刻认识到其重要意义，通过班组建设等机制，在劳动者中巩固了这一社会结构，进而实现和谐劳动关系与改善企业的管理。

最后，必须关注和重视少数人的需求。尽管大部分劳动者对其状况表示满意，对劳动关系表示乐观，但还有一小部分劳动者的权益遭受了实际侵害，对用人单位产生了不满的情绪。劳动者权益和尊严因其劳动人格的存在而存在，权益和尊严的维护应当包括每一个劳动者。同时，劳动争议的发生并不是一个简单少数服从多数的过程，而是一个非线性的社会心理动员与集群过程。关注小部分劳动者的心态、需求，解决其面临的现实矛盾，是预防劳动争议、构建和谐劳动关系的关键。

第四节　构建和谐劳动关系的政府实践

本区良好的经济环境与社会氛围为构建和谐劳动关系创造了条件，劳资双方的合作态度与温和心态构成了和谐劳动关系的重要基础。但是，劳动者与管理者利益与价值的多元化、企业与行业的复杂性、市场经济的竞争性、劳动政策的资源分配性以及从社会公共利益考虑等因素，使得政府必须成为构建和谐劳动关系的引导力量。在我国，地方政府在劳动关系中更多的是国家法律政策与地方实际之间的调解者，地方政府的作为与进退，对劳动关系的有序与和谐有着决定作用。

在我国，人力资源和社会保障行政部门、工会与公安机关是劳动关系相关的三大核心部门。劳动法赋予了人力资源和社会保障行政部门在调解与规制就业与培训、劳动合同、工作时间与休息休假、工资、劳动安全卫生与特殊保护、集体合同与民主管理、劳动争议协调、社会保险与福利等方面的法定职责。工会作为党的事业的重要组成部分，是动员广大职工群众的重要力量，在劳动关系中承担着重要的角色，工会是劳动关系的主体，也是协调者，承担着维护、建设、参与、教育等多重职能。作为党的群众工作组织，我国工会超然于劳动行政之外。公安机关是我国社会关系调整的重要机构，背后拥有国家强制力量以及因此形成的社会认可，在劳动争议中实际扮演着安全阀的角色。此外，各行业主管部门，如国资部门对于国有企业、住建部门对于建筑业、旅游部门对于旅游业，对其行业劳动关系也有一定的塑造作用。下文将概括政府在工作中的主要实践。

一、进退有序，打造劳动者基本权益保障工程

依法保障劳动者基本权益是构建和谐劳动关系的重点和关键。工资保障是基本权益保障的最核心问题，在我国，八成左右的劳动争议因工资问题而发生。在本区，工资问题是劳动争议与群体性事件的重要诱因。2013年，本区劳动监察部门为欠薪劳动者人均追回欠薪13266.32元。

欠薪问题主要集中在建筑行业与小微加工制造业。建筑业有极其特殊的结构特征。首先，工人与管理者、客户之间一般形成承包关系，以完成一定工作任务为目的的包工队是其组织劳动的基本形式，签订劳动合同情况的比较少。其次，承包关系是多层次的，层层转包的现象普遍存在，包工队也往往从一两人到上百人不等，自我雇用的现象较为普遍。再次，在工资结算上，工人工资往往逾付而非定期支付，在建筑工程完成回款之后整个承包链条的工资结算才能完毕，这决定了工资支付直接受到房地产市场的影响。最后，包工队的承包关系，往往与社会关系（如家族、老乡）混杂在一起，当发生争议时，社会关系也往往掺杂其中，导致争议的扩大化与恶性化。2010年以

来，建筑业的蓬勃发展带动了地方经济的增长，也给劳动关系埋下了伏笔。2014年房市遇冷，使得建筑业普遍发生欠薪问题，劳动争议也爆发了。在管理上，建筑业往往涉及住房建设、交通建设、公用事业等多个层次、多个部门，主管关系复杂不清，往往难以协调一致开展工作。

小微加工制造业的劳动关系呈现出高度的朴素化和自由化，有以下几个主要特征。首先，资本技术门槛极低，企业资产价值低、状况差，多以家庭作坊的方式进行生产组织，往往并不进行任何工商登记，处于制度的视野之外。政府很难对这类企业实现规制。其次，较低的门槛往往意味着其经营者处于资本原始积累阶段，对于金钱有着赤裸的渴求而无视任何规则、秩序或者价值观，相应地，劳动者也往往具有较低的知识、技能水平。由此可知，这类企业的劳动关系也是极其朴素化、自由化的交换关系，工资几乎是维系双方关系的唯一媒介。最后，由于其简单、劳动密集型的特征，这类企业极大地依赖于市场，市场景气则关系维持，市场不景气则企业倒闭，关系终结。小微企业的欠薪问题由此发生，由于劳资双方极其朴素化、自由化以及企业资产价值低、未进入制度框架等特征，小微企业的欠薪往往极具恶意，欠薪的支付也十分困难。

建筑业与小微企业欠薪问题已经成为本区构建和谐劳动关系的最大威胁。除欠薪问题外，小微企业的社会保险、就业不规范等，也同样涉及劳动者的基本权益。在这种背景下，本区劳动监察部门构建了"加强主体建设、推进劳动保障监察的两网化"与"专项监察与劳动用工备案"工作，全面保障了劳动者的权益。

没有监察的法律形同白纸，劳动监察队伍的建设是劳动监察得以开展的前提，监察力量不足是全国性的问题。我国现有专职监察员约2万人，平均每人需面对1700多家企业，近2万名劳动者。劳动监察机构有些属于全额拨款的事业单位，有些则为差额拨款，甚至是自收自支的单位。即使全额拨款的事业单位，财政列支的往往是人头经费，没有专门的办案经费和设备购置维护费。①此外，监察的力量并不强。2004年《劳动保障监察条例》仅确认了劳动保障行政部门的监督处罚权（第30条），却未确认查封、扣押违法企业财产、追究当事人法律责任等权力，使得监察对恶意欠薪逃匿等行为束手无策，其公信力亦受到损害。

为解决这些问题，本区劳动行政部门注重劳动监察能力的建设，加强对劳动监察执法大队与协管员队伍的培训，人员队伍能力不断巩固。大亚湾区正在逐步推进劳动保障监察执法大队的公务员化，加强执法队伍的编制、人员、预算保障，保障劳动监察的工作独立性，不断改善执法队伍的工作作风。大亚湾区同时建立了企业劳资信息员制度，在建筑行业的119家建筑企业分别设立一名信息员，以收集企业劳动用工情况，有效地把握了企业劳动关系的实际情况。

2011年《刑法修正案》将拒不支付劳动报酬入刑以加大对恶意欠薪的打击力度。在坚持劳动关系慎用刑法介入这一原则的同时，为加强对恶意欠薪的打击力度，维护社会和劳动关系的基本底线，大亚湾区建立了由法院、检察院、公安机关、人社局组成的拒不支付劳动报酬案件调处工作领导小组及办公室，明确了处理拒不支付劳动报酬案件的调处主体。同时，通过信息通报、案件会商、联合处置等工作大力处置欠薪问题。2014年以来，大亚湾区拒不支付劳动报酬案件立案19宗，处理16宗，判刑2人，为918名劳动者追回工资等各种福利待遇3705.33万元。

为了促进劳动监察的城乡统筹，实现监察主动作为，加强劳动监察力量、整合资源、落实责任、提高效率，实现矛盾的基层化解与源头治理，切实维护劳动者合法权益，从2011年开始，人社部开始推行劳动保障监察"两网化"

---

① 李建、张威、王文珍：《〈劳动保障监察条例〉立法后评估报告》，载《中国劳动》2007年第5期；华建敏：《全国人民代表大会常务委员会执法检查组关于检查〈中华人民共和国劳动合同法〉实施情况的报告》，载《全国人民代表大会常务委员会公报》2011年第7期。

工作。①2012年开始，大亚湾区开始落实劳动监察的"两网化"，在街道以下划分5个基础（一级）网格，开始使用劳动保障监察信息管理系统和"两网化"办事大厅，基本实现劳动保障监察"两网化"全覆盖。2013年，本区系统地建立了"两网化"管理制度，建立了能够协调一致、统一调度的区—街道—片区三级网络。依托信息化系统形成了对用人单位的动态监管制度。建立了劳动保障监察人员的管理制度，率先在惠州市完成了"两网化"工作并向惠州市各县（区）推广了劳动保障监察"两网化"的工作先进经验。2014年，大亚湾区"两网化"工作已经进一步得到完善，监察执法机构逐渐标准化、执法逐渐规范化、人员更加专业化。

由于劳动者基本权益内容广，同时受行业影响而呈现为多种类别的复杂问题。因此，在日常监察之外的专项监察和治理十分必要。2014年，大亚湾区劳动监察机构深入组织开展了一系列活动，包括清理整顿人力资源市场秩序、有毒有害企业用工执法检查、鞋类陶瓷企业专项整治行动、装饰行业劳动用工专项检查、建筑施工企业劳动用工专项检查、社会保险法专项执法检查、劳务派遣用工专项执法检查、加工制造服务企业劳资纠纷专项检查治理、建筑施工企业劳资纠纷专项检查治理等专项整治活动，累计检查用人单位（含人力资源服务机构）950余户次，排查化解问题74个，化解案件4宗。2015年，本区开展了"社会矛盾化解年"的社会治理活动，在党政部门的领导下，劳动行政部门开展了劳资纠纷化解系列活动，旨在通过对劳资纠纷的排查分析、化解治理，建立化解劳资纠纷的长效工作机制。

针对建筑业的复杂问题，大亚湾区以人社部门为主，联合工贸、财政、住建、公安、城管、交通运输、社管、公用事业、代建、总工会部门正在研究建设"建筑领域工程款及工人工资支付管理制度"。制度意图建立"谁审批、谁负责"的原则，划清政府监管责任；以"谁出资、谁负责"明确产业

---

① 人力资源和社会保障部《关于进一步推进劳动保障监察两网化管理工作的意见》。

链中工资款项拨付和监督责任，以"谁承包、谁负责"明确工资支付的义务主体。同时，围绕建筑单位与施工单位，编制了具有约束性的工程款支付管理标准，积极督促施工企业与劳动者以劳动合同方式缔结劳动关系。建立了与保证金制度并行的工程支付分账管理制度，并进一步强调了直接支付、定期支付（按月）、按时结算等工资支付原则。在惩罚上，将工资支付问题纳入建筑市场诚信"黑名单"制度，在市场准入、招投标与施工许可上进行限制，进一步明确了劳动行政部门在建筑业欠薪问题中的执法权。这些制度的建立，有利于解决建筑业欠薪问题，促进建筑业建立和谐有序的劳动关系。

本区打造了一支专业有效的劳动保障监察队伍，使劳动基准法律得以落到实处。通过劳动保障监察"两网化"的建设，整合了劳动行政的力量，将大部分企业纳入了制度框架。通过各种专项制度的建立与工作的开展，解决了本区所面临的具体问题。政府积极有效的行政作为，保证了劳动关系的和谐有序。

二、以点带面，创建和谐劳动关系示范区

2011年，大亚湾区开始创建和谐劳动关系示范区的工作，至2013年，全区共有286家企业参与到"创和"工作之中，占全区企业总量的62%，"创和"工作取得了突出成绩。通过创建和谐劳动关系示范区的工作，以点带面，促进了本区劳动关系的总体和谐，为和谐劳动关系综合试验区的建设奠定了良好基础，提供了重要经验。

在创建活动中，人力资源和社会保障部门印发了包括"全面落实劳动合同制度""全面建立集体协商制度""全面落实职工收入分配制度""全面执行劳动标准""全面完善企业规章制度""全面改善用工环境""全面执行社会保险制度""全面完善安全生产制度""全面组建企业工会""全面建立企业内部协调机制"等"十个全面"在内的《关于做好创建和谐劳动关系企业相关工

作的通知》，要求企业结合实际，对照以上十项工作内容，制定企业"创和"工作方案。在工作中，创建工作小组坚持检查与指导工作，帮助企业制定工作方案，查阅企业创建资料，促进企业不断完善各项规章制度，建立健全创建台账。同时，以政府创建小组为平台，召开和谐创建工作推进会，促进企业间经验、感受的交流与分享。在良好的企业基础与氛围下，创建工作取得了突出成就，劳动合同签订率不断提高，劳动者工资福利待遇逐渐改善，企业各项规章制度不断完善，人文关怀持续增强。

本区创建工作的主要经验，可以概括为以下四点。

第一，底线意识维持了劳动关系的基本稳定。工资、工时、安全卫生与特殊保护是劳动标准的主要内容，是劳动关系的底线。底线不仅仅是法律的强制性规定，更是劳动者的基本保障，如果用人单位不能保障劳动者的底线利益，就会引发劳动争议。在石化产业等职业风险较高的企业，生产安全则不仅仅关系到劳资双方最基本的信任，甚至直接关系到经济持续性和社会安全。"全面落实职工收入分配制度""全面执行劳动标准""全面改善用工环境""全面执行社会保险制度""全面完善安全生产制度"等，均是对底线的巩固。人力资源和社会保障行政部门的薪酬调查、工资指导价位调查、非标准工时制度审批、劳动用工年审等工作有力地维护了劳动者的底线。

现实中，由于人工成本一般仅占企业总成本的极小比例，因此，对于企业而言，即使在销售不佳的情况下，也能保障工资的发放。但在劳动力密集型产业，较难实现这一点，因此导致了当前制造业劳动争议的高发，小微企业尤甚。劳动监察部门的信息监控与主动作为，是当前治理这一问题的主要渠道，但有关制度机制尚待进一步落实。

在劳动关系过程中，裁员一般能够彻底打破所有劳动者的期望，这一状况在人力资源市场供过于求的情况下对劳动者的影响尤甚，为此，《劳动合同法》设立了经济补偿金制度。

第二，组织制度化保障了劳动关系规范有序。所谓组织制度化，其根源在于企业本身的组织性。企业是经济社会组织，在企业之中劳动关系得以展开，在企业之外，企业是经济社会的一环。组织制度化的核心在于建立企业内部组织制度，实现企业内部制度与外部社会组织制度的畅通一致化。企业的组织形式是多种多样的，但当前的主要形式包括规章制度的企业组织本身、企业党组织、工会组织等。组织的建立与运行，是畅通社会治理渠道、扩大社会对话、推动企业依法规范行为的关键。

在创建工作中，组织制度化表现在"全面落实劳动合同制度""全面完善企业规章制度""全面组建企业工会"等几个方面。截至2014年，本区劳动合同覆盖率达到93%，许多企业的劳动合同签订率实现了全覆盖。在劳动关系复杂的建筑行业，人力资源和社会保障行政部门与住建部门发布了"建筑业劳动合同示范文本"，设立了劳动合同见证方，通过工头对工程量、工资进行鉴证，更好地掌握建筑业劳动关系状况，引导建筑业劳动关系有序发展。同时，人力资源和社会保障行政部门积极进行劳动法普法工作与培训工作，有效地增强了企业依法用工意识，规范企业劳动用工行为，促进企业规章制度不断朝着规范化发展。在工会方面，目前大亚湾650家企业已经建立工会，建制率达93.8%，直接覆盖劳动者9万多人。建立工会组织的同时，工会也在积极推行集体协商制度，通过全面建立信息员制度，积极推动工会主席直选与工会主席的社会化工作，以增强基层工会的活力，实现"组织起来，切实维权"的目标。在企业党建方面，本区40%以上的企业建立了党组织，在国有企业，党组织发挥着政治核心作用，总揽全局，协调企业行政、工会与职工的工作，通过群众路线教育等活动，改善党群、干群关系，不断规范劳动关系，促进企业加强对职工群众的人文关怀。部分企业成功地推行了班组建设，通过质量管理、生产管理、应急管理等内容，将企业基层职工凝聚起来，形成基层职工与企业战略目标的联通，打通劳动者的职业发展通道，不仅使劳动关系更加和谐，也极大地改善了企业管理，促进了企业的发展。

第三，沟通协商实现了劳动关系的和谐发展。基于劳动合同的不完全性，在劳动过程的展开过程中，劳资双方必须通过沟通协商确定劳动过程中的复杂事务以及如何具体适用合同条款问题，可以说，沟通协商是劳动关系得以展开和发展的基本手段。沟通协商的形式是多种多样的，可以分为知情、建议、协商、决定等不同权利层次，覆盖劳动条件、经营事务、管理事务等不同内容。现实中，最常见的沟通协商是围绕个体劳动关系（劳动合同）进行的日常沟通与非正式协商。此外，还包括以个体劳动者为主要对象的个体投诉渠道（如总经理信箱等），以劳动者群体（如生产职能部门划分）为主要单位的劳资恳谈会（接待日），以劳动者一方或工会为主体的管理沟通（企业规章制度的公开等）以及正式的集体协商制度。

在创建工作中，要求"全面建立集体协商制度""全面完善企业规章制度""全面组建企业工会""全面建立企业内部协调机制"等，都是对沟通协商的具体实施。在集体协商方面，目前本区集体制度建制率达到83%，覆盖了大部分劳动者，并涌现了一批先进典型。在中日合资企业东风本田公司，集体协商已经实现了民主管理和专家管理的结合，在企业党组织的统筹协调下，企业工会通过职代会的讨论方式，收集整理企业劳动者一方意见；选拔和培养具有相当水平的集体协商代表，通过整合劳动者意见与企业经营信息以及经济数据的整理，形成方案；进而通过工会的内部协调，达成多数人同意的方案，最终展开协商，达成集体合同。在这一制度下，民主管理、工会内部协商是达成劳动者最大同意的关键，而具有会计、经济、劳动专业知识的集体协商代表，则是形成科学协商方案的保障。国企党委的统筹协调以及日资文化中的集体谈判因素，为集体协商的成熟开展提供了制度保障。劳资恳谈会、总经理接待日等制度的建立，有力地促进了劳资之间的沟通，及时解决了劳动者面临的困难与矛盾，同时在促进企业科学决策、推动企业发展方面，起到了较大作用。

第四，文化、价值建设促成了劳动关系的良性循环。共同的意识形态是维系劳动关系和谐的纽带，意识形态工作表现为文化与价值观建设。在本区，大量异地务工人员与本地居民的融合带来了多元的文化与价值，市场经济的长期发展与竞争的激烈化使得本地传统价值观逐渐解体，文化与价值冲突所带来的矛盾隔阂在一定程度上影响了劳动关系和谐。

2012年以来，以区文明办为主体，本区开展了"道德讲堂"建设，在企业中，紧扣"依法依规，立信立业"的价值观念，宣传诚信意识与职业道德，打造企业诚信文化与社会责任意识，促进企业员工提高思想道德修养与文明素养，"道德讲堂"活动取得了良好成效。为了促进外来务工人员的城市融入，以人社部门为主体，本区开设了"新市民道德讲堂"，在务工人员中宣传敬业精神、法律知识与守法意识、健康生活理念等，促进外来务工人员与本地社会生活的融合。以企业和工会为主体，本区不断加强对劳动者的人文关怀，建设健康向上的企业文化和职工文化。本区人文关怀的一大亮点是设法搭建企业—职工—家庭之间的密切联系。在石化企业惠菱公司，"企业家庭日"活动充分增强了员工对企业的归属感；在家具制造业敏华公司，通过职工子女教育资助计划拉近了管理者与劳动者的距离，促进了劳动关系和谐。

和谐劳动关系的创建有以下三层意义。首先，它保护并褒扬了善良的雇主，维持了市场竞争的有序性。自由经济或造成逐次的竞争，善良的雇主因提供良好的劳动条件而往往被恶劣的雇主淘汰。因此，维持劳动标准，构建和谐劳动关系，实现社会发展进步的一个重要经验是保护和鼓励善良雇主（企业），给予善良的用人单位以荣誉等社会资源的奖励，赋予其竞争优势，是创造和谐劳动关系活动的第一层意义。

其次，和谐劳动关系的构建也是一个价值重塑的过程。从历史的经验来看，和谐劳动关系所依据的以人为本、劳资协作、公共利益等基本原理，都是基于社会一般认可而形成的价值观念。价值观念固然是社会存在的结果，但社会问题的非线性，决定了价值宣传、价值塑造在价值形成过程中的关键作用。在社会转型期，利益关系的复杂化、社会问题的多元化使人们逐渐开始从不同价值观中寻求各类问题解决的答案。价值观的碰撞必然触及社会治理的问题，占领价值宣传高地，是政府所必须承担的责任。当前劳动关系的复杂化使得价值观塑造、舆论宣传在劳动工作中至关重要。舆论宣传与价值塑造是和谐劳动关系示范区的第二层意义。

最后，和谐劳动关系的创建为试验区的建设总结了经验，打下了基础。必须在劳动关系的客观规律中最大限度增加和谐因素，最大限度减少不和谐因素。客观规律必须从现实和实践经验中逐步探索、分析和总结。构建和谐劳动关系示范区，就是从本区客观实际中逐步总结本区的劳动关系状况、特征、规律，在本区实践中探索构建和谐劳动关系的方法、途径与价值。从经验中总结规律，是和谐劳动关系示范区的第三层意义，也是其最重要的作用。和谐劳动关系示范区的建设，为本区实验区的工作奠定了良好的基础。

三、纲举目张，构建多元化劳资纠纷调处机制

劳动争议处理是劳动关系的修复机制。当前，我国的劳动争议处理制度以《劳动争议调解仲裁法》所规定的协商和解—调解—仲裁—诉讼为主要框架。2008年《劳动争议调解仲裁法》正式实施之后，大亚湾区即着手进行仲裁实体化工作，不断改善办案条件，加强案件文书规范。在工作中，坚持"重调解、促和谐"原则，调裁结合，办案效能、办案质量不断提高，有效维护了劳动关系的继续展开。同时，不断加强劳动争议仲裁、劳动争议诉讼以及司法调解的衔接工作，以提高办案效能和质量。2014年，受理劳动争议案408宗，仲裁立案278宗，调解130宗，为劳动者追回拖欠、克扣的各项工资福利待遇共计639.4万元，劳动争议仲裁立案案件法定期限内审结率100%。

除人力资源和社会保障行政部门作为主要的争议处理主体外，本区劳动争议处理制度具有多层次性。许多企业、工会均设立了企业劳动争议调解委员会、内部投诉机制或者接访日活动等，及时接受或征集劳动者的不满与投诉并妥当处理。在信息方面，工会与人力资源和社会保障行政部门均建立了

劳动关系信息员制度，并通过信息化平台形成了劳动争议的动态监测网络。企业对内部争议或矛盾的协商和解或者调解，构成了劳动争议的第一道关口，及时有效地在基层化解了矛盾，极大减轻了仲裁诉讼面临的压力。

在调裁审的处理框架之外，劳动保障监察同样在争议处理中发挥着重要作用。当劳动者基本权益受到侵害时，他们自然选择成本较低、耗时较少的救济途径，与需要相当法律知识、程序复杂的仲裁相比，能够迅速解决问题的劳动保障监察就颇受青睐。公安机关在劳动争议中的位置也相当关键，一方面，长期以来的社会治理方式使得大量矛盾涌向公安机关这个最终出口，"出事报警"几乎成为劳动者与用人单位的重要习惯，公安机关在工作中往往面临大量劳动争议案件特别是欠薪案件；另一方面，集体停工与群体性事件的发生一般需要公安机关现场维持秩序、协调处理。此外，由于能够直接诉诸政府高层，信访渠道往往成为劳动者的最终选择。同时，大量行业主管部门在处理争议过程中也有相当大的发言权。

对于劳动者而言，我国的制度设计为其提供了多种救济途径，一般可以从成本的角度做出选择。但对政府部门而言，部门职能的划分和依法行政的基本原则在具体问题上并不清晰，信息不畅与衔接不当可能导致责任的分散或转移。因此，厘清上述途径的关系，合理分工并加强衔接是处理劳动争议所必须进行的步骤。明确劳动争议处理中部门衔接之"纲"，整合各部门行政资源，建立争议处理网络，建设多元化劳资纠纷调处机制。

在制度设计中，本区首先建立了以人社部门为主，包括法院、公安、住建、信访、维稳、工贸、财政（国资）、工会、街道办有关部门为成员的协调小组；建立了提前介入程序，对重大争议情况进行摸底处理，防止争议演化；加强人社、公安、检察院、法院的案件移送衔接工作。此外，按照《构建意见》对三方机制的要求，赋予了三方机构劳动关系重大问题沟通协商、劳动争议与群体性事件防突稳控等职能。

在我国集体争议处理制度未建立、劳动关系综合管理部门（如劳动关系委员会）缺失、行政职能部门划分严格、劳动争议处理制度资源少而分散的背景下，多元化劳资纠纷调处机制是建立健全劳动争议处理制度的第一步工作，为制度的进一步完善打下了良好的基础。

四、小结

总的来说，围绕着劳动基准、沟通协商与民主管理、价值观培育、劳动争议处理等内容，以人力资源和社会保障行政部门为主的地方政府，实现了国家法律与地区实际的良好结合，建设了和谐有序的劳动关系，探索出了成功的实践经验，为本区省市共建和谐劳动关系综合试验区打下了良好的基础。

劳动者基本权益的保障、企业民主管理制度与劳动关系协调制度的顺畅运行、劳动争议处理制度的建立完善，都有国家法律政策的支持。党的十八届四中全会确立了依法治国的基本方略，《构建意见》提出了"依法构建"的基本原则。在劳动关系工作中，政府应当更加注重从国家法律中寻找依据，整合国家劳动法律资源的力量以治理本区的劳动关系。

我国是人口大国，社会问题极尽复杂。与此相比，行政资源特别是劳动行政资源相对薄弱，如何在既有的资源中整合力量应当成为未来政府改进工作的重要思路。当前，在劳动问题方面，本区开展了劳动基准监察系列专项活动、公民道德讲堂建设活动，成立了拒不支付劳动报酬案件调处工作领导小组、多元化劳资纠纷调处小组等工作机制，建设了三方协商机制、建筑业工程款拨付与工资支付相关制度，有效地整合了行政资源，加强了相关部门的沟通，解决了实际问题。对制度进一步整合，形成包括各行政主体、群团组织的委员会机构，建立劳动问题治理的统一机制，当为下一步努力的方向。

第五节 大亚湾区劳动关系的基本特征

在经济社会健康发展，劳、资、政三方主体有效作为的推动下，本区劳动关系呈现出和谐有序的局面。概括来看，本区劳动关系呈现出以下特征。

首先，劳动者总体上呈现一种温和的满足感，这种满足感源于普遍的实用主义价值观。在调查数据中，劳动者所有有关评价、认可的回答，均在一个中等偏上的水平。这种一致性反映了劳动者的一种温情状态。对于大部分劳动者而言，进入劳动关系的目的乃是获得工资这一生活手段——相对于此，以庞大的叙事结构对自身状况或地位进行反思，或者以法律为准绳主张或争取自己的法定权利，并不是他们能够做到的。换句话说，劳动者的阶级意识在当前仅仅是象牙塔内的存在，而权利意识方才有所萌芽。在这一状况下，劳动者重视工资等基础权益问题，并不善于通过集体的方式诉求权利，更希望选择温和的纠纷解决渠道。该状态直接指向的是"实用主义"的价值观念，这或许否定了学术上某种一厢情愿的善良，然而却普遍存在于劳动者群体之间，维系着劳动关系和谐，促进着经济的发展。

然而，所谓"实用主义"并非对劳动者短视的批评。可以看到，在劳动者群体中，对于未来发展的担忧已经开始蔓延。这是当前劳动者群体的另一重要特点。发展的焦虑感普遍存在于各类劳动者群体之间，职业生涯的迷茫、对于职业发展通道与空间的失望感等是焦虑的主要原因。尽管人在工业化、社会化的过程中总会面临这类问题，但焦虑感的纾解、职业生涯的畅通、潜能的充分发挥，既有其实用的必要性，亦有其伦理价值。拓展人的发展空间与职业通道，是实现劳动关系长期和谐的关键。

新生代劳动者在近年来成为社会关注的焦点。这一群体的特殊性客观存在并持续影响着劳动关系。生活习惯的变化是新生代劳动者产生新特征的主要特点。在劳动关系中，生活习惯与劳动条件的基本关系如下：不同群体劳动者之间的生活习惯差别往往导致他们对劳动条件的差别需求。生活条件较优者必然比生活条件较劣者需求的劳动条件更高，当生活条件普遍提高时，整个劳动者群体的劳动条件也会随之上涨。可以说，与最低工资标准、集体协商等制度相比，劳动者的生活习惯是劳动条件的第一个制度性保障。[①]比较两代农民工的生活经历，可以看出，因20世纪80年代以后经济发展与生活条件的普遍改善，新生代劳动者的生活水平要比其父辈高些，这种较高水平的生活条件必然导致较高的劳动条件。此外，20世纪80年代以后，义务教育的普及使得这一代劳动者文化水平普遍较高，而网络的普及则使他们获取信息的渠道较为便捷。因此，新生代劳动者的权利意识日益提升，也给劳动关系造成新的变化。

劳动者权利意识的提升给管理者甚至政府带来了困扰。由此导致了政务繁忙与管理复杂化，但这一现象是社会进步的标志。国家采取依法治国的基本方略，其目的在于将各类关系引入法治渠道，以国家意志进行引导疏通，实现社会和谐，并最大限度地增强国家机关的动员和统合力量。劳动者寻求法律渠道是构建和谐劳动关系的题中之义，是国家统治力量增强的表现。若法治不畅，则劳动者恐怕只能寻求私力救济。

然而，权利意识提升并不必然伴随着"阶级意识"的提升。所谓阶级意识，需要劳动者从其共同经历中得到"他们之间有共同利益，这种利益与其他人不同"的感悟或结论。在劳动关系中，阶级意识主要为"劳动者"与"雇主"的划分。然而，现实中，劳动者的家乡来源地在争取利益中有着较强的作用。更鲜明的是，企业生产部门的划分也对劳动者之间共同利益观念的形成有着强大的塑造作用。企业不仅依据部门划分进行生产，而且依据这一划分进行管理、协商甚至组织社会活动。

劳动关系是生产关系，也是社会关系；相应地，企业是生产组织，也是

---

① Webb B. & Webb S., Industrial Democracy, Longmans, Green& Co., 1920.

社会组织，生产组织是社会组织得以展开的重要基础。在大亚湾，劳动者中异地务工人员占一半以上，近三分之二的劳动者需要住宿在企业内，企业的社会性更加突出。这种社会性并不仅仅指劳动者进行产业民主、行使劳动权甚至产业公民权，与雇主或管理者进行交涉的场域，而是最为基本的以食宿为代表的劳动者的基本生活状态、以同事间交往为代表的最基本的人际关系。在这种高度统一的生产组织中，劳动者的工作与其生活高度合一，企业生活占据了他们社会生活的大部分。在此种情况下，通过加强企业基层建设，将基层劳动者有效纳入企业战略目标之中，通过良好的企业价值与秩序，维持基层劳动者之间的联系，是企业进一步改善管理、加强"社会治理"、减少劳动者孤立感、丰富企业社会意义的重要思路。

作为一个系统，劳动关系极具开放性。市场、技术的变迁对劳动关系均有深远的影响。地方政府部门作为国家劳动关系系统（NIRS）的具体力量，也在劳动关系变迁中实现并维持国家对劳动关系的总体塑造。也就是说，政府与环境是塑造劳动关系的独立变量，政府需要依据国家的法律政策，根据环境的变迁调整自己的作为与力度，实现国家意志，维持国家对劳动关系的基本控制和有效治理。这是对地方政府角色的定位，从这一定位出发，可以看到产业转型、经济增长放缓的背景为将来劳动关系协调造成了较大的压力，产业社会化乃至全球化的基本特征使政府的权力或行动范围相对有限，许多问题的原因并不在地方政府的管辖权之内，政府职能的部门化则给行政力量的动员增加了阻力。这些因素，为构建和谐劳动关系带来了实际困难。

以上所述，是调查中所反映的本区劳动关系的一些重要特性，这些结论或具有移植的空间。构建和谐劳动关系需要从以上特性出发，有针对性地制定方案。

第三章

"劳资同心"
行动计划

为切实落实《中共中央 国务院关于构建和谐劳动关系的意见》和《中共广东省委 广东省人民政府贯彻落实〈中共中央 国务院关于构建和谐劳动关系的意见〉实施意见》，并使劳动关系和谐服务于《中共惠州市委惠州市人民政府关于乘势而上 加快发展 尽快进入珠三角第二梯队的决定》，广东省、惠州市确定在惠州市大亚湾经济技术开发区开展"省市共建和谐劳动关系综合试验区——大亚湾劳资同心行动计划"（以下简称"劳资同心计划"）。为此，制定本方案。

第一节　大亚湾区建设综合试验区的有利条件

一、进驻企业劳动关系协调的世界先导特征

大亚湾区位于广东省惠州市南部，工业化、城市化、现代化发展迅速。从21世纪初起，一些世界著名的跨国公司进驻大亚湾经济技术开发区，它们带来了先进的技术、管理模式的同时，也带来了世界最先进的劳动关系协调方式，使大亚湾区的劳动关系协调具有世界先导优势。例如，中海壳牌石油化工有限公司的国外合资方荷兰皇家壳牌集团，是目前世界第一大石油公司，在2012年《财富》杂志世界500强中名列第1。壳牌中国与中国海洋石油于2000年签约合资建立中海壳牌，总投资达40亿美元，是中国迄今为止最大的中外合资项目之一。壳牌集团给中海壳牌带来了先导性、领先性的管理模式，要求自己"成为世界顶级石化一体化企业""成为中国最好的雇主""成为中国最具有社会责任感的企业之一"。在劳动关系方面，集团十分注重员工的

职业发展，本着"发现我未来的老板"的理念进行内部招聘，及时给予建议、辅导和培训。作为化工企业的领头羊，壳牌集团还给中海壳牌带来了最先进、最科学、最严密的安全和健康管理。

除壳牌集团外，进驻大亚湾区的世界级企业还有日本本田技研工业株式会社、日本住友电气工业株式会社、日本住友电装株式会社、日本普利司通株式会社、韩国LG集团等，它们都属于世界500强，都带来了领先的劳动关系模式。大亚湾区企业劳动关系协调的世界先导优势给开展综合试验区工作开辟了朝向世界、朝向现代、朝向前沿的窗口，成为广东省从引进技术到引进管理再到引进劳动关系协调机制的一个良好时机，也会助推大亚湾综合试验区的劳动关系协调方式与世界接轨，走向全球先进行列。

二、进驻企业劳动关系协调的实践验明特征

进驻大亚湾区的诸多国外企业具有较长时间的经营历史。其中，荷兰皇家壳牌集团的前身荷兰皇家石油是1890年创立的，其经营历史长达125年。日本住友集团源自约400年前的一个小杂货商店，不断崛起而成为现代化的大型跨国企业集团。这些企业的较长历史都表明了，和谐的劳动关系支撑了企业的经营与发展，它们协调劳动关系的方式被实践证明是正确的、有效的，也是可持续的、与时俱进的。

以大亚湾惠州港业股份有限公司的外资方和记黄埔为例。长江工业有限公司1950年创立，1979年收购和记黄埔有限公司。如今，和记黄埔的港口业务遍及26个国家，在亚洲、中东、非洲、欧洲、美洲等地经营52个港口。这些国家具有不同的劳动关系政策，不同的港口还存在不同类型、不同行动方式的工会。和记黄埔的劳动关系协调方式不仅适应了这样的多类型、多方式，而且支撑了业务的迅速拓展。世界七大繁忙港口中，有五个是和记黄埔参与经营的。深圳盐田国际集装箱码头有限公司于2007年发生员工大规模停工事

件，企业管理方采取了与国内其他企业有所不同的处理方式，不仅接受了工会，而且接受了集体协商；不仅建立起了与工会的合作，而且实现了工作效率的提升与工作士气的高涨。

这些经历过较长时间的历史，被实践验明其正确性、有效性和可持续性、可与时俱进的劳动关系协调方式，是大亚湾和谐劳动关系综合试验区可借鉴的优秀资源，也是综合试验区得以有效运作和取得预期结果的有利条件。

三、党政部门协调劳动关系的主导创新特征

大亚湾区从2011年起成功地开展了"创建和谐劳动关系示范区"工作，创新了劳动关系协调的"党政主导、部门联动、促动企业、企业行动"方式，取得了较好的成果，这也为顺利开展省市共建和谐劳动关系综合试验区工作积累了好的经验。

"创建和谐劳动关系示范区"的第一个显著特点是"党政主导"。地方党政的创建工作体现了党和国家的政策，纳入了地方的中心工作，进行了顶层设计，制定了由政府各相关部门参加的实施方案，并"促动企业"进行贯彻行动。"党政主导"模式既不同于西方国家的"政府中立"，也不同于国内此前的"经济中心"；既不同于西方国家的"政府无为"，也不同于国内此前的"放任企业"。它实际上是对党和国家关于劳动关系的"党委主导、政府负责"方针的实现方式，是对该方针的落地。其所取得的结果表明，"党政主导"协调劳动关系是可行的；其所取得的效果则表明，"党政主导"协调劳动关系可以更有力地改变企业自行协调的零散、无序状态，引导和端正企业的劳动关系政策，促进企业劳动关系双方的合作。这是"政府中立"和"放任企业"所不可比拟的。

"创建和谐劳动关系示范区"的第二个显著特点是以"党政主导""促动企业"。在"促动企业"的路径上，大亚湾区采取了下发通知、制定标准，深

入企业、沟通指导，会议推进、氛围营造，典型引路、经验交流，检查验收、政府表彰等多种途径，有力地实现了党政意图对企业的传导。

"创建和谐劳动关系示范区"的第三个显著特点是以"企业行动"即党政主导转化为企业协调劳动关系的实际行动。很多企业认可了由政府主导的"创和"工作，认识到了企业创建和谐劳动关系在新的时期对企业的稳定、可持续发展尤为重要。从而，严格控制加班时间，不断改善用工环境，提高食堂伙食标准，进一步丰富企业文化、文娱活动等。

大亚湾区成功开展的"创建和谐劳动关系示范区"工作体现出"党政主导、部门联动、促动企业、企业行动"方式的可行性和优异性，体现出本地党政部门的创新能力和执行能力，也体现出进驻企业的开放性、可引导性和内在积极性。这些都显示出"和谐劳动关系综合试验区"具有可成功的内在"基因"。

第二节　大亚湾区建设综合试验区的总体思路

一、指导思想

（一）以国家方针明确综合试验的方向

以邓小平理论、"三个代表"重要思想、科学发展观为指导，深入贯彻落实习近平新时代中国特色社会主义思想，牢固树立创新、协调、绿色、开放、共享的发展理念，坚持以人为本、依法构建、共建共享、改革创新，坚持促进企业发展、维护职工权益，推动中国特色和谐劳动关系的建设和发展，凝聚广大职工为实现"三个定位、两个率先"的目标贡献力量。

（二）以规律认识确定综合试验的框架

研究地区劳动关系运作和演变的基本规律，提炼出和谐劳动关系实现方式的理论表述，据以指导实践并使经验可复制、可持续、可推广。

（三）以形势走向确定综合试验的任务

认清经济发展和劳动关系的国际、国内形势，根据形势特征和演化趋向确定劳动关系调整的任务和举措。

1.劳动关系新常态

国内的经济和社会进入了新常态，劳动关系也进入了新常态。其主要表现有以下几个方面。

第一，劳动者变得更加积极地追求己方利益。近年来，劳动者更加意识到劳资利益对立的格局，变得像资方一样力求获取最大利益。劳动者不仅维护法定权利，而且争取法外利益；不仅采取个人方式，而且组织起来采取集体方式；不仅采取实体方式，而且采取网络等新技术方式。

第二，企业正在走向软对抗和策略化。一些企业不仅侵害职工劳动报酬权益，欠缴或不足额缴纳社会保险费等行为依然大量存在，而且拖欠工资的顽症还有恶化趋势。一些企业事先转移和隐匿资产后故意拖欠工人工资，然后去政府"自首"，迫使政府出钱给工人。一些企业突击搬迁、暗地重组，规避对工人的补偿或赔偿。还有个别企业设置圈套，故意刺激工人罢工，诱导工人接受裁员和较低的补偿比例。

第三，政府单方协调劳动关系变得越来越困难。面对工人的权利诉求，政府如果严格执法，则一些企业难以承受，例如社会保险的欠缴和不按标准缴纳。面对工人的法外利益诉求，政府如果坚持依法处理，工人不肯接受；如果为满足工人平息事件而妥协处理，企业不肯接受。另一个新趋向是，企业与工人之间对法律法规的解读出现争议，政府单方协调面临如何适用法律的困境。

这些劳动关系的新常态表明，劳动关系已经由此前的"劳资一心"变为"劳资二心"，由劳、资、政三方合作的生产关系变为三方撕裂的生产关系。"劳资二心"和"裂痕"降低了企业的经济效率，成为目前经济下行的内在原因。劳动关系不稳定、不确定，成为企业经营不稳定、留驻地方不确定的内在原因。这样的迹象如果进一步发展，则企业的生产效率将难以提高，生产条件将变得更加不确定，会有较多的企业迁厂出走，地区经济将具有滑坡的可能。

劳动关系的新常态表明，过去集中一切力量发展经济、单一追求GDP，忽视乃至牺牲环境、资源、劳动的方式，以及资方拿走全部成果、只留给劳动者最低工资或市场工资的方式已经不可持续。企业、劳动者以及政府之间的关系必须转型，利益必须相互平衡，各个主体必须在同一蓝天下共生共荣。大亚湾区应该实行劳动关系的重大调整，促进劳动者、企业之间以及与政府的利益格局调整，效率与公平之间的同步发展。

2.国际产业链新竞争

近期经济全球化和国际产业分工进一步发展，各国、各地、各企业在全球市场和产业分工中的竞争加剧，后发国家凭借成本优势加速吸收劳动密集型产业；美欧日等发达国家实施"再工业化"政策，吸引中高端制造业回流，这对我国的产业形成双重压力，造成出口低迷、经济下行、企业迁移或关停等问题。大亚湾区应该将和谐劳动关系作为地区中心任务的重要组成部分，以和谐劳动关系促进地区中心任务的完成，增强地区和企业在全球生产链中的竞争力，加大和谐劳动关系对企业效率和产业升级的支撑力，力争在全球市场和产业分工中分取尽可能大的份额，以此实现企业、劳动者和地方政府的共生共荣。

随着全球竞争的加剧，发达国家与跨国公司为维护竞争优势，致力于制定和修改贸易规则和劳工标准，排斥不遵守规则和达不到标准的地区。大亚湾区应该使劳动关系符合这些规则和标准，实现劳动关系准则和标准的国际化。

3.国内经济新调整

受国际竞争和国内新常态的影响，地区间和地区内的行业调整加剧，产业升级加速，企业关闭、搬迁、兼并、重组频繁，新产业、新业态、新的就业形态不断涌现。劳动关系的稳定性受到冲击，劳动者遭遇欠薪、规模裁员、欠社保费等变动成本，对其生活乃至生存造成冲击。劳动关系矛盾处于凸显期、易发期、多发期。这些对已有的劳动关系协调方式产生挑战，迫切要求变革劳动关系协调方式，增加对劳动者的保护力度，减轻对他们的震荡。还应加强对劳动者的培训，使其增强对经济新调整的适应能力。

4.劳动市场新变化

当前，国内的劳动力市场正在发生结构性变化：一是劳动市场供求格局变化，劳动供给变得有限；二是"90后""00后"大量进入劳动市场，已成为劳动力的主流。这两个变化都导致劳动者的期望值提高，争取行为强势。以往形成的适合第一代农民工特点和劳动充分供给的劳动关系协调方式已经不能适应需要。大亚湾区应该调整以往的劳动关系协调方式，让劳动者待遇和劳动关系品质符合新型劳动者的需要，让地区的社会融入政策对其产生吸引力和凝聚力，以吸引他们在这里稳定就业，积极贡献。

5.新形势、新挑战要求新方式

国际国内市场的新态势、劳动关系的新常态、劳动市场的新变化，都对企业此前的劳动关系协调方式形成了挑战。一些企业的管理方式和劳动关系协调方式陈旧、僵化，甚至随意、盲目，与科学性、有效性差距甚大。大亚湾区企业和政府必须迎接这一新挑战，转变以往的劳动关系协调方式，让这里的劳动关系协调方式走向科学，走在前列。

二、总体目标

（一）实现"劳资同心"，共建共享

根据国家方针、规律认识、形势走向，大亚湾和谐劳动关系综合试验区

工作所要达成的理想目标是"劳资同心"。

1."劳资同心"基于国家政策

《中共中央 国务院关于构建和谐劳动关系的意见》提出要"坚持共建共享","统筹处理好促进企业发展和维护职工权益的关系"。《中共广东省委 广东省人民政府贯彻落实〈中共中央 国务院关于构建和谐劳动关系的意见〉实施意见》重申了"共建共享"。"劳资同心"是对共建共享的具体化表述。

2."劳资同心"基于规律认识

劳动关系所体现的基本规律是，劳资双方的权利必须相对均衡，必须在权利平衡的基础上合作。一些地区经济低迷，一些企业难以为继，诸多地区劳动力成本持续上升，其背后原因之一是违背了这一规律。合作是劳资关系的主题，矛盾不是其主流。只有劳资同商、劳资同心、劳资同力和劳资同享，劳动关系才能和谐，才有能够促进生产力的生产关系，才能共生共赢。

3."劳资同心"基于形势走向

要适应经济全球化、产业分工并取得竞争优势，最优的选择是同心同力。如果搞西方式的劳资竞争、契约组合、劳资谈判，中国因为文化差异敌不过西方，而同心同力、集体主义是我们的优势。国内劳动关系的新常态是对过去企业单方管控、劳动者被迫维权，企业单方受益、劳动者难以分享发展成果的"劳资二心"的否定，也是对只将劳动者作为生产要素而忽视其人的属性和社会属性的"劳资二心"的否定。大亚湾的综合试验区工作必须抑制"劳资二心"趋向，重建"劳资同心"，以"家和"促进"万事兴"，实现劳资双方的共生共荣。

"劳资同心"包括劳资同商、劳资同心、劳资同力和劳资同享四个核心内容。劳资同商是劳资双方进行沟通磋商，确定在生产中投入、在分配中分享、在投入与分享之间相互关联的一套规则。劳资同心是通过沟通协商和共同约定，达成对约定规则的同意，对合作框架的共识。劳资同力是在约定规则的同意和合作框架的共识的基础上，各自投入资源，齐心协力。劳资同享是根据沟通协商和约定规则，在企业总收益中分取各自应得到的部分。劳资同享反过来又支持劳资同心、劳资同力的进行，实现劳资同商、劳资同心、劳资同力和劳资同享彼此促动、良性循环。

"劳资同心"能够同步实现经济效率的提升和成果分享的公平。在这样的基础和水平上，将实现企业用工守法规范，职工工资正常增长，社会保险全面覆盖，职工安全健康切实保障，以及劳资纠纷有效预防化解。同时，充分实现以人为本，劳动者在分享到物质利益的同时，还能分享到安全健康、就业稳定、感情温暖、关系和睦、体面尊严、成就作为、精神愉悦、生活幸福。

"劳资同心"也包括地方层面的"劳资政同心"。只有"劳资政同心"，才能优化地方的生产关系，提升地区的生产力和全球竞争力；才能留住企业、提升企业，产生就业岗位和税收。地方层面的一个重要目标是"劳政同心"，尤其是外来工与本地政府、本地社会之间的同心。如果本地财政和公共福利无论如何发展都与外来工无关，他们就不可能与地方政府和地方社会同心，不可能发自内心地投入地方的发展和建设。应该改变此前外来务工人员不能较好地融入城市、不能分享地区发展成果、不能充分享有公共服务的状态，促进和实现外来人员对大亚湾区的融入。

（二）推动企业效率提升、劳动者福祉增加、政府执政能力增强

通过推动劳动关系各方的同商同心、共建共享，增进企业层面的团结合作，实现市场竞争力提升、产业层级提升和经济效率提高。通过企业经济效率的提高增进劳动者的福祉，实现更高程度的公平，提升劳动者的现代化程度。通过劳动者的发展成果分享提升企业的同心同力水平，促进企业的永续经营。通过企业效率提高、劳动者福祉增加实现地区的经济发展、社会和谐、政治稳定。

（三）提出劳动关系治理体系现代化的基本体系

本试验区工作所要达到的第三个目标是提出符合中国国情和地区特点的和谐劳动关系实现的基本思路和道路，通过透彻的洞察，进行深入的解释，予以科学的提炼，形成基本的体系，建立理论的论述，作出清晰的表述。

该劳动关系治理体系现代化的基本体系在实践上适应国内经济新常态和国际经济全球化的发展，推动劳动关系协调方式的现代化和全球性转变，实现劳动管理治理体系和治理能力的现代化。

三、基本原则

（一）坚持党政主导原则

在复杂形势和分化趋向下协调劳动关系，必须坚持党政主导原则，规避劳动、资本之间的无序博弈和囚徒困境。要建立党委领导、政府负责、社会协同、企业和职工参与、法治保障的工作体制，推动党委领导、政府负责、社会协同等的制度化、机制化、程序化，将党中央、国务院确定的工作体制落到实处。

大亚湾区具有党政部门协调劳动关系的主导创新特征。要进一步发展和完善已经初步形成的"党政主导、部门联动、促动企业、企业行动"的工作推动方式，形成政府构建、企业主建、员工参建的共同行动格局，建立党政与企业、员工之间的联动机制，确定各方相互影响、良性互动的游戏规则，调动各方参与和谐劳动关系构建的积极性、主动性，形成有力、有效的地方体系性运作。

（二）坚持思想引领原则

坚持以思想解放带动劳动关系体系的改革，以观念转型带动劳动关系体系的转型，以理念更新带动企业、员工和政府行为的更新，以思想上的"想通"带动构建和谐劳动关系的内在积极性。无论是企业、员工还是政府，都首先需要思想的解放和更新，然后才有自觉自愿的和谐行动，才有发自内心的同心同力。

要像在改革开放过程中十分重视引进技术、引进管理那样，引进发达国家关于劳动关系的科学理论和先进理念，特别是世界顶尖企业协调劳动关系的理论和理念，实现理论、理念的高端化、前沿化。大亚湾区的进驻企业带来了最先进、最前沿的劳动关系协调方式，应该鼓励这些企业继续带入先进的协调方式，包括那些进驻时受到障碍、有所保留的方式，以及正在设计和推行中的最前沿方式。

（三）坚持发挥优势原则

大亚湾区的进驻企业具有劳动关系协调的世界先导特征和实践验明特征。应该充分利用这些优质资源，发挥它们的优势作用，引领大亚湾区各类企业特别是中小企业的劳动关系协调方式的现代化。

1.传播

大亚湾区的进驻企业具有劳动关系协调的世界先导特征。它们带来了世界领先的劳动关系模式，开辟了朝向世界、朝向现代、朝向前沿的窗口。和谐劳动关系综合试验区工作必须充分利用这些优质资源，进行科学的梳理和推介，形成综合试验区工作的高起点。

必须构建起多样性的传导平台。通过多样性、多渠道、多交接的平台，实现国外顶尖企业协调方式的多方向传导，包括向其他顶尖企业的传导，向本土企业特别是中小企业、建筑行业的传导。

2.嫁接

必须发挥劳动关系模式的嫁接优势。将两种不同的劳动关系协调模式嫁接在一起，发挥劳动关系协调模式的各自优势，其所产生的新模式很有可能比任何一种原模式更好。西方的企业具有个人活力的优势，中国本土的优秀企业具有集体凝聚的优势；西方的跨国公司具有沟通协商的优势，中国本土的优秀企业具有关爱帮扶的优势；西方的企业具有谈判分割的特征，中国本土的优秀企业具有情理分享的特征。大亚湾也有诸多优秀的本土企业，如东风汽车公司、中国海洋石油总公司、神华集团有限责任公司、比亚迪股份有限公司等。在试验区工作中进行这些中外优秀企业的劳动关系模式的嫁接，将成为和谐劳动关系的强劲发动机。

3.创新

大亚湾区具有不同国别、不同文化来源的劳动关系协调方式，应该在这些多样性协调方式的基础上，进行进一步的创新，借助于混血机制，产生更新颖、更先进、更符合大亚湾企业特点的劳动关系协调方式，以适应不同文化背景、不同所有制、不同行业、不同规模企业的不同情况。借此，让大亚湾的劳动关系走向前沿，走向全国，走向世界。

（四）坚持沟通协商原则

1.企业与员工之间的沟通协商

劳动关系之所以走向"二心""撕裂"和"对立""对抗"的"新常态"，主要原因是缺乏沟通和协商。此前企业协调劳动关系的基本方式是"单方管控"，即企业单方拥有权利，管控员工，员工不能参与决策，只是被动接受。与"单方管控"相伴随的是"利益独占"，企业以单方意愿决定给员工的待遇，甚至不遵守国家法律，进行经济的剥削和成果的独享。单方管控和利益独占在初期因为工人意识的朦胧而能够运作，然而其必然性地导致员工权利意识、利益意识的觉醒。工人不仅质疑权利受损、利益受限，而且主动地保护自己的权利，强硬地追求自己的利益。由此，"二心"和"对抗"也必然性地出现。

要构建和重塑"劳资同心"，必须坚持沟通协商原则。要推动单向管控方式的根本转型，以劳资之间的"共商"增进"同心"，以"同心"实现"同力"，以"同力"实现"同建"和效率，以效率和共商实现共享。沟通协商不仅是改变单方管控、平衡利益的必经途径，而且是约定规则、共识同意，保证同心、同力、同建和同享的必需条件。

沟通协商还是"以人为本"的必须途径。"以人为本"是给予劳动者"人"的对待、符合人性的对待。劳动者本质上需要与人沟通，需要人与人之间的感情传递，需要彼此商量的尊重，需要与上级谈话的体面。劳动者不喜欢并且倾向于反抗冷冰冰的、被物支配的劳动关系。从这些更广义的方面来看，和谐劳动关系的构建也必须坚持沟通协商。

2.政府与员工之间的沟通协商

要构建和重塑地方层面的"劳资政同心"，同样必须坚持沟通协商原则。此前，劳动者缺乏与地方政府之间的沟通协商，外来工更是缺乏与地方政府沟通的通道。外来工不能对地方政策产生影响，其权利与本地隔离。在和谐劳动关系综合试验区，必须坚持政府与员工之间的沟通协商，形成通畅的沟通协商渠道，建立面对面对话和讨论的平台，促成政府民意开放、将民意纳入决策、使政策符合民众需求的机制和制度。

3.政府与企业之间的沟通协商

企业在过去同样缺乏与地方政府之间的沟通协商。由于难以调整政府的政策，企业往往就将其产生的副作用转嫁到劳动者身上。地方政府对于企业层面的劳动关系行为则感到无能为力，难以影响劳动关系的源头，只是"企业体内生病，政府体外开药"。地方政府对于企业是否撤资、是否关停也无力干预。开展政府与企业之间的沟通协商无疑可以解决这些问题，并且可以建立两者之间的同心、同力、同建、同享。政府以公共政策和公共资源支持企业的发展，企业以自身的发展支持政府的目的和劳动关系的和谐。

第三节　大亚湾区建设综合试验区的方案框架

一、建立三层制度体系

大亚湾综合试验区的主旨是促进和实现劳资同心、共建共享，为此目标而构建"一体三层"的制度体系。

（一）建立党政层面的制度体系

在地方层面，构建党委领导、政府负责、政府各部门切实参与的劳动关系统筹体系。"劳资同心"必须通过统一性的统筹协调体系来实现，必须首先使党委、政府和政府各有关部门同心。党委、政府和政府各有关部门同心必须党委切实领导，政府切实负责。

加强党委在"劳资同心计划"实施中总揽全局、协调各方的作用。以区委为最高领导，形成区级、街道级、行业层、企业层的四级制度体系，以纵向到底、横向到边、分工负责、互相配合、政令通畅的共同工作，有效实施"劳资同心计划"。

落实党委主导劳动关系的领导人和部门责任，确定一名区委副书记或常委担任"劳资同心计划"领导小组组长，确定区委的一个部门担负领导小组办公室的工作，确定区委和政府各相关部门的负责人为领导小组成员。建立党委与政府、党委与政府相关部门、政府与相关部门的制度性联系，形成体系健全、功能完整、职责清晰、运作高效的组织系统。

统一政府各部门的目标，实现各部门之间的协调行动，弱化部门利益、推诿扯皮，促进部门之间的同心同力。人社、安监、住建、卫生、信访、财政（国资）、经济、商贸、工商、教育、公安、司法、综治、维稳等部门根据职责承担相应任务。各部门之间加强协调、建立衔接、促进联动。

发挥人力资源和社会保障局的主干作用，充分履行职责，发挥业务专长，做好部门牵头工作。负责与行业组织（企联、工商联等部门）、与工会组织的工作联系，做实三方协商机制。负责与企业之间的工作联系，协调、畅通政府与企业之间的工作关系。

（二）建立行业层面的制度体系

1.建立行业商会和行业工会

在政府与企业之间建立行业层面的制度体系，协同实施"劳资同心计划"。在地区主流行业建立行业商会、行业工会，各自承担自我教育、权利维护、沟通协商、同心构建、利益分享功能。

行业商会与企业之间、行业商会与党政部门之间建立起双向的意见传导关系，行业工会与企业工会之间、行业商会与区总工会之间建立起双向的意见传导关系，从上到下地落实"劳资同心计划"，从下到上地反映诉求、汇集意见、参加决策。

行业商会与企业之间针对行业特点和行业劳动关系特点进行行业性沟通协商，共同制定行业劳动标准，组织行业技术培训，解决本行业劳动关系的特有问题。在有条件的行业开展行业性集体协商，实现行业领域工资的正常增长。

2.建立行业或地区性的人力资源协会

在行业层面或地区层面建立人力资源协会，吸纳企业的人力资源经理、人力资源管理人员、人力资源总监以及人力资源副总裁参加，注重吸纳中小企业的业主和高级管理人员参加。

地方党政部门、人力资源和社会保障部门通过人力资源协会向企业传导"劳资同心计划"的安排，企业人力资源经理也通过人力资源协会向党政部门反映诉求、参与决策。

人力资源协会承担世界先导劳动关系协调方式的传播、嫁接、创新职能。

世界先导企业、实践验明企业梳理、总结本企业的劳动关系协调做法，通过人力资源协会的活动向其他企业传播，产生嫁接和混血作用。邀请国内和国外的人力资源专家，引进先进劳动关系协调方式，对协会会员进行培训。建立培训导师制，定期长期形成与培训人员的沟通反馈辅导关系。

人力资源协会通过业务培训、经验交流、问题探讨、业务竞赛等促进人力资源管理人才的成长，促进他们成为行业领先人物，促进他们向更高职位、更好企业流动。让人才成长成为企业实施"劳资同心计划"的动力，也成为实施"劳资同心计划"的专业保证。

3.建立社会性的专业服务组织

鼓励人力资源咨询组织、劳动关系协调组织、劳动争议调解组织、创业就业服务组织、公益服务和关爱组织、困难救助和帮扶组织、心理辅导专业组织等社会性、专业性服务组织的建立，以政府购买服务等方式支持它们的活动，发挥其在"劳资同心计划"中的作用。

（三）建立企业层面的制度体系

企业是实施"劳资同心计划"的基层和主体，"劳资同心计划"必须落实到作为基层的企业。要在企业层面建立起系统全面、多方式集成、多机制运作的自主协调制度体系，将劳资同商、劳资同心、劳资同力和劳资同享落到实处，使之真正运作起来，产生实际效果。

要在企业同时建立起两套规则。第一套规则是坚守基准。凡是法律法规明确规定的劳动者权利，都应该"该给就给"，不打擦边球，不做小动作。只有明确边界、坚守底线、坚持诚信，劳资同心才能建立起来，劳资争议才能避免。第二套规则是同商约定。劳资双方通过沟通磋商，确定各自在生产中的投入、在分配中的分享，建立投入与分享之间的关联。根据同商约定的规则，各自投入资源，齐心协力，对成果进行分享。

坚守基准和同商约定都需要企业思想和理念的根本性转变，改变此前自发性的单方管控、单方受益模式，转向共同协商、约定分享。这需要领导的开明、科学的认识和对劳资同心的信心。这也需要驻区优秀企业的世界先导性和实践验明性劳动关系协调方式的引入。

要在企业建立起坚守基准、同商约定的制度体系，建立起多元性机制，让坚守基准和同商约定制度化、机制化和程序化。要开放既有的管理体系，实现坚守基准和同商约定的制度嵌入，将"劳资同心计划"纳入和融入日常管理之中。其具体机制包括企务公开、问题投诉、意见征询、劳资恳谈、集体协商和职工代表大会等。

（四）建立三层制度体系之间的衔接

建立党政、行业、地区和企业层面制度体系的制度性衔接，形成与当前的区政府、区职能部门、乡镇街道、社区自治组织相同的统一性体系。区劳动关系委员会统一领导三层制度体系，在区级层面领导党和政府与劳动相关的各个部门，在乡镇层面领导乡镇街道负责人和与劳动相关的各个部门，同时对行业协会、行业工会、企业管理层进行领导。

以人力资源和社会保障局作为区劳动关系委员会的办事机构，牵头协调与党政各部门之间的关系，代表区劳动关系委员会建立与企业组织、工会组织之间的三方委员会，负责与行业协会、行业工会之间的工作联系和工作推动，负责与企业管理层、人力资源部门、企业工会的直接联系和工作推动。

区劳动关系委员会直接推动"劳资同心计划"在全区的实施和落实。一是在党政各部门之间落实，同时要求党政各部门各司其职，做好所分工的工作，并向行业和基层传导。二是在乡镇和行业层面落实。三是在企业层面落实。

"劳资同心计划"在企业层面的落实包括政府强制推行、政府推介引导和建立机制超市等方式，也包括优秀企业之间交流、优秀企业向其他企业推广、企业自我完善等方式。具体途径包括政府干部深入企业蹲点、要求企业派员到政府参会、要求企业参加企业协会和人力资源协会、要求企业设立"同心厂长"等。

二、实施"劳资同心"工程

为落实"劳资同心计划",实现"劳资同心"和同力、同建、同享的目标,实施以下十一项工程。

(一)劳动关系委员会建设工程

在区级层面建立区劳动关系委员会,属于实体性、常设性机构,由区委直接领导,区委副书记或常委担任委员会主任,设立专职的劳动关系委员会办公室(处级,编制4—5人)。

区劳动关系委员会是区劳动关系的最高领导和协调机关,也是"劳资同心计划"的领导和推动机关。其领导体系和职责是:第一,统一领导区级各部门的劳动关系事务,包括组织部的行业组织党建、企业党建工作,宣传部的劳动关系和谐与"劳资同心计划"宣传工作,统战部的私营企业主、工商联、商会工作,总工会的行业工会、街道/乡镇工会和企业工会工作,人力资源和社会保障部门的各项劳动和人事业务,以及安监、卫生、信访、住建、财政(国资)、经济、商贸、工商、教育、公安、司法、综治、维稳等部门根据职责承担的涉及劳动、劳动关系、劳动者的业务。第二,领导街道、乡镇党委的劳动关系委员会工作,由党委在本辖区推动"劳资同心计划"。第三,领导行业组织、行业工会内的党建工作,将"劳资同心计划"作为行业、工会内党组织的重要工作。第四,领导企业党建工作,作为企业党组织属地管理的领导机关,在企业推动党组织的建立,企业党组织作为"劳资同心计划"在企业实施的责任人之一。第五,加强党政各部门的沟通协调,形成实施"劳资同心计划"、构建和谐劳动关系的党政合力。完善工作督办机制,定期通报情况,加强对工作开展不力单位的督导。

区劳动关系委员会在宏观层面制定劳动关系政策，主持区级和区职能部门涉及劳动及劳动关系的经济、社会政策制定，主要包括以下几点。

1.统一制定地区的劳动关系政策

将劳动关系和"劳资同心计划"纳入党委的中心工作，纳入地区经济社会发展规划，从地区发展与和谐的全局角度，制定劳动关系政策，进行体制机制创新、机制整合、要素集成、方法改进和能力提升。

2.统一推动外来工的本地区融入

从系统构建的高度，统一领导外来工融入本地社会工作，制定相应的公共政策，提供公共服务。包括人力资源和社会保障部门的外来务工人员就业服务、职业培训、职业指导、社会保障政策，安全监督部门的外来务工人员安全保护政策，卫生部门的外来务工人员健康保护政策，教育部门的外来务工人员子女入学政策，民政部门的外来务工人员参加地方选举、最低保障和救助政策，文化部门的外来务工人员文化政策，以及政法委员会、公安部门、综合治理部门、维稳部门的政策等。

3.统一进行重要经济发展政策的制定和评估

在制定重要经济社会政策和规划重大项目时，由劳动关系委员会组织，人力资源和社会保障部门、安监部门、卫生部门和区工会、区妇联、区工商联等部门参加，考察该政策或该项目对劳动者、对劳动关系的可能影响，防止为了突出经济目标而损害劳动者和劳动关系和谐。对重大项目进行劳动关系影响评估，对可能影响到劳动者和劳动关系的项目可要求修改，对造成严重影响的予以否决。

4.统一维护市场秩序和规制企业行为

建立和健全市场监管、企业监管机制，完善经济执法，降低因为企业股权不规范变动、资本不规范流动、企业不规范运作等导致的劳动者和劳动关系风险。

5.统一企业经营方式和生产方式的管理

对部门政策进行管理和审查，阻止或调整那些在制度设计上有损劳动者和劳动关系和谐的经营方式和生产方式。这方面的重点是建筑部门的层层分包制度，企业经营中的外包制度和劳务工制度、灵活用工制度等。如果这样的制度确有存在的必要，则需制定相应的补充政策，降低对劳动者和劳动关系的影响。例如，建筑领域实行总承包企业欠薪清偿责任制。

6.统一进行企业产业升级和重组的管理

对于企业转型升级、淘汰落后产能、征地搬迁、安全生产和环保违规等引发企业转制、搬迁、停产、关闭解散等事项，建立统一管理制度，包括提前报告制度、报送员工安置方案制度、破产程序中的员工权益保护制度等，对损害劳动者和劳动关系的事项进行干预。

7.组织对劳动关系形势的研判

定期举办全区劳动关系形势分析会、劳动关系突出情况报告会、三方协调联席会议等，进行劳动关系矛盾的事前预防和有效处置。

8.主持劳动关系信息的汇集和共享

由劳动关系委员会统一领导，人力资源和社会保障部门作为负责单位，建立劳动关系信息的汇集和共享机制。制定党政各部门的信息收集和报送目录，统一报送方式和时限，由人力资源和社会保障部门汇集和整理，形成统一的数据库。人力资源和社会保障部门向各党政部门发布信息，各党政部门可以查阅和调用信息。建立健全信息收集途径和方式，保证信息的准确性和及时性。运用现代化技术手段，实现监测信息在线报告、数据自动处理。强化信息平台的数据统计分析功能，发挥大数据的分析研判作用。建立重大信息漏报问责制度。

9.主持党政部门劳动关系目标考核

将和谐劳动关系纳入经济社会发展规划和政府目标责任考核体系，制定和谐劳动关系建设工作和"劳资同心计划"的考核办法、考核指标体系，定期对党政各部门、各层级的工作进行考核。

10.完善对"劳资同心计划"优秀企业的激励机制

在政府采购、资金和政策扶持等方面给予优先或适当倾斜,将"劳资同心计划"评估结果作为企业经营者当选人大代表、政协委员、参与评奖评优的条件。

（二）价值、理念培育工程

在以思想解放带动劳动关系体系的改革,以观念转型带动劳动关系体系的转型,以理念更新带动企业、员工和政府行为的更新的原则下,实施价值和理念的培育工程。在全区培育社会主义核心价值观,特别是民主、和谐、公正、法治、敬业、诚信、友善等方面的内容。培育劳资同心、同商、同力、同享的价值和理念,推介先进企业世界先导性和实践验明性的劳动关系协调的价值和理念,引入先进的人力资源管理理论和方法,推广国内先进企业的劳动关系协调的价值和理念。通过这些价值、理念的培育,促进观念的整体转变和提升,凝聚各群体的共识,成为"劳资同心计划"的内在推动力量,并内化为习惯。

价值、理念培育工程的实施对象主要是党政机关各部门的官员,企业的负责人和中小企业业主,企业人力资源部门负责人和工作人员,企业各部门管理人员,工会干部和骨干职工,以及媒体部门、行业组织、社会组织的人员。

价值、理念培育工程由党委宣传部门负责实施,文化部门、广电部门、新闻媒体和工会分别承担任务。在行业层面由党组织负责实施,在企业层面由企业党组织、人力资源部门、企业文化部门负责实施。

价值、理念培育工程的实施方式包括媒体宣传、公开张贴,更主要的是培训。要编写宣传材料,印制宣传品,录制音像制品,编写教材、读本,邀请国内外专家前来授课,并组织经验交流会。

（三）三方委员会建设工程

建立协调劳动关系三方委员会。由区劳动关系委员会统一领导，区管委会领导担任委员会主任，区人力资源和社会保障部门主要负责，区工会和企业联合会、工商联合会等企业代表组织参加。鼓励和支持行业商（协）会等企业代表组织建设，推动企业代表组织介入劳动关系。推动工会的改革并加强其与企业工会、企业会员之间的制度性联系。探索在委员会中引入社会公益代表、社会贤达代表，建立专家咨询机制，提升三方委员会的公信力和影响力。

完善三方委员会的工作规则，建立健全包括三方代表驻会、三方例会、定期联合办公、三方联合调研等工作制度，建立相互沟通、共商对策、合作共事的平台和机制。在劳资纠纷多发区域派驻人员保障三方机制有效运行。

完善三方委员会职能，发挥其在"劳资同心计划"实施、价值理念培育、影响劳动关系的重要经济社会政策的制定和重大项目评估，转变和引导企业的劳动关系行为，反映企业和员工意见和下传区劳动关系委员会的指示，调处重大集体劳动争议方面的作用。

建立街道劳动关系三方机制，采用类似区级三方委员会的组建形式，发挥其在本区域劳动关系协调和"劳资同心计划"实施、价值理念培育、转变和引导企业的劳动关系行为、反映企业和员工意见等方面的作用。

（四）企业劳动关系管理法制化工程

实施企业劳动关系管理法制化工程，促使企业严格遵守关于劳动和劳动关系的法律法规，法律法规规定劳动者应该享受的待遇都分毫不差地给予员工。这主要包括劳动合同的签订和履行，劳务派遣的合法使用，劳务外包合规使用，劳动条件符合法律法规标准，劳动报酬的最低标准和按时足额支付，社会保险的应保尽保和社会保险费按时足额缴纳，加班、休假以及职业培训。

　　企业劳动关系管理法制化是系列性和综合性工程，需要劳动关系委员会的直接领导，企业、政府、工会、行业等的共同参与。企业须自觉执行法律法规，认识到其对于"劳资同心"、企业和谐、企业用工和企业效率的重要作用，成为劳动者欢迎的雇主。政府须加强法律法规的企业宣传、培训和提醒，开展劳动监察、专项检查和日常监测，受理举报投诉并及时处理，建立劳动保障守法诚信档案、向社会公示和作为政府采购供应商的条件，约谈违规企业的法定代表人，以及法院对于恶意欠薪事件的及时惩处。员工须积极主动反映意见，向政府报送信息和投诉。工会须在企业设立信息员，购买律师帮助员工仲裁和诉讼服务。行业组织须引导企业遵纪守法，制定劳动规章制度指引或示范文本。社会组织应指导和协助员工保护基本权利。

　　加强制度和机制建设，实现企业劳动基准管理的程序化。针对建设施工领域欠薪问题，以政府建筑部门为主导，实行总承包企业欠薪清偿责任制，推行劳务用工实名制、工资发放台账、工程款和工资分账管理、银行代发工资等措施，加强对工程建设领域招投标、施工许可或开工审批、工程款落实和结算、竣工验收等关键环节的监督管理。在社会保险缴纳方面，企业发放社保缴纳告知函，社会保障经办部门开放员工的查询等。

（五）企业劳动关系管理人性化工程

　　企业给员工提供的人性化待遇，一是为职工提供福利，包括食堂、宿舍、休息室、电脑间、网络和文化体育设施等；二是帮助困难员工，提供经济支持，包括个人疾病、家庭受灾、亲人住院、子女入学等。

　　人性化工程包括：积极改善工作和居住条件，让员工感到健康和舒适。改进工作内容，让员工较少感到单调、枯燥和劳累。杜绝强迫劳动，让员工感到自由和平等。改进管理态度，避免简单、粗暴和蛮横，让员工享有尊严和体面。与员工沟通与交流，使员工体会到感情的温暖。建立业务培训和内部晋升制度，促进员工的成长和理想实现。开展心理咨询和心理辅导，让员工的心理问题顺利得到疏解。

政府和工会也应该对劳动者提供人性化服务。街道、社区应设立职工心理援助工作室，探索通过政府购买服务等方式，为职工提供个人生活问题、工作压力、职场人际关系处理等方面的心理支持。司法部门和工会须加强对普通员工的法律援助，提供法律咨询、代写法律文书以及仲裁、诉讼代理等法律援助服务。民政部门须保障生活困难的职工在劳动争议仲裁、诉讼期间获得救助。

（六）企业劳动关系管理科学化工程

通过实施企业劳动关系管理科学化工程，推进企业人力资源管理和劳动关系管理的科学化，促使其符合客观规律和管理原理，而不是单凭经验或某个人的随意决定。要推行员工招聘的科学化，做到公开、透明、平等竞争，双方的议价信息充分，劳动合同成为同意基础上的合约。推行员工工作岗位评价的科学化，明确各个岗位的工作内容、工作性质与工作负荷，作为绩效评估和劳动报酬的依据。推行绩效考核的科学化，以科学的标准和程序衡量员工的工作业绩。推行薪酬制度的科学化，使薪酬水平符合员工的工作业绩，使绩效结构符合员工的工作性质，使薪酬形式能够保证对企业经营成果的分享，增强工资分配的公平性与增长的预期性。根据"劳资同心"的要求，研究和实施团队绩效工资、企业绩效工资等薪酬形式。推行选任和晋升的科学化，采用科学的人才评价和识别方法，设立科学的选聘程序。推行工作任务的目标管理，根据目标的实现情况和贡献程度进行奖励。

梳理世界先导企业、验明企业人力资源管理方法并向各企业推荐，组织各企业人力资源管理和劳动关系管理人员的典型交流，发挥人力资源协会的平台作用以实现科学管理理念和方法的传播、嫁接、创新，组织专家开展人力资源和劳动关系前沿理论和方式的培训。政府和行业组织加强对企业人力资源管理的指导和服务。

通过政府购买服务的方式，支持人力资源管理服务企业托管小微企业劳动用工管理、工资分配、社会保险缴纳、劳动纠纷预防、促成劳资纠纷双方和解等职能。

（七）企业劳动关系管理民主化工程

改变以往企业管理的相对封闭状态和单方管控方式，使企业管理体系向员工民主管理开放，通过员工参与管理和员工与企业之间的沟通协商，对于员工的法外权益进行界定和约定，对于员工的业绩、贡献和发展成果分享达成共识，实现劳资同商和同心、同建、同享。同时，通过参与管理和沟通协商，建立起双方同意并共同遵守、共同监督的游戏规则，形成双方行为和关系的确定性，降低管理成本、交易成本和未来风险，减少双方关系的摩擦，提升双方同心、同建、同享的信心。

1.建立健全企务公开机制

向员工公开人力资源管理、规章制度、薪酬制度、社会保险缴纳等信息，企业经营、生产状况、市场状况、订单状况和企业投资、未来计划等信息，企业股东变化、法人代表变化、产业升级计划等信息。公开信息的范围可以是法定的（如公司法和中共中央办公厅的文件规定），可以是企业与员工或工会商定的，也可以是员工主动要求的或企业自我选择的。对职工最关心、最直接、最根本的利益问题的信息应该主动公开。涉及企业商业秘密的信息应该在一定范围内公开，例如对工会主席、职工代表、工会的集体谈判代表公开。

建立多元化的公开渠道。可以通过会议、领导讲话公开，也可以通过张贴和宣传栏公开，还可以通过企业报刊、宣传页，以及企业内网、微信群公开。

建立企业信息公开后的员工意见反馈机制。员工可以要求进一步澄清和解释，可以提出同意或不同意的意见，可以会见相关部门进行对话。企业应对劳资之间的误解问题进行回答和公示。

2.建立健全意见申诉机制

企业建立内部申诉机制，畅通员工诉求表达渠道与不满情绪的宣泄渠道，发现管理中存在的不足与问题。

申诉渠道应该是多样性的，不同渠道适合不同的员工和不同的问题。这包括向直接领导反映，向人力资源部门直接反映，向工会的各级组织反映，通过邮件、网络或微信反映，通过专线电话、意见箱、经理接待日、总裁茶座等反映。

向员工提供清晰的意见处理路线图。员工的意见通道必须是容易被清楚识别的，并且是畅通的，一直到能够做出决策的部门。员工可以跟踪意见的流程，直到得到接受和答复。员工的意见须在限定时间内给予确定的答复。对于不满意的答复，员工可以要求复议，或者由更高级别的部门处理。

3.建立健全意见征询机制

建立健全意见征询机制，企业主动向员工征询建议，包括个人待遇、人力资源管理的建议，也包括对企业经营、生产管理、技术改造的建议。涉及员工重大利益的事项，须主动和充分征求意见。

意见征询机制应该是多样性的。包括领导进入生产场所慰问，到集体宿舍和家庭访问，进行绩效谈话，离职访谈，以及满意度调查、问卷调查等。

4.建立沟通恳谈机制

建立员工座谈会、交流对话会、劳资恳谈会、劳资沟通会、总裁茶座、劳资协商委员会等平台，实现劳资双方的意见沟通、感情交流，对涉及员工利益的事项进行磋商，实现意思疏通，促进合意形成，形成共同约定，确立双方行为规则。

规章制度的起草和修改应该通过沟通恳谈机制，由员工提出意见，并取得员工的同意。员工同意的方式可以是个人签名，可以是员工授权委托的员工代表签名，也可以是员工委托的工会或职代会代表签字。

5.建立健全职代会机制

推动企业建立职工大会或职工代表大会制度。健全职工代表大会的工作机制，落实职工代表大会的知情权、参与权、表达权和监督权，对企业发展重大决策和涉及职工切身利益等重大事项上参与决策。

探索不同所有制企业职工代表大会的形式、权限和职能。在中小微企业集中的地方，建立区域性、行业性职工代表大会，为中小微企业职工搭建诉求表达平台，推动解决区域性、行业性劳动关系共性问题。

6.建立健全集体协商机制

推动企业与职工就劳动报酬、工作条件、劳动定额、女职工特殊保护等事项进行集体协商，订立集体合同。加强对集体协商过程的指导，加大集体协商代表培训力度，提高双方的协商能力。探索劳务派遣工参加用工单位集体协商的路径。

（八）企业劳动关系管理组织化工程

加强企业党建工作。在非公有制企业扩大党组织覆盖和工作覆盖，探索推行区域性、行业性党建工作。建立健全企业党建工作的运行机制，充分发挥企业党组织和党员在推动塑造先进企业文化、实施"劳资同心计划"和和谐稳定中的作用。坚持企业党建带群团建设，推动企业建立工会和团组织。

加强企业工会工作。推动企业建立工会组织，推进工会规范化、民主化、制度化，切实发挥企业工会组织在落实职工民主权利，维护职工权益、开展职工关爱和企业文化建设等方面的作用。由工会领导和组织，在企业中设立各类职工兴趣爱好社团组织，广泛开展文化娱乐活动，丰富职工的业余生活。推进企业工会民主选举工作，探索由律师担任企业工会法律顾问制度。探讨和推动建立员工委员会。

建立企业劳动争议调解委员会。指导中等规模以上企业建立调解委员会，实现实体化，提高中立性，与企业的申诉机制相衔接。

加强企业班组建设。围绕生产管理、质量管理与安全生产，开展企业班组建设。将班组纳入企业管理体系，明确班组在企业组织和企业战略中的地位。加强对班组长的培训，提高其管理水平、增强其在班组成员中的认可度，将班组长打造为班组的核心，畅通基层职工的职业发展通道和发展空间。促进权利赋予，实现企业管理权下放，赋予班组长紧急避险中的直接管理权，增强班组的自主性。依托班组建设开展职工小家建设，打造班组文化，增强职工对班组的归属感。

（九）外来务工人员融入工程

实施外来务工人员融入大亚湾工程，分享地区层面的发展成果，与地区同心、同力、同建、同享。大亚湾区本地人口数量较少，地区经济发展水平较高，外来务工人员对本地区做出了较大贡献。大亚湾区应该最大限度地实现外来务工人员的融入。

区劳动关系委员会对外来务工人员融入负总责，进行统一安排和推进。各职能部门对相应的公共服务和公共福利事项分别负责。每个部门制定年度融入目标，以2015年为基数，每年实现的数字比前一年增长15%以上。2018年，外来务工人员就业服务、职业培训、职业指导、职业介绍实现同城同待遇，外来人员与本地人员不存在差别；外来务工人员社会保险覆盖率达到98%；另外，人力资源和社会保障部门在招录公务员时专门为在大亚湾区务工人员设定岗位，推举优秀的务工人员参选成为人大代表、政协代表。将各部门的融入指标完成情况纳入政绩考核，财政部门对相关经费的财政支持情况也纳入考核。

（十）劳动争议处理和预防工程

建立多层次、系统化、全覆盖的劳动争议处理制度，科学、有效、及时地调处劳动争议。在劳动监察、劳动调解、劳动仲裁、劳动诉讼几个主要处理机制之间，重点加强劳动调解和劳动监察的力度，尽量减少容易引发劳资对立的仲裁和诉讼案件。

1.加强和改进劳动监察工作

实现劳动保障监察执法由被动处置向主动预防转变，经常性、随机性地开展对企业的排查，进行劳资隐患化解。建立畅通的企业员工投诉渠道，健全劳动监察举报处理机制。

建立劳动保障案件的全面检查制度。对发生多次举报投诉的企业启动全面检查程序，并约谈法定代表人。建立健全企业及其法定代表人、主要负责人的劳动保障守法诚信档案，建立劳动保障诚信等级较低企业法定代表人、主要经营人、人力资源管理人员的劳动保障法律法规培训和风险提示制度。

建立与安监、环保、工商等相关部门的协同监管机制，实现执法信息资源的开放共享、执法行动的协作配合。

2.加强和完善劳动调解体系

建立完善区、街道、社区、企业四级调解组织网络，强化各层级之间的纵向配合。推动行业商（协）会和行业工会建立行业性调解组织，在工业园区建立地域性的调解组织。

积极引导社会力量参与劳动争议调解。鼓励社会性调解组织的建立，加强人社部门对此类调解组织的指导，通过培训和人才吸引机制增强社会性调解组织的专业性和权威性，使其成为劳动调解的主渠道。

成立地区调解员协会。推进行政调解、人民调解、社会调解、仲裁调解、司法调解的相互交流，培养调解员队伍，积累专业经验，编写专业课程，形成专业职称系列。

3.加强和完善劳动仲裁工作

优化仲裁工作体制。从管辖范围方面，进一步明确区、街仲裁机构职能分工，理顺工作体制。发挥仲裁委员会的作用，探索三方驻会办案制度，实行重大、集体案件由人力资源局、总工会、工商联三方组成合议庭的办案模式。推行仲裁建议书制度，对案件多发企业或者存在共性问题的行业发出仲裁建议书，提出改进劳动关系管理的建议。加强人社部门、公安机关、检察院、法院在劳动争议案件解决过程中的联系，加强对劳动争议的分析和研判，提高仲裁效能。探索仲裁员专业化岗位管理改革。加强兼职仲裁员队伍建设。

4.加强劳动关系风险防控与预警

完善劳动关系动态监测和预警体系。完善信息收集制度，整合部门信息，落实劳资纠纷排查信息收集制度，建立重大变更事项的预先通报制度。强化信息分析和研判，定期对各类信息进行汇总分析，预判区域、行业劳资纠纷风险程度。引入第三方机构开展劳资纠纷风险评估，建立"红黄绿"预警机制。

5.完善劳动关系群体性事件应急处置机制

健全党委领导下的政府负责，有关部门和工会、企业代表组织共同参与的劳动关系群体性事件应急联动处置机制，督促指导企业落实主体责任，推动劳动关系双方就有关事项依法协商，及时妥善化解矛盾。

探索建立重大群体性劳资纠纷听证机制，把重大群体性纠纷的调处全过程纳入法律和群众的监督下，为当事人搭建多方参与、平等对话的平台，增强解决纠纷问题的透明度。形成通用性的劳动关系群体事件处置方案，制定不同类型事件的处置手册。

（十一）企业劳资同心监测和评估工程

实施企业劳资同心监测和评估工程，建立劳资同心标准体系和评估体系，制定数据收集方案和评估方案，由相关党政部门、各级工会、行业协会、企业管理人员、企业员工等参与评估，形成大数据类型的数据库，得出各企业、行业的综合分数和分项分数。

劳资同心监测和评估每年定期进行，发布大亚湾区企业劳资同心报告，对各企业进行排名，向社会公布。

建立企业劳资同心的约束机制和激励机制，将企业劳资同心得分作为选择政府采购供应商、政府工程承包商、提供资金支持，以及经营管理者评奖评优等的约束考核指标。

企业劳资同心监测和评估是对企业的诊断。根据企业的监测和评估结果，为参与企业提供劳动关系状况和管理的"诊断式"服务，指出其优点和缺点，提出改进意见和建议。将劳资同心标准体系纳入企业社会责任标准，可作为政府部门的权威企业社会责任报告和企业社会责任认证。评估部门可出具评估结果的证书，由此提升企业在全球化市场中的竞争力。

三、"劳资同心"工程的实施步骤

在既有劳动关系工作的坚实基础上，通过资源整合、体系搭建、渠道畅通、制度保障、能力提升、价值引导，探索构建和谐劳动关系和促进劳资同心的经验、路径、模式与规律性，将大亚湾区建设成为规范有序、公正合理、互利共赢、和谐稳定的劳动关系示范城区。

启动阶段：到2015年年底，完成综合试验区的前期工作，形成综合试验区的建设方案、工作制度等。

建设阶段：到2017年年底，实现三大体系、十二项工程的全面启动和第一期实施，各项工作基本进入轨道。

完善阶段：到2019年年底，初步完成综合试验区的各项工作任务，劳动关系治理体系全面完善，劳资同心、同力、同建、同享程度大幅提升。

总结阶段：到2020年年底，总结形成省市共建和谐劳动关系综合试验区的大亚湾模式。

第四章

方案与企业指引

第一节　省市共建大亚湾经济技术开发区和谐劳动关系综合试验区方案

为落实全面深化改革的总体决策部署，按照《中共中央　国务院关于构建和谐劳动关系的意见》和《中共广东省委　广东省人民政府贯彻落实〈中共中央　国务院关于构建和谐劳动关系的意见〉实施意见》的要求，在大亚湾区开展"省市共建和谐劳动关系综合试验区"（以下简称综合试验区）建设工作，特制定本方案。

一、大亚湾区建设综合试验区的有利条件

（一）具有独特的区位和经济优势

大亚湾区以"基地化、园区化和低碳化"为方向，正在建设成为世界级石化产业基地和产城人融合发展示范区，是惠州市经济发展的龙头和核心增长极，已经成为深莞惠经济圈及珠三角经济区的重要组成部分。2015年，全区实现地区生产总值414.8亿元，公共财政预算收入达42.6亿元。在大亚湾区开展综合试验区建设，既便于借鉴国际、港澳先进经验，也能将取得的成效辐射带动珠三角、粤东、粤北地区，对全省乃至全国其他地区产生示范效应。

（二）具有鲜明的产业特点

大亚湾区依托中海油年产值1200万吨炼油和中海壳牌年产值95万吨乙烯两大龙头项目，已经形成完整的石化产业链，石化区被列为全国重点发展的

石化产业基地。加上比亚迪、东风本田等一批国内外先进制造业企业的入驻，大亚湾区现已逐步形成"以石化产业为支柱，电子信息、汽车零部件、现代物流、滨海旅游四大产业为主"的"1+4"产业体系。在大亚湾区开展综合试验区建设，既可以总结提炼超大型产业集群构建和谐劳动关系的先进经验，也可以探索在不同产业类型企业中构建和谐劳动关系的新模式，为全省乃至全国其他地区积累新的经验。

（三）具有扎实的工作基础

大亚湾区委、管委会历来高度重视和谐劳动关系建设工作，2011年以区管委会名义成立主要领导为总召集人的创建和谐劳动关系示范区工程联席会议，以"党政主导、部门联动、各界支持、整体推动"为创建思路，以点带面、多措并举，全面推进创建和谐劳动关系示范区工程，取得了明显的成效。截至2015年年底，全区劳动合同签订率达93%，已组建工会的企业集体合同签订率达84%，劳动保障监察法定期限结案率和劳动人事争议仲裁法定审限内结案率均达到100%，创建和谐劳动关系已成为社会共识。在大亚湾区开展综合试验区建设，有利于在巩固示范区工程创建成果的基础上，进一步探索创新构建和谐劳动关系的新思路、新方法。

二、大亚湾区建设综合试验区的总体思路

（一）指导思想

深入贯彻落实《中共中央　国务院关于构建和谐劳动关系的意见》《中共广东省委　广东省人民政府贯彻落实〈中共中央 国务院关于构建和谐劳动关系的意见〉实施意见》，牢固树立创新、协调、绿色、开放、共享的发展理念，以"制度创新、机制整合、要素集成、方法改进、能力提升"为总揽，

以"一条主线、三大体系、五个重点、十项工程"（"13510"）为主要内容，强化党委领导的核心作用，健全政府主导的治理体系，统筹处理好促进企业发展和维护职工权益的关系，完善社会组织的协同治理，努力构建和谐劳动关系，促进大亚湾区经济平稳健康发展、社会大局和谐稳定。

（二）总体目标

紧紧围绕大亚湾区建设世界级石化产业基地和产城人融合发展示范区的发展目标，在创建和谐劳动关系示范区工程的基础上，优化创新工作机制，统筹整合各方资源，探索构建和谐劳动关系的新路径、新模式，推动劳动关系治理体系和治理能力的现代化，将大亚湾区建设成为"党政主导、社会协同、劳资同心、互利双赢、共建共享"的劳动关系和谐港湾。

启动阶段：到2016年6月底，总结前期调研工作，形成调研报告，制定建设方案，完成综合试验区的启动工作；到2016年9月底，制定综合试验区建设的具体实施方案、形成工作制度。

实施阶段：到2019年年底，基本建立三大体系，完成十大工程建设任务，探索和谐劳动关系理论创新，实现和谐劳动关系建设领域的新突破。

总结阶段：到2020年年底，全面完成综合试验区各项工作任务，总结形成省市共建和谐劳动关系综合试验区的大亚湾模式。

（三）基本原则

1.坚持党政主导，社会协同共治

健全党委领导、政府负责、社会协同、企业和职工参与、法制保障的工作机制，强化用人单位和职工的主体责任，鼓励社会力量有序参与，形成全社会共同参与构建和谐劳动关系的良好格局，逐步实现劳动关系治理体系的系统化、法治化、现代化。

2.坚持改革创新，突出源头治理

着眼于劳动关系运行的全过程，用改革的思路、发展的办法解决当前劳动关系领域中的深层次矛盾，消除制度性障碍，积极稳妥地推进劳动关系理论和体制机制创新。坚持问题导向，既注重解决当前突出问题，又注重建设长效机制，加强综合治理，实现源头防治。

3.坚持以人为本，实现共建共享

把解决广大职工最关心、最直接、最现实的利益问题作为构建和谐劳动关系的根本出发点和落脚点，最大限度地增加劳动关系和谐因素，最大限度地减少不和谐因素。充分调动劳动关系主体双方的积极性、主动性、创造性，推动企业和职工协商共事、机制共建、效益共创、利益共享。

三、大亚湾区建设综合试验区的主要内容

以围绕"一条主线"、构建"三大体系"、把握"五个重点"、建设"十项工程"为主要内容，建设和谐劳动关系综合试验区。

（一）围绕"一条主线"

适应经济发展新常态，紧紧围绕"党政主导、社会协同、劳资同心、互利双赢、共建共享"的主线，全面推进和谐劳动关系综合试验区建设，探索可实施、可复制、可推广的构建和谐劳动关系新模式。

（二）构建"三大体系"

1.构建区域劳动关系治理体系

建立健全构建和谐劳动关系的领导协调机制，强化区委、管委会在构建和谐劳动关系中统揽全局的主导作用。建立协调劳动关系三方委员会，由同级政府领导担任委员会主任。充分发挥协调劳动关系三方委员会在构建和谐劳动关

系中的作用，由区人力资源和社会保障局、总工会、企业联合会和工商联牵头做好全区和谐劳动关系构建工作，根据实际需要推动石化区、街道建立协调劳动关系三方机制。充分发挥区各有关部门的职能优势，加强协作，形成合力。

2.构建行业劳动关系治理体系

充分发挥现有建筑行业工会联合会、交通行业工会联合会等行业工会和交通协会、港口协会、旅游协会等行业协会在构建和谐劳动关系中的重要作用。在重点行业培育行业工会和行业协会，促进行业工会和行业协会加强自身建设，提升服务能力，健全协商共治，推动行业劳动关系和谐。创新社会管理，引入律师、社工、合法社会组织等社会力量参与构建和谐劳动关系，规范社会力量承接政府购买社会服务，形成社会协同共治的良好局面。

3.构建企业劳动关系治理体系

加强对企业经营者的服务、引导、教育，强化企业及企业经营者的社会责任感。加强对职工的教育引导，增强职工对企业的责任感、认同感和归属感，引导职工爱岗敬业、诚信守法、理性维权。推动规模以上企业普遍建立职工代表大会，完善企业民主管理。加强企业党建工作，坚持党建带工建、团建，充分发挥党群组织在推动企业发展、凝聚职工群众、促进劳动关系和谐中的作用。培育劳资双方"同商、同心、同力、同享"的价值理念，发挥先进文化的引领作用，营造构建和谐劳动关系的良好氛围。

（三）把握"五个重点"

立足大亚湾区经济社会状况和产业特点，在"1+4"产业体系中总结、探索和谐劳动关系的建设模式。

1.在石化超大型产业集群中总结推广以自主协调为重点的和谐劳动关系模式

大力宣扬中海壳牌、中海油"依法依规、立信立业"的诚信文化，总结推广公开透明、管理规范、自主协调的和谐劳动关系建设模式，以点带面、典型示范，整体提升石化产业链的劳动关系管理水平。

2.在电子信息产业总结推广以劳资协商为重点的和谐劳动关系模式

总结推广比亚迪"劳资恳谈"、光弘电子"知心姐姐短信平台"等劳资协商模式，畅通企业经营者和职工的沟通渠道，加强企业人文关怀，预防化解劳资纠纷，整体提升电子信息产业劳动关系协调水平。

3.在汽车零部件行业总结推广以集体协商为重点的和谐劳动关系模式

总结推广东风本田、普利司通集体协商模式，围绕工资报酬、劳动标准等核心利益问题，加强信息披露、规范协商代表选举、细化协商流程、提高协商质量，整体提升汽车零部件行业民主管理水平。

4.在现代物流业总结推广以班组建设为重点的和谐劳动关系模式

总结推广惠州港务集团、惠州国际集装箱码头以班组建设为重点、层层负责制的先进做法，发挥班组长基层管理的凝聚作用和劳资沟通的纽带作用，整体提升现代物流业劳动关系治理的组织化水平。

5.在滨海旅游业探索建立以行业自律为重点的和谐劳动关系模式

结合大亚湾区滨海旅游业淡旺季明显、用工方式复杂等特点，发挥旅游协会的作用，加强行业指导，规范用工方式，制定行业劳动标准，强化职业技能培训，整体提升滨海旅游业劳动用工管理水平。

（四）建设"十项工程"

1.领导协调机制建设工程

建立区协调劳动关系三方委员会，由区管委会领导担任委员会主任，强化党委、政府在构建和谐劳动关系中的领导作用。在区人社局设立劳动关系三方委员会办公室，区总工会、企业联合会、工商联抽调专员负责日常工作，统筹区域劳动关系建设，细化建设指标，牵头做好和谐劳动关系建设各项工作。健全协调劳动关系三方机制，完善三方机制的组织体系、运作模式，实行三方例会、三方轮值负责、定期联合办公等制度，提高三方机制协调劳动关系的针对性和实效性。在澳头、西区、霞涌派驻人员定期联合办公，推动建立乡镇（街道）三方机制，增强三方机制的影响力。发挥司法、综治维稳、工贸、财政、公安、住建、市场监督、地税、安监、群团等部门在和谐劳动关系建设中的职能优势，加强协调配合，形成工作合力。

2.价值理念培育工程

培育劳资双方"同商、同心、同力、同享"的价值理念，实现企业与职工互利双赢、共建共享。充分利用新闻媒体、微博、微信等渠道，通过"道德讲堂"等载体，教育引导企业经营者提高经营管理水平、加强人文关怀、主动承担社会责任。组织开展"中国梦·劳动美""手牵手·大亚湾"等活动，提倡职业道德，强化个人品德，充分调动职工参与企业发展的积极性、主动性，增强职工对企业的归属感和认同感。推进"法治大亚湾"建设，通过"普法进企业、进车间、进工地"活动，大力弘扬劳动关系治理法治化理念。开展"诚信守法示范企业""民主法治示范企业"创建活动，组建法律服务团、法治宣讲团深入企业，加强法治和安全生产教育培训，指导企业经营者守法经营，引导职工合法理性维权。

3.企业民主管理建设工程

推广光弘电子"知心姐姐短信平台"和宙邦化工"职工权益联席会"的先进做法，通过定期召开职工座谈会、劳资沟通会、总裁茶座等方式，搭建多平台、多渠道的劳资协商机制，充分发挥企业调解组织、党组织、工会组织的积极作用。推广东风本田、普利司通集体协商经验，在汽车行业大力推行工资集体协商制度，建立健全与市场相适应的工资共决和正常增长机制，推行集体合同制度，规模以上汽车零部件企业集体合同签订率超过90%。推广中海炼化"惠炼E家园"、惠菱化成"惠菱月报"的先进做法，在规模以上企业建立健全厂务公开制度，将"三重一大"事项纳入厂务公开范围，细化厂务公开流程和内容，推进厂务公开制度化、规范化。推动有条件的企业建立职工代表大会，在中小微企业集中的西区街道和电子信息行业探索建立区域性、行业性职工代表大会，探索符合各自特点的职工代表大会形式、权限和职能。

4.劳动关系治理组织化工程

推广惠州港务集团"建立班组委员会、实行三级管理"的先进做法，加强企业班组建设，推动班组长成为基层管理的核心人物，打造班组文化，建设职工小家，增强职工对班组的归属感。加大规模以上企业工会组织的组建力度，探索组建区域性、行业性工会联合会，实现工会组织对小微企业普遍覆盖，充分发挥工会信息员作用。推动工会组织工作规范化、制度化、民主化，发挥工会组织在落实职工民主权利、维护职工权益、加强职工关爱、打造企业文化等方面的作用。加强企业党建工作，重点在非公有制企业扩大党的组织覆盖和工作覆盖，加强企业党组织班子建设，健全流动党员管理服务机制，探索建立符合企业特点的党建工作运行机制，发挥企业党组织在推动企业发展、凝聚职工群众、促进和谐稳定中的作用。

5.技能人才培养引进工程

落实就业创业扶持政策，实施就业技能普及计划，对有就业意愿和培训要求的农村劳动力、下岗失业人员、应届高校毕业生等开展免费技能晋升培训。推广以企业为主体的高技能人才培养模式，引导和支持企业建立健全企业职工职业技能培训制度，鼓励建立职业技能等级与业绩评价相结合的薪酬激励机制。建立以政府部门协调引导、行业企业以及培训机构共同参与的职业技能培训联盟。以农村劳动力转移就业技能培训基地为基础，探索建立区级高技能人才实训基地，引导石油化工、电子信息等支柱产业的行业组织或重点企业自行建立区级以上高技能人才实训基地。全面落实"海纳英才"计划，推进高层次创新创业人才引育等六项工程，营造"尊重劳动、尊重知识、尊重人才、尊重创造"的良好氛围。

6.劳资纠纷预防调解处置工程

发挥"区—街道—村（社区）"三级网格功能，依托"信用大亚湾网"建立企业劳动保障守法诚信档案，加大对隐患企业的日常巡查力度。建立"对紧急预警企业每天巡查一次、重大预警企业每周巡查一次、一般预警企业每半月巡查一次"的工作机制。发挥区劳资纠纷应急处置中心的监控处理平台作用，畅通劳动保障信访渠道，健全党政负责、有关部门、工会、企业代表组织共同参与的提前介入和应急联动处置机制，防止发生重大劳资纠纷。构建多层次调解体系，完善区（街道）、行业、企业三级调解组织网络，在澳头、西区、霞涌设立区域性劳动争议调解中心，重点推进交通协会、港口协会等行业性劳动争议调解组织建设，全区50人以上企业普遍设立劳动争议调解委员会。加强劳动人事争议仲裁院标准化、信息化、规范化建设，提高仲裁效率、质量和社会公信力。配备与劳动争议案件数量相适应的调解仲裁工作人员。完善劳动争议调处机制，实现劳动监察执法、调解与仲裁的有效衔接，健全仲裁与诉讼衔接工作机制，提高仲裁效能。

7.职工权益保障工程

建立健全工资保证金、欠薪应急周转金制度，全面落实建设领域实施工资分账管理办法。深入推进工资支付专项行动，全面推行中小微企业通过银行代发工资，重点对工程建设、加工制造、餐饮服务等行业，尤其是政府投资工程项目进行全面清查，集中查处、移送、曝光一批欠薪违法行为。健全行政执法和刑事司法联动机制，探索在公安部门的治安大队设立劳动保障监察中队，严厉打击拒不支付劳动报酬等违法犯罪行为。落实全民参保计划，大力推动辖区内企业全员足额参保。建立人社、地税、统计、工商、工会等有关部门的信息共享机制，加强数据比对，准确摸清企业参保情况，加大执法力度，逐个追缴欠保企业，对严重违法的移交法院强制执行，妥善处理好社保补缴历史遗留问题。积极稳妥地推进供给侧结构性改革，依法规范淘汰落后产能、企业转型升级和兼并重组中的劳动关系处理工作，加强部门沟通，提前掌握企业关停并转信息，明确职工安置程序和各方责任，督促企业理顺劳动关系和社保关系，指导企业依法依规解决经济补偿问题。

8.社会组织培育工程

鼓励和支持行业协会、行业工会、专业机构等社会力量参与和谐劳动关系建设。支持现有区交通协会、港口协会、旅游协会等行业协会加强自身建设，提升服务能力，建立健全行业标准和用工规范。推动石化、汽车零部件和电子信息产业成立行业协会，充分发挥行业协会在构建和谐劳动关系中的重要作用。加大行业性工会组建力度，发展壮大职业化、社会化工会工作者队伍。建立健全行业性工资集体协商机制，支持和鼓励行业工会、行业协会加强行业劳动关系自我协调。推动成立人力资源协会、劳动争议调解委员会、创业就业服务机构等专业化社会组织，规范社会组织承接政府购买社会服务。培育职业化、专业化、规模化的社工队伍，深入企业提供宣传培训、咨询指导、纠纷调解等劳动关系综合服务。深入开展律师入企、律师驻点服务，在规模以上企业推行"法制副厂长"制度。

9.异地务工人员融入工程

弘扬"新客家老客家，来到惠州就是一家；本地人外地人，在惠工作就是惠州人"理念，推动异地务工人员融入大亚湾、扎根大亚湾。加快学校建设，探索实施从学前到普通高中的15年免费教育，逐步覆盖异地务工人员随迁子女。推广"比亚迪村"的做法，为符合条件的异地务工人员提供保障性住房。在异地务工人员集中的石化区、工业园区规划建设公共文化体育设施，推广发行"文化惠民卡"，推动公共文化服务设施向异地务工人员免费开放。统筹推进城乡社会保障体系建设，健全医疗卫生服务体系，深入推进基本公共服务均等化，持续提升服务能力和均等化水平，推进城镇基本公共服务由主要对本地户籍人口提供向异地务工人员覆盖，重点解决来大亚湾时间长、就业能力强的异地务工人员的市民化问题。

10.劳动关系监测评估工程

整合劳动监察、企业用工定点监测等现有网络监控平台，完善劳动关系基础信息数据库建设，建立信息共享机制，实现对就业服务、技能培训、工资支付、社会保险、劳务派遣、劳动监察、劳动仲裁等信息的实时查询和动态监控。以人力资源和社会保障信息网络渠道为基础，联动企业用电、用水、用工、厂房出租等基础信息以及新闻媒体、社会中介等其他信息渠道，建设区域劳动关系信息网络平台。创建企业劳动关系监测评估体系，制定数据收集和评估方案，逐年扩大监测企业数量，定期监测评估企业劳动关系状况，动态跟踪研究区域劳动关系状况，适时发布大亚湾区企业劳动关系研究报告。为监测企业提供劳动关系状况的"诊断式"服务，完善激励机制，将企业劳动关系和谐程度作为政府选择采购供应商、工程承包商以及企业经营者评先评优的考核指标。

四、大亚湾区建设综合试验区的保障措施

（一）组织保障

省、市人力资源和社会保障厅（局）负责综合试验区建设的总体协调和业务指导，成立大亚湾区建设省市共建和谐劳动关系综合试验区工作领导小组，区主要负责人担任组长，区内各相关单位为领导小组成员，明确各成员单位职责。领导小组下设办公室，日常工作由区人力资源和社会保障局负责，领导小组各成员单位根据职责分工，各司其职、密切配合、责任到人、齐抓共管，共同推进综合试验区建设的各项工作。

（二）机制保障

结合惠州市和大亚湾区劳动关系实际，制定综合试验区建设的工作制度和实施办法，按照"整体统筹、分步实施、以点带面、重点突破"的原则推进综合试验区建设工作。制定考评办法和激励机制，明确职责权限，将综合试验区建设工作纳入经济社会发展规划和政府目标责任考核体系。与深圳大学合作，由深圳大学全程指导综合试验区的建设实践，开展重点项目学术性课题研究，加强和谐劳动关系理论创新，为政府决策提供智力支持。

（三）经费保障

区财政加大对综合试验区建设工作所需经费的投入，保障省市共建和谐劳动关系综合试验区工作的经费，设立专项资金，形成长期投入机制。积极争取省、市人力资源和社会保障厅（局）对大亚湾区综合试验区建设工作的支持，为综合试验区建设提供有力的经费保障。

（四）宣传保障

由区新闻中心、文明办负责，充分利用各种新闻媒介，分层次、多途径、多形式、全方位深入宣传综合试验区建设的重要意义、主要内容及取得的成效，营造良好的社会环境与舆论氛围，积极争取社会各方力量的支持和参与。及时总结大亚湾区综合试验区建设的经验做法，争取在全市、全省乃至全国范围内推广。

第二节　省市共建大亚湾经济技术开发区和谐劳动关系综合试验区工作分工方案

为贯彻落实《中共中央　国务院关于构建和谐劳动关系的意见》（以下简称《意见》）和《中共广东省委　广东省人民政府贯彻落实〈中共中央　国务院关于构建和谐劳动关系的意见〉实施意见》（以下简称《实施意见》），推进大亚湾区综合试验区建设，按照《省市共建大亚湾经济技术开发区和谐劳动关系综合试验区方案》（以下简称《试验区方案》）要求，结合区有关部门和单位职责，特制定本分工方案。

一、指导思想

以《意见》《实施意见》为指引，以《试验区方案》为基础，通过构建和谐劳动关系综合试验区，全面提高劳动关系服务的标准化、均等化、社会化、数字化水平，全面提升企业劳动关系和谐程度，促进经济平稳健康发展，维护社会大局和谐稳定，探索全省、全国调整劳动关系新模式。

二、工作目标

紧紧围绕建设世界级石化产业基地和产城人融合发展示范区的发展目标，通过贯彻落实《试验区方案》要求，在创建和谐劳动关系示范区工程的基础上，优化创新工作机制，统筹整合各方资源，探索建立区一级层次统筹协调劳动关系领导体制，构建区域、行业、企业三级全方位立体劳动关系治理体系，探索超大型产业集群构建劳动关系的先进模式，将大亚湾建设成为"党政主导、社会协同、劳资同心、互利双赢、共建共享"的劳动关系和谐港湾。

三、工作原则

（一）坚持党政主导原则

健全党委领导、政府负责、社会协同、企业和职工参与、法制保障的工作机制，强化用人单位和职工的主体责任，鼓励社会力量有序参与，形成全社会共同参与构建和谐劳动关系的良好格局，逐步实现劳动关系治理体系的系统化、法治化、现代化。

（二）坚持改革创新原则

着眼于劳动关系运行的全过程，用改革的思路、发展的办法解决当前劳动关系领域中的深层次矛盾，消除制度性障碍，积极稳妥地推进劳动关系理论和体制机制创新。

（三）坚持以人为本原则

把解决广大职工最关心、最直接、最现实的利益问题作为构建和谐劳动关系的根本出发点和落脚点，最大限度增加劳动关系和谐因素，最大限度减少不和谐因素。

四、主要工作与分工

（一）领导协调机制建设工程

1.建立区协调劳动关系三方委员会

在区一级层次建立由人社部门、工会、企联、工商联组成的三方委员会，由区管委会领导担任委员会主任，规划区域劳动关系，统筹部门协作。三方委员会办公室设在区人社局，由三方人员组成。每月召开例会，三方各派一名主管领导参加，实行三方轮值负责、定期联合办公制度，形成常态化运作模式，提高三方机制协调劳动关系的针对性和实效性。

牵头单位：区人社局

参加单位：区总工会、区企联、区工商联

2.建立街道协调劳动关系三方委员会

在澳头、西区、霞涌街道由人社部门、工会、企联、工商联派驻人员定期联合办公，每月召开例会，贯彻区协调劳动关系三方委员会布置的任务，开展辖区内和谐劳动关系创建工作。

牵头单位：各街道办

参加单位：区企联、区工商联、街道人社部门、街道工会

（二）价值理念培育工程

1.建立和谐劳动关系讲师团

邀请劳动关系、政府管理、经济学、社会学、法学等方面专家对党政机关各部门的工作人员、媒体宣传人员、行业组织、社会组织工作人员进行系列培训。邀请劳动关系、企业社会责任专家和优秀人力资源经理组成讲师团，对企业负责人、企业人力资源工作人员、企业管理人员、企业工会干部进行培训，传授和谐劳动关系先进企业的典型做法。通过大力宣扬"同商、同心、同力、同享"的价值理念，教育政府工作人员加强大局意识、服务意识，改进工作作风，引导辖区内企业经营者提高经营管理水平、加强人文关怀、主动承担社会责任。

牵头单位：区人社局

参加单位：区总工会、区企联、区工商联、各街道办

2.组建法律服务团、法治宣讲团

配合"法治大亚湾"建设，大力弘扬劳动关系治理法治化理念，深入企业进行劳动合同管理、规章制度制定、劳动争议处理等有关法律知识专项培训，与专业化的律师事务所建立长期合作关系，根据企业意愿为规模以上企业配备"法制副厂长"，提供专业化法律服务。编写教材、读本等宣传资料，印制宣传品，录制音像制品，设立"劳动关系法律服务"公众号，通过微信平台及时解答用人单位、职工在劳动关系中的法律疑难问题。

牵头单位：区司法局

参加单位：区人社局、区宣教局、各街道办、社区

3.加快构建职工公共文化服务体系

在积极推进构建公共文化服务体系工作中，依托文化惠民卡服务中心，重点推进职工文化服务体系建设。广泛吸纳职工中的业余文艺骨干以及热心公益文化事业的团队和人士参与职工文化志愿服务。开展职工志愿者惠民巡演、春雨工程、文化志愿者大舞台等活动。充分利用区内政府、企业的平台和场地，采取政府购买服务方式，邀请一批优秀艺术团来大亚湾为职工演出。充分调动职工参与文化建设的积极性、主动性，增强对企业、对大亚湾的归属感和认同感。

牵头单位：区宣教局

参加单位：区财政局、区公安局、区总工会、团区委、各街道办、社区

（三）企业民主管理建设工程

1.建立健全厂务公开机制

推广中海炼化"惠炼E家园"、惠菱化成"惠菱月报"先进做法，在创建和谐劳动关系示范区工程的基础上，根据石化产业、电子信息、汽车零部件、现代物流、滨海旅游"1+4"产业体系，选择不同规模企业推进厂务公开制度化、规范化。细化厂务公开流程和内容，通过本单位内刊内网、企业宣传页、宣传栏、微信群、QQ群等多种形式将"三重一大"事项纳入厂务公开范围。建立企业信息公开后的职工意见反馈机制，职工可以对本单位公开信息要求进一步解释和说明，建立有效、友好的双向互动平台。

牵头单位：区总工会

参加单位：区人社局、区企联、区工商联

2.建立健全意见申诉机制

推广光弘电子"知心姐姐短信平台"和宙邦化工"职工权益联席会"先进做法，根据行业类型选择企业，建立企业内部申诉机制，针对不同层次、不同需求的职工设置不同的沟通渠道，通过邮件、网络、微信、专线电话、

意见箱、经理接待日、总裁茶座等方式畅通职工诉求表达渠道与不满情绪的宣泄渠道，发现管理中存在的不足和问题。对于职工反映的问题，在限定时间内给予明确的答复。对于不满意的答复，职工可以要求复议，确保职工意见得到有效回应。

牵头单位：区企联、区工商联

参加单位：区人社局、区总工会

3.建立健全意见征询机制

在规模重点企业建立意见征询机制，凡是涉及职工重大利益的事项，包括个人待遇、人力资源管理的建议，主动向职工征求意见，对于企业经营、生产管理、技术改造等问题也应逐步向职工征询建议。征询方式可以是多样性的，包括领导进入生产场所慰问、到集体宿舍和家庭访问，进行绩效谈话、离职访谈，以及满意度调查、问卷调查等。

牵头单位：区企联、区工商联

参加单位：区人社局、区总工会

4.建立沟通恳谈机制

在规模重点企业建立职工座谈会、交流对话会、劳资恳谈会、劳资沟通会、总裁茶座、劳资协商委员会等平台，实现劳资双方的意见沟通、感情交流，形成多平台、多渠道的沟通氛围，对涉及职工利益的事项进行磋商，规章制度起草和修改应通过沟通恳谈机制，由职工充分表达意见，促进合意形成，形成共同约定，确立双方行为规则。

牵头单位：区企联、区工商联

参加单位：区总工会、区人社局

5.建立健全职代会机制

探索不同所有制企业职工代表大会的形式、权限和职能。健全职工代表大会工作机制，落实职工代表大会的知情权、参与权、表达权和监督权，对企业发展重大决策和涉及职工切身利益等重大事项参与决策。

牵头单位：区总工会

参加单位：区人社局、区企联、区工商联、各街道办

6.建立健全集体协商机制

推广东风本田、普利司通集体协商经验，在汽车行业大力推行工资集体协商制度，推动企业与职工就劳动报酬、工作条件、劳动定额、女职工特殊保护等事项进行集体协商，订立集体合同，建立健全与市场相适应的工资共决和正常增长机制，规模以上汽车零部件企业工资集体协商建制率超过90%。加强对集体协商过程的指导，加大集体协商代表培训力度，提高双方的协商能力。

牵头单位：区总工会

参加单位：区人社局、区企联、区工商联、各街道办

（四）劳动关系治理组织化工程

1.加强企业党建工作

重点在非公有制规模以上企业扩大党组织覆盖和工作覆盖，探索推行区域性、行业性党建工作，加强企业党组织班子建设，建立健全企业党建工作运行机制，健全流动党员管理服务机制，重视从职工中发展党员，探索建立符合企业特点的党建工作运行机制，发挥企业党组织在推动企业发展、凝聚职工群众、促进和谐稳定中的作用。坚持企业党建带群团建设，充分发挥工会和团组织在构建和谐劳动关系中的作用。

牵头单位：区委组织部

参加单位：区人社局、区总工会、区企联、区工商联、各街道办

2.加强企业工会工作

加大规模以上企业工会组织的组建力度，推动企业建立工会组织，探索组建区域性、行业性工会联合会，实现工会组织对小微企业普遍覆盖。推动工会组织工作规范化、制度化、民主化，切实发挥企业工会组织在落实职工民主权利、维护职工权益、开展职工关爱和企业文化建设等方面的作用。由

工会领导和组织在企业中建设各类职工兴趣爱好社团组织,广泛开展文化娱乐活动,丰富职工业余生活。推进企业工会民主选举,探讨和推动建立职工委员会,充分发挥工会信息员作用。

牵头单位:区总工会

参加单位:区企联、区工商联

3.建立企业劳动争议调解委员会

指导规模以上企业建立企业劳动争议调解委员会,制定调解规则,规范调解流程,实现与人民调解的对接,提高中立性,提高调解的法律效力,与企业的申诉机制相衔接。

牵头单位:区人社局

参加单位:区司法局、区总工会、区企联、区工商联

4.加强企业班组建设

推广惠州港务集团"建立班组委员会、实行三级管理"的先进做法,围绕生产管理、质量管理与安全生产,根据不同行业类型选择10家企业开展企业班组建设,推动班组长成为基层管理的核心人物,打造班组文化,建设职工小家,增强职工对班组的归属感。将班组纳入企业管理体系,明确班组在企业组织和企业战略中的地位。加强对班组长的培训,提高其管理水平,增强其在班组成员中的认可度,将班组长打造为班组的核心,畅通基层职工的职业发展通道和发展空间。赋予班组长在紧急避险中的直接管理权,增强班组的自主性。

牵头单位:区企联、区工商联

参加单位:区人社局、区总工会

(五)技能人才培养引进工程

1.全面落实"海纳英才"计划

推进高层次创新创业人才引育等六项工程,营造"尊重劳动、尊重知识、尊重人才、尊重创造"的良好氛围。完善人才服务体系,建立"一站式"人

才服务平台，为高层次人才提供政策咨询、人才津贴和创新团队申报等服务。开展人才联系日、宣传周、服务月等活动，构建人才服务网格化工作格局。定期举办"人才沙龙"，搭建区内高层次人才交流平台。

牵头单位：区委组织部

参加单位：区人社局、区财政局、区宣教局、各街道办、社区

2.落实就业创业扶持政策

实施就业技能普及计划，对有就业意愿和培训要求的农村劳动力、下岗失业人员、复退军人、应届高校毕业生等开展免费技能晋升培训。

牵头单位：区人社局

参加单位：区财政局、区宣教局、各街道办、社区

3.建立职业技能培训联盟

以农村劳动力转移就业技能培训基地为基础，政府部门协调引导，行业企业以及培训机构共同参与，探索建立区级高技能人才实训基地，引导石油化工、电子信息等支柱产业的行业组织或重点企业自行建立区级以上高技能人才实训基地。

牵头单位：区人社局

参加单位：区财政局、区宣教局、区企联、区工商联、各街道办、社区

4.推广高技能人才培养模式

引导和支持企业建立健全职工职业技能培训制度，鼓励建立职业技能等级与业绩评价相结合的薪酬激励机制。加大创新型、技能型人才培养力度，壮大高素质创业就业队伍。全面推行职业教育和继续教育，加强在职人员培训、技能培训。

牵头单位：区人社局

参加单位：区财政局、区宣教局、区企联、区工商联、科创中心、各街道办、社区

（六）劳资纠纷预防调解处置工程

1.加强和改进劳动保障监察工作

实现劳动保障监察执法由被动处置向主动预防转变，发挥"区—街道—村（社区）"三级网格功能，经常性、随机性对企业进行巡查，加大对隐患企业的日常巡查力度。建立对"紧急预警企业每天巡查一次、重大预警企业每周巡查一次、一般预警企业每半月巡查一次"的工作机制。建立畅通的企业职工投诉渠道，依托"信用大亚湾网"建立企业劳动保障守法诚信档案，对诚信等级较低的企业法定代表人、主要经营人、人力资源管理人员实行劳动保障法律法规培训和风险提示制度。

牵头单位：区人社局

参加单位：区市场监督管理局、区安监分局、区城市执法局、各街道办、社区

2.加强和完善劳动争议调解体系

建立区、街道、企业三级调解组织网络，强化各层级之间的纵向配合。推动行业商（协）会和行业工会建立行业性调解组织，重点推进交通协会、港口协会等行业性劳动争议调解组织建设，提升区域性、行业性劳动争议调解组织的工作能力，在工业园区建立区域性的调解组织。全区用工人数50人以上企业普遍设立劳动争议调解委员会。积极引导社会力量参与劳动争议调解，鼓励建立社会性调解组织，探索规范社会组织参与调解的制度机制，加强人社部门对社会性调解组织的指导，通过培训和人才吸引机制增强社会性调解组织的专业性和权威性，力争将基层劳动争议调解率提高到80%。成立区调解员协会，推进行政调解、人民调解、社会调解、仲裁调解、司法调解的相互交流，培养调解员队伍，积累专业经验，编写专业课程，形成专业队伍。

牵头单位：区人社局

参加单位：区司法局、区民政局、区企联、区工商联、各街道办、社区

3.加强和完善劳动争议仲裁工作

加强劳动人事争议仲裁院建设，优化仲裁程序，探索案件快速处理程序，在仲裁服务窗口设立法律援助工作站，提高仲裁效率、质量和社会公信力。探索三方驻会办案制度，实行重大、集体案件由区人社局、区总工会、区企联和区工商联"三方四家合议庭"的办案模式。推行仲裁建议书制度，对案件多发企业或者存在共性问题的行业发出仲裁建议书，提出改进劳动关系管理的建议。推进流动仲裁庭制度，每个月到街道进行现场仲裁开庭。建立监察执法与仲裁的协调合作机制，通过协调配合、信息共享，发挥监察、仲裁各自的优势和功能。完善仲裁与诉讼的衔接，建立仲裁案件追踪制，提高仲裁质量和水平。加强对劳动争议的分析研判，提高仲裁效能。探索仲裁员专业化岗位管理改革，加强兼职仲裁员队伍建设。

牵头单位：区人社局

参加单位：区司法局、区总工会、区企联、区工商联

4.建立劳动关系动态监测和预警体系

发挥区劳资纠纷应急处置中心的监控处理平台作用，完善信息收集制度，整合部门信息，强化信息分析和研判，定期对各类信息进行汇总分析，预判区域、行业劳资纠纷风险程度。引入第三方机构开展劳资纠纷风险评估，建立"红黄绿"预警机制。

牵头单位：区人社局

参加单位：区综治维稳办、区公安局、区信访局

5.完善劳动关系群体性事件应急处置机制

健全党委领导下的政府负责，有关部门和工会、企业代表组织共同参与的劳动关系群体性事件提前介入机制和应急联动处置机制，督促指导企业落实主体责任，推动劳动关系双方就有关事项依法协商，及时妥善化解矛盾。制定通用性和特殊性劳动关系群体事件处置方案，针对不同类型事件分类处理。

牵头单位：区人社局

参加单位：区综治维稳办、区公安局、区信访局、区企联、区工商联、各街道办、社区

6.探索建立重大群体性劳资纠纷听证机制

把重大群体性劳资纠纷调处全过程纳入法律和群众的监督下，为当事人搭建多方参与、平等对话的平台，增强解决劳资纠纷问题的透明度。

牵头单位：区人社局

参加单位：区综治维稳办、区公安、区信访局、区企联、区工商联、各街道办、社区

（七）职工权益保障工程

1.健全工资保证金制度

深入推进工资支付专项行动，全面实施建设领域工资分账管理办法，推行中小微企业通过银行代发工资，加强对工程建设、加工制造和餐饮服务等行业的监督，集中查处、移送、曝光一批欠薪违法行为。

牵头单位：区人社局、区住建局

参加单位：区公安局、区社管局、区交通运输局、区总工会、区企联、区工商联

2.健全行政执法和刑事司法联动机制

探索在公安部门治安大队设立劳动侦查中队，健全联络制度，严厉打击拒不支付劳动报酬等违法犯罪行为。

牵头单位：区公安局

参加单位：区人社局、区住建局、区交通运输局、区企联、区工商联

3.落实全民参保计划

推动辖区内企业全员足额参保，建立人社、地税、统计、工商、工会等有关部门的信息共享机制，加强数据比对，准确摸清企业参保情况，加大执

法力度，逐个追缴欠保企业，对严重违法的移交法院强制执行，妥善处理好社保补缴历史遗留问题。

牵头单位：区人社局

参加单位：区税务局、区市场监督管理局、区统计局、区总工会、区社保分局

4.积极稳妥地推进供给侧结构性改革

将国有"僵尸企业"职工安置方案纳入区处置"僵尸企业"实施方案，明确职工安置途径、经费来源和促进再就业措施。破产企业清算资产优先用于清偿职工欠薪和职工安置。落实处置"僵尸企业"维稳责任，做好下岗失业人员社会保险关系接续和转移，按照规定落实社会保障待遇，依法妥善处理职工劳动关系。

牵头单位：区国资中心

参加单位：区财政局、区人社局、区公安局、区住建局、区税务局、区市场监督管理局、区综治维稳办、区法制局、区社保分局

（八）社会组织培育工程

1.建立行业商会和行业工会

鼓励行业协会、行业工会、专业机构等社会力量参与和谐劳动关系建设。支持现有区交通协会、港口协会、旅游协会等行业协会提升服务能力，建立健全行业标准和用工规范。推动石化、汽车零部件和电子信息产业成立行业协会，发挥行业协会在构建和谐劳动关系中的作用。发展职业化、社会化工会工作者队伍。

牵头单位：民政局

参加单位：区人社局、区旅游局、区企联、区工商联

2.建立行业或地区性的人力资源协会

在行业层面或地区层面建立人力资源协会，吸纳企业的人力资源经理、

管理人员以及中小企业业主参加。人力资源协会通过业务培训、经验交流、问题探讨、业务竞赛等方式传播行业内和谐劳动关系企业的先进做法。加强对协会会员进行培训，建立培训导师制，定期沟通反馈辅导。

牵头单位：区人社局

参加单位：区工贸局、区总工会、区企联、区工商联

3.建立社会性的专业服务组织

鼓励人力资源咨询组织、劳动关系协调组织、劳动争议调解组织、创业就业服务组织、公益服务和关爱组织、困难救助和帮扶组织、心理辅导专业组织等社会性、专业性服务组织的建立。培育职业化、专业化、规模化的社工队伍，深入企业提供宣传培训、咨询指导、纠纷调解等劳动关系综合服务，以政府购买服务方式发挥其在综合试验区建设中的作用。

牵头单位：区人社局

参加单位：区财政局、区工贸局、民政局、区总工会、区企联、区工商联

（九）异地务工人员融入工程

1.深入推进基本公共服务均等化

持续提升服务能力和均等化水平，推进城镇基本公共服务水平和覆盖范围，重点解决"在大亚湾区工作时间长、就业能力强"的异地务工人员的市民化问题。

牵头单位：区财政局

参加单位：区公安局、区人社局、区住建局、区宣教局、区社管局、区市场监督管理局、区民政局、区总工会、区企联、区工商联

2.统筹解决异地务工人员子女教育问题

加快学校建设，探索实施从学前到普通高中的15年免费教育，逐步解决异地务工人员随迁子女的义务教育问题。

牵头单位：区宣教局

参加单位：区财政局、区公安局、区人社局、区住建局、区民政局、区房管局、区社保分局、各街道办、社区

3.统筹解决外来务工人员住房问题

推进异地务工人员享受住房优惠政策，为符合条件的异地务工人员提供公租房。

牵头单位：区住建局

参加单位：区公安局、区财政局、区社管局、区房管局

（十）劳动关系监测评估工程

1.建设区域劳动关系信息网络平台

整合劳动保障监察、企业用工定点监测等现有网络监控平台，完善劳动关系基础信息数据库建设，建立信息共享机制，实现对就业服务、技能培训、工资支付、社会保险、劳务派遣、劳动保障监察、劳动仲裁等信息的实时查询和动态监控。以人力资源社会保障信息网络渠道为基础，整合企业用电、用水、用工、厂房出租等基础信息。

牵头单位：区人社局

参加单位：区综治维稳办、区住建局、区宣教局、区总工会、区税务局、区社保分局、区供电局、益源净水公司

2.建立和谐劳动关系标准体系和评估体系

制定数据收集方案和评估方案，由相关党政部门、各级工会、行业协会、企业管理人员、企业员工参与评估，形成数据库，得出各个企业、行业的综合分数和分项分数。对各企业进行排名，向社会公布，逐年扩大监测企业数量。每年对企业进行定期评估，定期发布大亚湾区企业劳动关系"蓝皮书"。建立企业约束机制和激励机制，将企业劳动关系得分作为政府选择采购供应商、工程承包商、资金支持、经营管理者评奖评优的约束考核指标。

牵头单位：区人社局

参加单位：区财政局、区工贸局、区住建局、区宣教局、区安监分局、区市场监督管理局、区总工会、区企联、区工商联

3.为监测企业提供劳动关系状况的"诊断式"服务

根据企业监测和评估结果，为参与企业提供劳动关系状况和管理"诊断式"服务，指出其劳动关系管理的优点和缺点，提出改进意见和建议，定期辅导，追踪改善。

牵头单位：区人社局

参加单位：区企联、区工商联、各行业组织

4.探索评估体系与企业社会责任标准的衔接

逐步将评估体系的评分标准和报告作为大亚湾企业社会责任认证标准，评估部门出具评估结果证书，提升大亚湾区企业在全球化市场中的竞争力。

牵头单位：区人社局

参加单位：区总工会、区企联、区工商联、各行业组织

五、实施步骤与时间安排

（一）分工阶段：2016年12月底前

组织人员认真学习领会《试验区方案》的精神实质，科学制定分工方案，进一步明确各项重点任务，落实工作责任。

（二）全面实施阶段：2017年1—12月

对照本工作分工方案的部署安排，分年度制订工作计划，动员全区各级、各有关部门全面推进和谐劳动关系综合试验区建设各项工作的实施，加大工作督导、督办力度，确保完成各项重点任务，到2017年年底，实现三大体系、十项工程的全面启动和第一期实施，各项工作基本进入轨道。

（三）巩固提升阶段：2018年1月—2019年12月

对照构建和谐劳动关系综合试验区各年度工作计划，继续扎实推进各项工作任务，进一步巩固工作成果，完善各项配套工作机制，力争到2019年实现方案既定目标，建立起具有大亚湾特色的促进和谐劳动关系体系，实现全区劳动关系整体和谐局面。

（四）总结推广阶段：2020年1—12月

完成综合试验区的各项工作任务，形成劳动关系综合治理体系，总结形成可推广、可复制的和谐劳动关系综合试验区模式。

六、保障措施

（一）加强组织领导

全区各级党政部门要将构建和谐劳动关系综合试验区工作纳入重要议事日程，切实加强组织领导。建立由区领导牵头的协调机制，统筹推进综合试验区各项工作顺利开展。建立健全专家参与、指导和咨询机制，科学制订年度工作计划，进一步清晰综合试验区建设的目标、责任和步骤。

（二）落实经费投入

省、市、区政府要落实综合试验区的建设责任，按照工作步骤和计划提供建设项目所需资金，保障综合试验区各项任务的运行。

（三）推动改革创新

要切实转换思维方式、创新工作思路，全面落实《试验区方案》中的各项任务。坚持以促进企业发展、保障劳动者为导向，根据中共中央、国务院，省委、省政府有关和谐劳动关系的文件，形成具有惠州和大亚湾地方特色的先进经验，确保今后的可推广性和可复制性。

（四）强化队伍建设

建立完善激励机制，加快推进专业化劳动关系人才队伍建设，建立各级人才的培训长效机制，加强对政府劳动关系管理人员、企业核心人员的培训，将大亚湾区打造成为劳动关系专业人才的聚集地。

第三节　大亚湾企业和谐劳动关系推广手册及操作指引

劳动关系的和谐稳定是社会和谐稳定的基础与核心内容，是经济持续健康发展的重要保障，是增强党的执政基础、巩固党的执政地位的必然要求。

大亚湾区是深莞惠经济圈及珠三角经济区的重要组成部分，在粤港澳大湾区中占据重要位置。目前，大亚湾已经形成了以石化产业为支柱，电子信息、汽车零部件、现代物流、滨海旅游四大产业为主的"1+4"产业体系，拥有大型石化行业、大型制造业鲜明特色的产业结构，具有构建和谐劳动关系的良好基础。2016年6月，大亚湾经济技术开发区获批成为省市共建和谐劳动关系综合试验区大亚湾综合试验区。根据构建和谐劳动关系综合试验区的规划方案，依托大亚湾经济技术开发区的行业分布和特点，有步骤分阶段构建和谐劳动关系。

2018年，首先从石化行业的调研总结开始，石化产业不仅是大亚湾，还是整个惠州的主体产业和龙头产业，推动构建石化行业和石化工业园区劳动关系治理体系是试验区的重点工作。石化区部分企业已经形成了比较成熟的劳动关系自主协调先进经验，经过调研总结，认为石化行业的自主协调经验主要包括透明的企务公开机制、广泛的意见征询机制、快速的意见响应机制、畅通的上下沟通机制、多层次的平台恳谈机制、强有力的工会纽带机制、深度参与的职代会机制、有效的职工提案机制、广泛的民主评议机制、民主的选任机制等十大亮点，当年针对石化行业的企业进行了自主协调经验的推广和宣讲活动。

2019年，根据工作方案针对汽车零部件、汽车物流行业，总结归纳了集体协商和班组建设的亮点。在集体协商方面，加强党的领导，充分发挥企业的主导作用，运用全面协商、专项协商、分项协商、常态协商等多种协商方式，集体协商内容上既可以协商劳动关系的具体内容也可以确定协商规则，协商技巧上善于运用柔韧协商的方式，并综合配套其他措施顺利进行集体协商。在班组建设上，认为尊重与信赖是班组建设的前提，规制与柔和是班组建设的工作方法，同时要重视对班组长的培训工作。重点对集体协商和班组建设的经验亮点进行了推广，同时将石化行业的自主协商机制经验推广适用到其他的行业和企业。

2020年，针对电子信息行业、滨海旅游业总结了劳资协商和行业自律的和谐劳动关系经验。在劳资协商方面，要建立企业主导下的劳资协商制，开展提供信息式的沟通协商、常规性会议的沟通协商、工作场所的嵌入式沟通、征求意见式的沟通协商、有效的提案制度、常规式的问题申诉机制，开放式的领导接待制度和开展多种形式的团建文化活动等多种协商方式。在行业自律方面，充分发挥旅游行业协会的桥梁纽带作用，从源头上规范旅游企业的劳动关系，鼓励行业内企业构建和谐劳动关系。

大亚湾和谐劳动关系构建的工作重点是"从企业中来，到企业中去"，五大行业和谐劳动关系的经验和亮点均来自大亚湾本土企业。各企业可以根据操作指引进行操作，也可以根据企业实际创造出更多的经验做法，助推大亚湾综合试验区的劳动关系建设更深入进行，探索具有中国特色的和谐劳动关系方式。

一、自主协调篇：大亚湾自主协调机制的内容及操作指引

大亚湾劳动关系自主协调机制是指由政府引导，在遵循劳动法律法规的前

提下，通过组织企业参与，由企业主导，根据企业特点，建立适合企业实际情况的自主协调机制，劳资双方就劳动关系问题开诚布公地开展对话与交流，对企业劳动关系事项达成共识，预防劳资矛盾，化解劳资冲突，实现劳资自治，互利共赢，促进企业劳动关系和谐和区域劳动关系和谐。为了使企业更好地在企业内部掌握和运用自主协调机制，充分发挥机制在构建和谐劳动关系上的关键作用，大亚湾和谐劳动关系领导小组办公室向企业推出自主协调机制操作指引。

（一）透明的企务公开机制

企务公开是指企业依照有关法律法规规定，将与本企业改革发展稳定和与广大劳动者切身利益密切相关的重大问题和重要事项，通过适当形式向广大劳动者公开，组织广大劳动者参与决策、管理和监督的民主管理制度。企务公开的内容与企业的经营性质、企业的实际情况有所不同。

国有企业公开内容：第一，企业重大决策问题。主要包括企业中长期发展规划，投资和生产经营重大决策方案，企业改革、改制方案，兼并、破产方案，重大技术改造方案，职工裁员、分流、安置方案等重大事项。第二，企业生产经营管理方面的重要问题。主要包括年度生产经营目标及完成情况，财务预决算，企业担保，大额资金使用，工程建设项目的招投标，大宗物资采购供应，产品销售和盈亏情况，承包租赁合同执行情况，企业内部经济责任制落实情况，重要规章制度的制定等。第三，涉及职工切身利益方面的问题。主要包括劳动法律法规的执行情况，集体合同、劳动合同的签订和履行，职工提薪晋级、工资奖金分配、奖罚与福利，职工养老、医疗、工伤、失业、生育等社会保障基金缴纳情况，职工招聘，专业技术职称的评聘，评优选先的条件、数量和结果，职工购房、售房的政策和住房公积金管理以及企业公积金和公益金的使用方案，安全生产和劳动保护措施，职工培训计划等。第四，领导班子建设和党风廉政建设密切相关的问题。主要包括民主评议企业领导人员情况，企业中层领导人员、重要岗位人员的选聘和任用情况，干部廉洁自律规定执行情况，企业业务招待费使用情况，企业领导人员工资（年薪）、奖金、兼职、补贴、住房、用车、通信工具使用情况，以及出国出境费用支出情况等。

民营企业和三资企业需要公开企业重大决策和与广大职工切身利益有关的问题。企务公开的形式可以是企业内部信息网络、企业内部各种宣传媒体、企务公开公告栏、企务公开发布会等多种形式，并可根据企业实际情况不断创新。

企务公开的组织落实：在国有企业，实行企务公开要在企业党委的领导下进行。企业要建立由党委、行政、纪委、工会负责人组成的企务公开领导小组，负责制定企务公开的实施意见，审定重大公开事项，指导协调有关部门研究解决实施中的问题，做好督导考核工作，建立责任制和责任追究制度。企业工会是企务公开领导小组的工作机构，负责日常工作。

在民营企业和三资企业，企务公开的主体是企业行政，企业工会是企务公开领导小组的工作机构。

（二）广泛的意见征询机制

意见征询是指企业管理方在涉及员工利益的政策、方案、制度出台前，主动收集和征求员工意见、要求，对员工意见进行综合、整理和归纳，对合理的部分进行吸纳。意见征询是对员工意见的响应、进一步调研和确认，是新制度、政策出台之前的民意征集，凡是涉及员工重大利益的事项，必须主动和充分征求意见。

意见征询的方式：意见箱、接待日、职工座谈会、举报电话、公司内部网络、微信群、QQ群、领导慰问、家庭访问、绩效谈话、离职访谈、满意度调查、问卷调查等。

意见征询的范围：包括个人待遇、人力资源管理的建议，也包括对企业经营、生产管理、技术改造的建议。

（三）快速的意见响应机制

意见响应是对员工提出的意见进行回应，凡是员工提出的各种意见，企业要做到及时响应，及时体现在以下三个方面：一是及时表态。对于员工提出的意见，企业方要尽快表明态度。二是及时反应。对员工的诉求和意见要及时反馈，安抚情绪。三是及时解决。及时解决显示出企业的诚意和决心和对员工的尊重。

（四）畅通的上下沟通机制

有效的劳资沟通能够加深劳动关系主体之间的相互理解，促使劳动关系运行的公正透明，对预防劳动争议、维护劳动关系稳定具有重要的作用。

法律依据：根据《劳动合同法》第4条的规定，用人单位在制定、修改或者决定有关劳动报酬、工作时间、休息休假、劳动安全卫生、保险福利、职工培训、劳动纪律以及劳动定额管理等直接涉及劳动者切身利益的规章制度或者重大事项时，应当经职工代表大会或者全体职工讨论，提出方案和意见，与工会或者职工代表平等协商确定。在规章制度和重大事项决定实施过程中，工会或者职工认为不适当的，有权向用人单位提出，通过协商予以修改完善。用人单位应当将直接涉及劳动者切身利益的规章制度和重大事项决定公示，或者告知劳动者。

沟通的方式：可以是面对面的语言沟通，也可以是借助于信件、电话、电子邮件等方式。可以采用正式沟通、非正式沟通、上行沟通、下行沟通等各种不同的形式。

（五）多层次的平台恳谈机制

恳谈机制就是企业本着诚恳、真诚的态度与员工沟通协商，以平等的姿态、轻松的形式与劳动者进行面对面的座谈，让员工在愉悦轻松的环境下，针对企业生产经营、劳动关系、个人生活等主题畅所欲言，从而建立劳资双方平等、信任的关系。

恳谈形式：座谈会、茶话会、协商会、沟通会、对话会、议事会、总裁茶座、总经理面谈会等，恳谈在时间安排上可以包括定期和不定期多种灵活方式。

恳谈平台：第一个层面是高层管理者与员工恳谈协商会。对话主题是让全公司员工了解公司的总体经营、盈利状况以及经营困难、风险和对策。第二个层面是中层管理者与职能部门员工对话会。对话主题是公司劳动用工制度、劳动争议解决、帮扶生活困难员工等。对话平台可以是公司的人力资源部门、生产管理部门等，参与主持对话的一方是企业内部的管理部门负责人等，另一方是这些部门中的普通员工，对话载体可以是茶话会，也可以是聚餐会等。第三个层面是一线管理者与生产线员工对话会。对话主题是如何搞好生产，在生产计划调度、工作流程优化等方面，听取员工意见和建议，收集采纳员工的合理化建议，同时收集在生活方面的问题。参与人员一方是基层的管理人员包括主管和拉长等，另一方是生产线工人和业务线员工。

（六）强有力的工会纽带机制

工会是职工利益的表达者、代表者和维护者，是联系党和群众的桥梁和纽带，要切实发挥企业工会组织在落实职工民主权利、维护职工权益、开展职工关爱和企业文化建设等方面的作用。

工会作用的发挥：民主选举工会领导人，主动经常收集、征求员工对企业管理、生活福利待遇等多方面意见，广泛开展文化娱乐活动，丰富职工的业余生活，提高工会在员工中的威信。

（七）深度参与的职代会机制

职工代表大会制度是我国进行企业民主管理的特有制度，通过职工代表大会的工作机制，可以落实职工代表大会的知情权、参与权、表达权和监督权，在对企业发展重大决策和涉及职工切身利益等重大事项上参与决策。

法律依据：根据《公司法》第18条第2款的规定，公司依照宪法和法律的规定，通过职工代表大会或者其他形式，实行民主管理。

（八）有效的职工提案机制

职工提案是让员工对企业发展重大问题和涉及职工群众切身利益的热点问题提出意见和建议，并形成完整的提案，职工提案既是职工代表大会的组成部分，也是广大职工参与企业管理的途径、方式。

（九）广泛的民主评议机制

民主评议是员工根据领导干部的工作职责、工作目标和岗位责任制，对企业领导干部的德、能、勤、绩进行全面评议，对领导干部的民主决策、管理能力、经济效益和工作实绩企业进行评判和考核。

通过职代会进行民主评议和测评的具体步骤为：第一，向广大干部和职工群众宣传民主评议企业领导干部的目的、意义和要求，做好思想动员工作；同时，被评议的领导干部要做好述职准备。第二，召开职工代表大会（或职工大会），听取民主评议对象的述职。第三，组织职工代表对述职企业领导干部进行评议。第四，组织职工代表采用无记名方式对述职的企业领导干部进行民主测评。第五，整理职工代表的评议意见以及对领导干部的奖惩任免建议，统计测评结果，形成书面材料报送职工代表大会主席团。

通过年度考核民主评议领导干部的具体步骤为：第一，由领导干部就年度工作进行述职。第二，由员工对领导干部进行评议。第三，对领导干部的工作情况进行考核，包括记名方式和不记名方式打分。

国有企业民主评议对象：企业的领导班子成员，主要是企业的厂长（经理）、副厂长（副经理），党委书记、副书记，董事长、副董事长，其他领导人员是否列入民主评议的范围，由各企业根据实际情况确定。职工代表大会民主评议企业领导干部要在企业党委统一领导下，由职工代表大会主席团组织实施。企业工会作为职工代表大会的工作机构，负责民主评议企业领导干部的具体事宜。

民营和三资企业民主评议对象：主要针对企业中层、基层管理人员进行，企业也可以根据实际情况扩大评议对象。

（十）民主的选任机制

民主选任是指对于选任的企业各级领导要经过民主的程序，包括企业在出现管理职位空缺时，可以从内部员工中选聘，对于拟任领导干部充分征求员工的意见，让员工充分参与推荐领导干部并给予评议。

表4-1　劳动关系自主协调机制运作范例

方式名称	协调方式	协调内容	机制平台	机制功能
沟通恳谈	企务公开	企务公开的内容与企业的经营性质、企业的实际情况有所不同。国有企业应根据国家有关规定公开企业重大决策问题、企业生产经营管理方面的重要问题、涉及职工切身利益方面的问题和与企业领导班子建设和党风廉政建设密切相关的问题。民营企业和三资企业需要公开企业重大决策和与广大职工切身利益有关的问题	通过会议、领导讲话、张贴和宣传栏，企业报刊、宣传页，企业内网、微信群等方式	推进厂务公开制度化、规范化运行
	意见相应	对员工提出的意见，及时调研、及时改进、及时反馈，做到件件有落实	通过直接对话、公告栏、企业内部论坛、微博、微信等方式反馈员工意见	建立员工对企业的信任感，树立员工主人翁意识
	意见征询	主动向员工征询有关个人待遇、人力资源管理、企业经营、生产管理、技术改造等的意见和建议，涉及员工重大利益的事项，主动和充分征求意见，在新制度、政策出台之前进行民意征集	通过座谈会、交流对话会、劳资恳谈会、劳资沟通会、总裁茶座等方式了解意见	主动坦诚征求意见，尊重员工

续表

方式名称	协调方式	协调内容	机制平台	机制功能
	上下沟通	建立自上而下、自下而上的沟通渠道	通过建立总裁信箱、总经理对话日、总裁探访、越级上访等方式	畅通员工上下级的沟通渠道，形成良好互动氛围
	平台恳谈	根据企业特点，建立制度化的多层次、多渠道恳谈平台	高层管理者与员工的沟通	预防劳资矛盾、调动员工积极性
			中层管理者与员工的沟通	
			基层管理者与员工的沟通	
	工会纽带	推动企业建立工会组织，推进工会规范化、民主化、制度化	工会组织密切联系员工，收集、征求意见，经过梳理和研判，提交给公司，定期或不定期与人力资源部举行联席会	切实发挥企业工会组织在落实职工民主权利，维护职工权益、开展职工关爱和企业文化建设等方面的作用
民主管理	职工代表大会	建立职工代表大会，认真落实职工代表大会职权	职工代表中要有基层员工代表，定期召开职工代表大会，公开职工代表大会主要内容	落实职工代表大会知情权、参与权、表达权和监督权，对企业发展重大决策和涉及职工切身利益等重大事项参与决策
	职工提案	员工可以就福利待遇、工资标准、生产管理等方面提出具体的建议	可以向职代会、工会、人力资源部提出议案	既是职代会的组成部分，也是员工参与企业管理的有效途径

方式名称	协调方式	协调内容	机制平台	机制功能
	民主评议	国有企业民主评议对象：企业的领导班子成员，主要是企业的厂长（经理）、副厂长（副经理），党委书记、副书记、董事长、副董事长等 民营和三资企业民主评议对象：主要是针对企业中层、基层管理人员进行，企业也可以根据实际情况扩大评议对象	可以通过公司信箱、召开座谈会等方式	了解员工对各级管理人员的真实反映，改进领导干部工作作风
	民主选任	对于干部的选任员工有推荐权，对于提拔的干部，公司要经过员工的民主测评	可以通过提出名单、不记名投票、记名投票、打分等形式	可以推选出员工信任的领导，创造工作场所的和谐气氛

二、集体协商篇：大亚湾劳动关系集体协商机制的内容及操作指引

大亚湾劳动关系集体协商机制是指在党的统领下，由企业主导，在遵循劳动法律法规的前提下，企业方和劳动者一起就工资报酬、福利待遇、特殊保护等劳动条件，根据企业特点，通过对话协商达成一致，并签订集体合同的劳动关系协调机制，可以起到预防劳资矛盾，化解劳资冲突，实现劳资自治，互利共赢，促进企业劳动关系和谐和区域劳动关系和谐。为了使企业更好地在企业内部掌握和运用集体协商机制，充分发挥机制在构建和谐劳动关系中的关键作用，大亚湾和谐劳动关系领导小组办公室向企业推出集体协商机制操作指引。

（一）建立党的统领机制

企业内的中共党组织是中央文件中关于集体协商政策的贯彻者、集体协商制度的建构者、集体协商工作的发动者和促进者。为保障集体协商的成功和持续进行，集体协商要在党的领导下进行。

党的统领作用：第一，引导企业开展集体协商。工会提出集体协商要求时，如果企业方表示拒绝，党组织可以通过思想引领和制度设置，引导企业方进入集体协商。第二，帮助工会。以党的初心和党的力量增进工会与企业方的平衡。当工会与企业力量失衡时，党组织可以对工会工作进行支持和做企业方的工作。

党的统领的形式：第一，已经建立党委、党支部等党组织的企业，充分关注、参与集体协商。第二，没有建立党组织的企业，可以先建立党组织，全程掌握集体协商的进程，进行有效的沟通协调工作。

先进做法：东风本田汽车零部件有限公司在集体协商前，会组织召开三个会，为集体协商做准备。第一，召开工会（员工）协商代表预备会议，研究并提出协商事项及其目标值、协商的方法和策略等。第二，召开党委专题会议，根据公司党委议事制度和"三重一大"事项的有关规定，党委会重点审议工会（员工）协商代表预备会提出的工资集体协商事项及目标值，形成执行决议。第三，召开公司经营管理层沟通会议，由公司中方总经理及其他高管人员按照党委会决议，与公司日方管理者沟通和研究，并责成公司相关部门制定具体方案。其他企业可以借鉴东风本田公司的做法，在党的统领下在集体协商前召开类似的准备会议。

（二）充分发挥企业的主导作用

企业对集体协商要具有一定的控制力，可以预控集体协商的进程，预防集体协商的风险，预期集体协商的结果。

企业主导的作用：第一，避免工会力量削弱自己的经营自主权，从而影响企业管理和经营。第二，避免劳动力价格过高失去市场。第三，避免集体协商的风险，让集体协商过程友好平和。

具体做法：第一，可以采用建立正式机构的形式，例如成立集体合同制度领导小组，企业方担任组长，工会主席担任副组长，掌握集体协商全过程。第二，可以采用非正式的形式，一旦集体协商双方代表有冲突，领导小组可以积极介入。

（三）集体协商的方式之一——全面协商

如果企业集体协商基础较好，可以采用全面协商的方式，即对劳动关系的主要内容进行全面的协商。

全面协商的内容：劳动报酬、工作时间、休息休假、劳动安全与卫生、保险和福利、女职工和未成年工等以上领域，集体合同的期限一般为三年，即三年一个阶段。

全面协商的优点是内容全面，一次完成，避免争议。缺点是当每项内容的数额都有增加，且连续三年增加时，会给企业方一定的压力。

（四）集体协商的方式之二——专项和分项协商

全面协商涉及内容多，范围广，如果企业不具备全面协商的条件，可以进行专项和分项协商。专项协商是对劳动关系某一方面的内容进行协商。分项协商是将所要协商的内容进行分拆，分布到不同的时间段，一个时间段只协商一个或几个内容，可以分散压力，企业容易接受。

先进做法：东风本田公司的具体做法是工会与公司按照约定，每三年进行一次综合性集体协商，每年进行三次工资集体协商，每年3月份协商员工年度工资调整方案，6月份协商员工年中奖励方案，12月份协商员工全年奖励方案。

（五）集体协商的方式之三——常态协商

常态协商是将集中时间的协商分解为常年都进行的协商，而每次进行的协商既可以协商多种事项，也可以只协商某个事项。常态协商可以分散企业一次性协商所增加的压力，增强应对经营风险的信心，相比三年一次的集体合同，企业方能够机动地应对风险，减少压力。

常态协商的作用：员工可以随时提出诉求。例如物价上涨导致食堂饭菜提价，工会就可以提出增加伙食补助。年底员工放假回家，工会就可以提出车辆运送。公司上马新项目，工会就协商人员配备，争取优先使用现有的人员。国家的公积金制度变化，即协商公积金的缴纳。常态协商可以对员工权益和福利实现渐进性的提高。例如港业股份有限公司工会提出增加伙食补助，2011年是130元，工会逐年要求，不断增加，从每月160元、200元达到了240元。

先进做法：港业股份有限公司工会每个季度与企业行政方进行一次协商，每年进行四次协商，每次协商的内容都根据工会所集中的员工诉求而定，第四季度的协商重点是年终奖和工资晋级。

（六）集体协商的内容

集体协商的内容：第一，劳动关系的具体内容。例如工资福利具体增加数额和比例等。第二，制定工资增加的制度和机制。一旦规则商定，双方的所得就可以根据规则得出，而不必过多纠缠具体细节，减少冲突。

具体做法：第一，约定协商规则。例如东风本田公司的集体合同约定集体协商的内容之一是薪酬分配制度、工资标准和具体分配形式；之二是员工年度工资总额及其调整幅度；之三是奖金、津贴、补贴等的分配办法。其中，之一、之三是规则，之二是实体数额。第二，约定员工工资调整的规则。东风本田公司的集体合同约定，员工的工资根据三方面的标准调整：一是物价水平，每个员工工资增幅随物价指数增加同步提高。二是个人业绩水平，绩效考核达到规定的数值，可以晋升工资级别。三是公司业绩水平，公司业绩达到某个数值，员工可以普调。港业股份公司则协商提出了积分晋升制，员工的积分达到了某个数值就自动晋升工资级别。第三，约定员工参与的规则。东风本田公司的集体合同约定在公司工会的要求下，公司承诺在正式协商前30天将"方案"向工会（员工）协商代表通报和说明，让其事先参与到"方案"的修订和讨论中。

（七）集体协商的技巧——柔韧协商

集体协商是和平气氛、理性讨论的协商，避免过分的对抗与过激的语言和行为暴力。柔韧协商能够支持集体协商的正常进行，最终实现共同同意的结果。

具体做法：柔韧协商可以采用沟通性协商，先沟通再协商，协商过程平和、友好，避免对抗性。

先进做法：在每季度一次的协商之前，惠州港业公司工会通过工会小组收集劳动者的诉求和意见，召开工会委员会分析和集中诉求，提出协商议题。接着，向企业方发出协商要约，列上拟协商的议题，协商的具体时间由企业方决定。召开沟通会时，公司的总经理、副总经理全部参加，工会方的工会主席、工会委员、员工代表大约六十人参加。工会报告工作情况，提出向企业方沟通和诉求的事项。总经理、副总经理对工会提出的议题逐条沟通回应，并公开有关经营方面的信息。能够解决的当场拍板决定，需要进一步了解信息的责成人力资源部调研，不能解决的说明理由或列入未来计划。工会写出会议纪要，双方签字确认后成为"集体合同文本"。人力资源部经理负责记录和跟进，在下一次沟通会上报告执行结果。工会对沟通结果进行通报和宣传贯彻。显然，这种沟通性协商比"标准的"谈判桌前的协商具有柔性特征。

沟通性协商的原则：在沟通性协商的过程中，工会和企业方的协商代表坚持做到理性表达和商量。一是心平气和，尊重人性，具有善意。二是理性说明，陈述诉求，以理由、依据、数据和测算结果进行表达。三是理性讨论，进行解释、说服和商量，也包括韧性地坚持和争取。

沟通性协商的技巧：在沟通性协商中，要注意把握尺度，合适为止。所谓合适，在企业方是"可以承受"，在员工方则是"高于底线，难于再高"以及"理解公司"。双方并不以最大化为目标，而是在感到"合适"的时候接受条件，达成协议。

（八）集体协商的效果完善——综合配套

在集体协商的同时，企业内还需要建立起其他的协调机制。例如，建立员工申诉通道、管理方通过行政途径主动征求员工意见，进行满意度调查，召开员工座谈会或恳谈会，以及设立职工董事和职工监事，实行厂务公开，建立职工代表大会制度等。

先进做法：东风本田公司的正、副总经理和工会正、副主席一般每半年举行一次联席会议；每逢有重大事项，如工资调整、奖金发放、制度调整等，都召集工会代表，充分听取、采纳员工意见和建议，最终决议交公司工会批准方可执行。

集体协商与这些措施之间是综合配套、相辅相成、互相支持的。如果没有诸多措施的相互配合、共同作用，集体协商本身几乎是不可能的，也不大可能取得实质性结果。

三、班组建设篇：大亚湾班组建设机制的内容及操作指引

班组是企业的根基，是企业的细胞，具体表现在：班组是战略落实的基点，班组是企业的最小执行单位，一切战略目标必然落地于班组；班组是制度落地的基础，制度只有落实到基层才是真正的落实；班组是人才成长的起

点，人才素养、能力的养成80%在班组；班组是文化培育的土壤，企业文化生根、发芽、落地于班组；班组是安全生产的主体，是安全管理的前沿阵地和基础；班组是效益产生的源泉，成本控制的90%发生于班组；班组是质量管理的保障，产品质量的90%形成于班组。因此，班组在企业中具有重要的地位和作用，现代化企业的生产经营、民主管理、技术进步等均需要在班组里落实。

班组虽然属于管理学企业金字塔模型的底层——操作层，但在企业中处于十分重要的地位，企业一切工作得以开展的基础是班组，企业价值产生的源头在于班组的正常运行。因此，班组建设与管理是企业在日趋激烈的市场竞争中持续健康的基石，也是综合试验区的重要试验内容。具体来说，可以从以下几个方面开展班组建设。

（一）尊重与信赖是班组建设的前提

劳动关系并非一种简单的管理关系，并非仅仅通过雇主之管理、指示、命令以及建立企业规章制度来使劳动者完成劳动过程的。劳动者在生存需要之外，还有安全、归属与自尊的需要。企业与员工之间不仅是领导与被领导的不平等关系，也应该遵从人与人相处时的一系列基本原则。只有当企业可以尊重员工时，员工才会在组织中求得安全感和归属感。具体到班组建设中，企业应当营造一种对班组长乃至班组成员的尊重，进而建立起相互信赖的平等关系。营造尊重与信赖的氛围，对维护劳动关系的和谐稳定具有重要意义。

先进做法：惠菱化成有限公司在工作场所和日常生活中充分践行了对员工的尊重和信赖，有效地实现了劳动关系的和谐稳定。在生活方面，公司管理层坚持对员工的生活进行关照。公司的负责人知晓每一名员工家属的生日，公司会在生日当天给家属赠送生日礼物乃至举办庆祝活动；同时公司有专门的活动宣传栏用以记录公司员工家属之间的精彩瞬间，有效营造了温暖和谐的劳动氛围；公司也时常举办各种团建活动并要求每次此类活动领导都要参加，通过活动中丰富多彩的游戏环节，拉近了领导和公司基层员工以及员工家属之间的距离。在工作方面，公司给予班组长充分的信赖，力图在不违背规章制度的前提下充分发挥班组长的工作自主性。通过赋予班组长紧急处置权，即授予班组长在紧急状况下不经汇报而自行做出决断并采取措施的权利，充分践行对基层管理者的信赖，实践中班组长也尽职地履行了职责，极大地促成了劳动关系的和谐。

（二）软规制与柔和是班组建设的工作方法

班组是管理链条中的实施终端，一切管理行为都是实在的、具体的、针对性强的，工作非常具体、琐碎、复杂，任务分配细，各种考核细，管理工作细，所以班组是生产管理中最细致的一个层次。班组长不合理的管理行为常是导致劳动争议或员工离职的诱因。如果组织不能及时发现和纠正，那么原本针对班组长个人行为的负面情绪会泛化到组织层面，并影响到和谐劳动关系的建构，导致员工就业稳定性大幅度下降。班组作为产生争议的一线，在措施的适用上更需要慎之又慎，采用简单强压的手段只能激化矛盾，采取更加柔和的软规制手段，不仅在产生争议时能够快速有效地平息争议，在日常生活中也能及时了解员工的困难并实现最大限度降低争议发生风险的作用。班组长也是员工的心灵导师，班组长要定期与员工谈心，了解员工思想动向，帮助员工排忧解难，为员工输导心理压力和负担。只要员工有问题，无论是员工与企业之间的纠纷还是日常生活中的零星琐事，不管问题多么微不足道，班组长要尽量做到有求必应，通过柔和的处事态度和无微不至的关怀，发现员工面临的问题并尽快解决，并且缓和员工遇到问题时所产生的不满情绪，及时化解矛盾，避免矛盾升级。营造一种员工被关怀的和谐氛围，有效增强员工的安全感。

（三）重视对班组长的培训工作是班组建设的保障

培训是班组建设的核心，培训的核心是对班组长的培训。班组建设与管理需要由班组长主导，由组员协同来完成，因此班组长是企业基层管理的核心力量，也是企业管理层的人才储备军。通过完善的培训制度，对班组长进行增能，进而为其晋升提供能力上的保障，对于和谐劳动关系的塑造具有举足轻重的作用。对班组长的培训内容包括以下三个方面。

1.管理培训

管理培训的内容分为三个模块，即如何管理部下、如何管理生产、如何和部下相处。在管理部下方面，班组长作为企业的基层领导者，对于提升企业凝聚力具有至关重要的作用，因此掌握有效的驭人之术对于班组长的重要意义不言而喻。在管理生产方面，企业价值产生的源头在于班组的正常运行。因此，班组长肩负着保证企业生产持续稳定高效的重要责任，而这迫切需要管理生产技能的培养。在和部下相处方面，班组长作为与基层员工朝夕相处的领导者，掌握有效的为人处世之道对于提高劳动关系的稳定性至关重要。

2.人文培训

人文培训包括一般教养培训和沟通培训。一般教养培训的目的在于使班组长能够有效约束自我欲望，明确自身定位，学习进行职业发展规划的能力，不要妄自菲薄也不能好高骛远；沟通培训旨在使班组长和员工之间的沟通更为有效，保证沟通能够目标明确，有效传递信息并最终达成合意。由于班组长是班组的核心与灵魂，是管理层和员工之间沟通的纽带与桥梁，因而其既是生产者也是管理者的特殊地位决定了班组长对构建和谐劳动关系有着双重性影响：一方面，班组长不合理的管理行为常是导致劳动争议或员工离职的诱因；另一方面，班组长也可以成为和谐劳动关系的建构者、维护者。此外，如果班组长能充分认识到自己在建构和谐劳动关系中的重要性，还可以利用自己的角色主动去开展活动，以增进劳动关系的和谐性。

3.企业文化融合培训

企业文化融合培训，目的在于将工人自身命运和公司发展联系在一起，培养对公司的文化认同。企业文化建设是企业人力资源提升的重要方面，如果一个企业的文化脱离个人和组织的价值前提，那么企业文化就会流于形式，难以获得员工认同。企业不能只重视知识技能的学习，而没有对企业文化的学习思考。培养企业价值观，不仅是增强员工对企业文化的认同，更是让员工将个人发展和企业发展联系在一起，从而提高组织内部的凝聚力和员工劳动的积极性。

培训方式：通过案例对比教学论述交往之道，例如可以列举优秀的班组长的特征以及案例，强调班组长的教学性和领导力等素质；或列举不合格的班组长的典型案例，强调要避免光说不干、闷头死干等问题，全面地论述交往之道对于班组长个人乃至企业的重要作用。

先进做法：比亚迪电子股份有限公司编纂了专门的劳动争议调解教材，丰富翔实，有效地保证了培训内容的有效性。教材中列举并具体描绘了几类班组长的禁忌类型，告诫班组长在工作中应着力避免哪些行为；同时指出了做好班组长的几大重要指标，包括怎样向班组成员下命令，怎样和班组成员相处，如何做好管理者等内容。在保障班组长有效管理基层员工的同时，让班组长们能够理解公司战略并融入企业文化之中，为班组长未来的职业发展拓宽了道路。此外，比亚迪电子股份有限公司构建了系统的培训体系，层层把关，环环相扣。其培训教材先由各事业部人力资源总监进行集中学习，再由各事业部人力资源总监分散对班组长进行培训，保证培训内容可以由上至下贯彻到基层，有效地保证了培训内容的准确性。

四、劳资协商篇：大亚湾劳资协商机制的内容及操作指引

根据对惠州比亚迪科技有限公司、惠州光弘科技股份有限公司、惠州永昶科技有限公司、惠州鸿通电子有限公司等企业的实地调研和对惠州市科翔科技电路板有限公司等十余家电子类行业的问卷调查，笔者认为大亚湾电子信息产业劳资协商模式有以下方式和亮点，可以在本区域内进行推广。

（一）企业主导下的劳资协商制

中国的劳动关系有其独特的发展规律和特点，劳资双方的主体形成、主体意识、劳动关系背景均与西方不同，表现形式不是对抗型而是协调型，调整机制要从中国劳资关系的背景出发，发现适合现状的协调新路径。在劳资沟通中，企业应该本着"劳资一心，互利互赢"的理念，作为主导力量主动开展"沟通"与"协商"，带动劳动者积极参与，在涉及员工重大利益问题上开展互动型协商，通过不断"磨合"形成和谐的良好氛围。劳资协商制主要通过政府引导，企业主导在企业内部建立多种形式、多种层次的沟通平台，由企业与劳动者就生产经营活动、劳动条件和生活条件通过多种方式达成共识，是一系列解决劳资冲突的机制和制度。

（二）劳资协商制的理论根基与现实需求

劳资协商制不仅契合了我国传统文化的和合理念，体现了中国劳资关系管理的内在特色，更重要的是能够解决实际问题，符合当前企业劳动关系的实际需要。

有的企业可能担心沟通、协商会导致劳动者的要求不断提高，甚至与企业讨价还价，其实这种顾虑是没有必要的，绝大多数劳动者通情达理，在提出要求的同时会考虑到企业的长远发展。劳资协商模式体现了劳资双方的包容性、参与性和协作性，畅通了企业经营者和职工的沟通渠道，更体现了企业尊重劳动者的人文关怀的态度和理念。

（三）劳资协商制的层次和形式

1.提供信息式的沟通协商

沟通的本质是信息传递，沟通的过程也是信息传递的过程，企业发展与劳动者息息相关，通过信息传播、交流可以让员工了解公司发展的动态信息，让劳动者对公司的未来发展充满信心，激发员工的合作精神。提供信息沟通需要注意以下几点：第一，信息发布宜采用公司员工方便浏览的方式。可以采用企业内刊、微信公众号、App、公告栏、微信群、钉钉等多种方式。第二，可以针对不同群体公布不同的信息内容。不同的群体关注的信息层次和内容有所不同，对于中高层管理人员可以公布公司经营方向、公司成本利润、公司战略规划等与企业经营更密切更细节的信息；对于普通员工可以公布公司的盈利情况、公司的发展方向、员工福利等与员工利益更密切的信息。第三，企业信息应定期及时发布。企业信息发布应形成制度化，可以采用以月、季度、年为周期定期、持续发布，员工定期获得企业的信息，就会对公司的发展产生信心。对于一些重大的、突发性的事项可以不定时及时发布，直接对员工进行说明，避免滞后，造成误解。信息发布虽然是一种单向、自上而下的沟通方式，但可以激发劳动者的主人翁意识，与企业共命运。

实例：惠州比亚迪公司通过OA平台、《比亚迪》杂志、《比亚迪人》报、墙报、板报、定期和非定期会议、培训方式向员工公开企业的基本信息和实际情况，广泛征求员工的意见和建议，充分取得了员工的共识和支持。

2.常规性会议的沟通协商

会议沟通协商是指通过召开各种会议的方式进行沟通，属于比较正式的沟通协商方式，包括各种形式的会议如座谈会、论证会、听证会、恳谈会、协商会、沟通会、对话会、议事会、茶话会、总裁茶座、新员工座谈会等，会议沟通应尽可能扩大劳动者参与的层次和范围，照顾到劳动者的需求。对于正式会议员工提出的意见和要求，可以进行三种处理：第一，涉及企业管理、工作过程、生活中的可以马上解决的，及时安排人员落实跟进。第二，对员工提出的问题，企业认为暂时没有条件解决的，应对问题进行调查、解释和沟通，向员工说明理由，表明态度。第三，对员工提出的不合理要求，进行详细说明，避免产生误解。

实例：惠州比亚迪公司为加强与员工的沟通制定了专门的《员工内部沟

通管理规定》，开展了多种形式的沟通。董事长要求每个事业部经理都要到职工食堂吃饭，便于加强与一线员工的沟通。有的事业部建立了多种沟通渠道，包括电话、微信、邮箱和面谈的沟通方式。有的事业部要求每月至少召开一次员工座谈会，每个生产线都会派员工参加，通过座谈会尽量听取不同方面的员工意见和要求，管理人员方面厂长经理、车间主管等必须参加，只有这些中高层领导的参加，才会让员工真正感受到企业的关爱，对稳定员工的情绪、激发员工表达有促进作用。座谈会上，企业会准备多种水果零食，让员工在轻松的氛围中畅所欲言。通过公司高层管理人员与员工面对面的交流，构建了员工与管理层的有效沟通平台，对员工所提的有关意见可以快速回复、改善，及时帮助广大员工解决工作和生活中的实际问题。对于员工座谈会中反映的暂时未能解决的问题，人力资源部门人员进行汇总分析，如果涉及内部管理制度层面上的，就及时进行完善修改。

3. 工作场所的嵌入式沟通

沟通可以有专门的沟通方式和渠道，但更多的是在工作场所中无所不在的随处随时沟通，沟通更多的是嵌入工作场所和劳动过程中。工作场所的沟通应该注意以下几点：第一，积极鼓励员工参与工作场所的决策。员工直接参与生产经营管理，最了解劳动过程和环节，是问题的第一发现者，要鼓励员工勇于对生产环节中的问题提出看法、建议，通过生产改进获得更高的生产效率。第二，可以引入质量管理圈、质量管理改进小组、生产攻关小组等多种形式，让员工与企业一起改进生产质量。第三，注重对管理者的培训。由于沟通的广泛性，管理人员需要具备管理沟通的技巧，通过沟通提高员工的积极性，避免产生沟通不到位、沟通误解的情况。

实例1：惠州光弘科技股份有限公司为全面提升质量管理，优化企业流程设计和改善，引入了六西格玛体系，建立了光弘六西格玛体系，运用科学的方法、缜密的思维解决生产难题，并多次组织员工参加培训，在企业内部形成独特的光弘六西格玛文化，让员工全面参与企业的质量管理过程。

实例2：惠州比亚迪科技有限公司将工作场所的沟通纳入基层班组长的管理考核体系中，一般情况下，每个班组长手下有30名左右的员工，要求班组长每天至少找一名员工进行20—30分钟的沟通，对员工工作和生活中的问题及时答疑解惑，并将员工反映的问题及时上报予以解决。

4.征求意见式的沟通协商

意见征询是指企业管理方在政策、方案、制度出台前，主动收集和征求员工意见、要求，对员工意见进行综合、整理和归纳，对合理的部分进行吸纳，然后进行决策管理。意见征询是对员工意见的响应和确认，是新制度、政策出台之前的民意征集，凡是涉及员工重大利益的事项，必须主动和充分征求意见。目前，企业中普通员工的平均年龄在20岁左右，尤其是"95后""00后"员工占比不断增加，而企业的管理人员往往是"60后""70后"，他们的成长背景、对生活的要求与年轻人不同，对"95后""00后"员工需求不一定了解，在这种情况下更应充分听取员工的意见。

实例：惠州光弘科技股份有限公司近年来公司销量不断上升，每个季度都会给员工发放一次福利，发什么可以满足员工的需求？不同的季节有不同的需求，不同的员工有不同的需求，原来管理人员每次发放礼品前都很头疼，后来干脆把选择权交给员工，在每次发放礼品前制作《员工福利礼品需求调查表》，在员工聚集的场所如食堂进行随机调查，让员工自己做出选择，然后根据投票多少决定发放礼品的种类，通过征求员工意见，让发放礼品成为员工满意的事情。

5.建立有效的提案制度

提案制度分为两种，分别是职代会的提案制度和平时生产过程中的提案制度。职工代表大会制度是我国进行企业民主管理的特有制度，通过职工代表大会的工作机制，可以落实职工代表大会的知情权、参与权、表达权和监督权，鼓励员工通过提案对企业发展重大问题和涉及职工群众切身利益的热点问题提出意见和建议，在对企业发展重大决策和涉及职工切身利益等重大事项上参与决策。职工提案既是职工代表大会的组成部分，也是广大职工参与企业管理的途径、方式。除了职代会提案制度外，还可以建立平时管理中的提案制度，鼓励员工对工作、生活中的问题提出建设性的意见，参与公司治理，有效激发员工参与企业管理的积极性。

实例：惠州光弘科技股份有限公司除了每半年固定召开职代会征求员工提案外，还开展了公司提案改善活动。在2019年下半年的提案改善活动中，有深入钻研高精度生产设备原理提出改良方案的，有刻苦钻研线体配合性和稳定性提出提高产能和质量建议的。为了奖励先进，倡导员工向优秀提案获奖者学习，公司进行了2019年度优秀提案颁奖仪式，对提出金点子的员工进行物质和精神奖励。

6.常规式的问题申诉机制

尽管大部分企业会依照法律法规的规定维护劳动者的权益，但在劳动关系实践管理过程中，劳资双方产生误解、冲突仍然是不可避免的。在这种情况下，要让员工及时将意见反映出来，并给予合理的解决，避免产生更大的冲突和对抗。企业内部要建立畅通的申诉机制，需要注意以下几点：第一，要用简单易懂的语言向员工提供申诉说明，可以以文字、图表、动画等多种形式告知申诉途径、程序和流程，给予员工清晰的指导。第二，允许员工就任何事项进行申诉，可以就企业制度和管理人员的行为、员工之间的矛盾冲突等有关工作和生活中的问题进行申诉，尽量将所有可能申诉的问题详细罗列出来并加上开放式的内容指引，让员工充分表达意见。第三，建立申诉保护机制，并承诺不对申诉员工进行任何不利对待。允许员工实名或者匿名进行申诉，根据申诉人的要求对申诉人员和内容进行保密，使其不会因为申诉而受到任何打击报复。第四，接受申诉的人员不应与申诉对象及组织有利益冲突。当申诉涉及接受申诉的管理人员或其组织时，应及时回避，转由其他部门和人员调查处理，不得插手对申诉进行处理。第五，及时反馈，动态跟踪。对于员工的申诉要有专人调查落实，并负责及时反馈，员工本人也可以动态跟踪自己申诉的进程。第六，充分适应"互联网+"时代职工诉求的新特点，合理运用"互联网+"等信息化手段，探索运用一些职工容易接受、方便参与的方式，让申诉成为企业内部解决问题、化解冲突的有效途径。

实例1：惠州比亚迪科技有限公司设立了正式的倾诉、投诉处理和复核机制以及非正式的多种投诉机制。对于员工的正式投诉，各事业部人力资源部负责接待和受理，地区人力资源部、人力资源处党委办公室、审查处、工会实施监督和指导。要求在接待员工倾诉、投诉时，注意与员工的沟通技巧，做到认真倾听、记录，并根据相关部门之间职责权限处理员工的倾诉、投诉，接待人员最晚在15个工作日内通过电话、面谈、电子邮件等方式回复员工。若员工对处理结果不满，可以在三个月内向上级部门申请复核。对于生活和工作上的问题，员工可以扫描投诉二维码及时反映，既可以匿名也可以实名，在反映后有专人进行记录、解决，并在48小时内向员工进行反馈，员工也可以实时跟踪反映问题的解决进度，这种方式被员工称为网络问政。

实例2：永昶科技电子有限公司建立了员工关爱接待室，公司人力资源部在公司办公大楼一层最显眼的位置设立了接待室。由2名人力资源部工作人员实行24小时接待，任何问题——上至员工与企业之间的纠纷，下至日常生活中的零星琐事，不管问题多么微不足道，接待室从不会拒之门外，通过这种柔和的处事态度，一方面有效地发现员工所面临的问题并解决问题，缓和员工遇到问题时所产生的不满情绪，减少了冲突的发生；另一方面营造出一种投诉有门的和谐氛围，有效增强了员工的安全感。

实例3：惠州光弘科技股份有限公司安排专人使用"企信通"进行短信群发，对员工在工作和生活中遇到的问题及时进行提醒，对员工提出的任何问题及时回复、真情互动，"光弘知心姐姐"已经成为关爱员工的工作生活及身心健康，帮助员工排忧解难，倾听员工的心灵诉说的贴心朋友。

7.开放式的领导接待制度

除了处理常规性问题的申诉之外，企业可以根据实际情况建立越级接待、开放日等活动。据调查发现，很多员工与企业的冲突矛盾主要产生在员工与直接管理层之间，直接管理层与一线员工的接触较多，产生的冲突类型多样，起因琐碎，如果直接进入申诉程序，会使矛盾公开化且不利于今后双方继续相处，通过上级管理人员出面化解，可以大事化小，小事化了。企业在建立领导接待制度时，应注意以下几点：第一，根据不同需求公开不同的联系方式。有的中高层管理人员愿意使用邮件的方式，有的普通员工愿意直接面谈或者电话沟通，应针对不同的对象公开不同的联系方式。第二，既可以设定固定的接待时间，也可以随时接待。根据管理人员的时间安排，可以每月或者每周设置固定时间为办公室开放日，让员工事先在时间上进行调整。有的员工可能面临个人工作上或者生活上的突发情况，只要主动上门，管理人员就应热情及时接待。第三，设立越级接待制度。大部分情况下，员工都会按照企业的级别管理制度找有关负责人员反映问题，但有的员工担心问题不能解决就会越级反映，企业应有开放的心态，允许员工自由选择，这样便于企业中高层发现员工的真正问题。

实例1：惠州光弘科技股份有限公司将总经理邮箱、总经理信箱、职代会主席邮箱、职工代表邮箱等联系方式在公司公告栏、公司内刊上全部公开，员工可以就工作和生活中的任何问题直接与相关领导联系沟通。在与员工沟通的过程中，首先要做到的就是耐心倾听。普通员工的知识水平有限，在面临生活上或者工作中的问题时比较容易纠结，在这种情况下需要注重沟通技巧，要尊重员工，鼓励员工表达并耐心倾听，用同理心获得员工的信任。

实例2：惠州比亚迪科技电子有限公司建立了多层次的员工接待日活动，事业群每年有两次员工接待日，上半年和下半年各一次，设专门的固定时间接受员工来访，在工厂层次每个季度有员工接待日，在车间层次每个月有员工接待日，无论任何级别的员工、无论针对任何事务都可以直接找相关管理人员面谈，减少了投诉、申诉的环节，直接化解职场中的各种矛盾冲突。企业还设有"总经理意见箱"直线通信制，员工对涉及个人重大利益、岗位或工资分配不合理、奖惩处理不公、损害公司利益等重大事件，可以以书信形式向总经理直接反映，事业部人力资源部门收到信件后两个工作日内，对信件进行整理、分类，并分发给总经理和相关部门处理。总经理和相关部门在得到信件的三个工作日内，对信件进行查阅、处理，并给予答复。事业部人力资源部负责将需公开的信件及回复意见以书面形式向本事业部相关员工公布。公布方式包括内部通知、墙报、板报等，通过邮箱沟通做到来信必复的沟通机制，同时对来信中涉及普遍性及重大问题进行专门讨论并将结果进行公示。

8.开展多种形式的团建和文体活动

团建和文体活动可以让劳动者在活动的同时放松心情、增加友谊、加强沟通，很多企业采取了多种多样的团建活动，收到了较好的效果。

实例：惠州光弘科技股份有限公司工会积极开展优秀员工旅游、春节联欢晚会、元宵游园活动、端午节包粽子比赛、母亲节活动、篮球比赛、拔河比赛等各种集体活动。为加强团队建设，公司为各部门提供团队活动经费，组织羽毛球、排球、篮球、足球等丰富多彩的文体活动。通过一系列活动的开展，不仅活跃了职工业余文化生活，同时把思想教育的内容渗透、融化在活动之中，使职工受到感染、熏陶和教育。

误解往往源于沟通不足，怨气往往源于小事，企业建立良好的协商和沟通模式，及时化解矛盾冲突，内部消化解决是成本最小，也是最有效的方式。企业可以根据经营特点、管理结构的特点构建不同程度、维度、范围、层次的劳资协商机制，建立更加和谐的劳动关系。

表4-2　大亚湾劳资协商制的主要形式

类　别	功能和原则	表现形式
提供信息式的沟通协商	提供公司战略规划、发展方向、企业重大事项员工福利等有关信息	公司内刊、公司网站、公司App、公司钉钉、公司微信公众号、公司微信群、员工微信群、公司公告栏等

类　　别	功能和原则	表现形式
常规性会议的沟通协商	通过面对面的沟通，直接交流	座谈会、恳谈会、协商会、沟通会、对话会、议事会、茶话会、总裁茶座、新员工座谈会等
工作场所的嵌入式沟通	建立工作场所的沟通，倡导团队合作	班组会议、质量小组、质量圈等
征求意见式的沟通协商	尊重员工需求和意见，把选择权交给员工	需求调查、问卷调查、民主投票等
建立有效的提案制度	自下而上反映需求，提出建议	职代会提案、合理化建议、工作改善提案等
常规式的问题申诉机制	畅通问题反映途径，内部化解矛盾	劳动争议调解会、工会调解小组、员工关系机构等
开放式的领导接待制度	越级反映问题，消除矛盾隐患	总经理信箱、总裁信箱、办公室开放日、员工开放日等
开展多种形式的团建和文体活动	建立团队、员工之间良好关系	各种兴趣小组、各种团建活动、年会、联谊会、体育比赛、文化活动等

五、行业自律篇：大亚湾行业自律机制的内容及操作指引

大亚湾依山傍海，区位交通优势明显、生态环境得天独厚、地方文化民俗鲜活、拥有丰富的旅游资源，是一个集休闲度假、生态观光、时尚娱乐、文化体验于一体的旅游新区，是中国沿海地区非常受欢迎的滨海休闲度假旅游目的地之一，被确定为广东省第二批全域旅游示范区，大亚湾管委会借助"一带一路"机遇、湾区崛起机遇、乡村振兴机遇，以民生、政策、问题、市场、目标为五大导向，力争将大亚湾建设成为世界一流的海洋旅游目的地、国内一流的绿色康养目的地、大亚湾区一流的城市休闲目的地。大亚湾旅游行业起步晚，发展规模不一，从事旅游的企业内部劳动关系形态多样，其中行业协会发挥了社会组织引领带头作用，依靠行业自律引导旅游企业劳动关

系规范发展，经过调研总结，认为大亚湾旅游行业劳动关系行业自律有以下经验值得推广。

（一）建章立制，从源头上规范旅游企业的劳动关系

旅游行业属于服务行业，服务行业的口碑来自行业内劳动者的服务质量。大亚湾旅游行业的企业主要包括三种类型，酒店住宿类、餐饮服务类和休闲旅游类。住宿类企业既有国际著名的连锁品牌，也有大量的中小型酒店，还有近年来着重发展的民宿品牌。休闲旅游类企业具有典型的季节性，人员流动性强，劳动关系管理存在一定的难度。惠州大亚湾区旅游协会自2014年4月成立以来，共有33家会员单位，涵盖了景区景点、星级酒店、饭店、旅行社、车船公司、旅游商品企业、优秀旅游乡镇等代表性企业，从建立伊始，旅游协会就开展行业自律，督促广大会员单位严格依法用工。2019年3月，在评比"大亚湾区旅游行业优秀企业""十大信得过单位"时将依法用工、和谐劳动关系作为评比的重要因素之一。在区旅游局委托旅游协会组建民宿分会时，首先制定民宿分会章程，针对民宿用工标准、登记办理流程、证件审批手续、行业监管等问题进行了规范，从源头上加强管理，推动民宿行业健康有序发展。

（二）发挥桥梁纽带作用，搭建政府与企业的沟通平台

行业协会属于社会组织的范畴，一方面连接政府有关部门，另一方面组织行业内的企业会员自主管理。惠州大亚湾区旅游协会充分发挥了会员企业服务员和指导员的作用，利用平台优势，积极与政府有关部门配合工作，有效传导旅游企业的声音，带领行业内企业与政府共同提升大亚湾旅游行业的旅游品质和行业的竞争力。例如，配合政府开展了大亚湾旅游文化节暨滨海美食"欢乐嘉年华"、广东（惠州）美食节、"我和我的祖国"摄影作品展、"黄金海岸沙滩风筝节"、"沙滩音乐帐篷节"、"全域旅游乡村亲子线路发

布"、"沙滩亲子趣味运动会"、"全域旅游摄影作品展"、"特色旅游商品展销活动"、"旅游宣传推广活动"、"旅游普法宣传及文明旅游志愿服务活动"等一系列主题推广活动，推动了大亚湾地区旅游产业的可持续发展。同时，充分发挥协会的桥梁和纽带作用，在深入调查研究的基础上，积极向政府部门反映行业和会员的诉求，例如针对旅游人才招聘、劳动行政管理等方面提出了合理化建议和意见，在会员和行业管理部门之间搭建起高效的对话平台，维护了会员企业的合法权益。在行业内部，2019年为24家服务质量高、游客投诉量少的旅游企业分别颁发了"优秀企业""十佳信得过单位"等牌匾，鼓励企业学习劳动关系管理技巧和经验，持续提高服务质量。大亚湾旅游行业协会切实做到了上情下达、下情上传的双向传递功能，并与全国其他地方的行业协会频繁进行横向交流活动，实现了"政府搭台、协会牵线、企业唱戏"的功能，发挥行业协会的自治、自律优势，对引导旅游企业经营者遵法守法，有序管理，促进旅游服务品质提升起到了积极作用。

（三）大力开展培训，提升旅游从业人员的素质

优质旅游产业离不开旅游行业的服务水平的提升，为提高大亚湾区旅游服务质量，惠州大亚湾区旅游协会每年定期组织若干批次旅游高级人才走出去，到省内外旅游发达地区开展专业取经、横向交流活动，并在行业内部建立企业交流互动平台，营造相互促学氛围，提高旅游从业者的整体水平，确保大亚湾区旅游高层次人才能够适应新形势、新常态下的旅游发展趋势。

惠州大亚湾区旅游协会根据旅游业热点和会员需求，积极组织旅游企业举办各类职业技能大赛，如开展了"寻味大亚湾"2019年大亚湾粤菜（东江菜）师傅工程等活动。为提升旅游从业人员的业务技能水平和职业素质，旅游协会先后举办了"高效沟通技巧提升培训会""《生产安全事故应急条例》消防安全知识培训""大亚湾旅游数据产业调查培训"等多场主题培训活动。沟通培训会上，以旅游行业高效沟通的重要性和必要性为切入点，重点讲述

了沟通三大要素、沟通技巧的细节，用丰富的语言、形象的图片及生动的事例、现场互动，向大家传授了有效沟通的技巧与知识，提升了旅游企业劳动关系沟通和管理水平。安全知识的培训指导性、实效性强，进一步增强了广大干部职工在工作和生活中的消防意识，为企业安全生产创造了良好的消防安全环境，为大亚湾区旅游事业的稳健发展提供了安全保障。为深入理解贯彻《惠州大亚湾国家级经济技术开发区全域旅游发展总体规划》，推进全域旅游相关培训宣传，惠州大亚湾区旅游协会开展"全域旅游讲堂"活动，动员全社会支持全域旅游创建活动，动员区、街道旅游部门领导和旅游从业人员参加专题培训，配合落实大亚湾全域旅游战略的实施。

（四）勇于承担社会责任，促进和谐

惠州大亚湾区旅游协会积极带动旅游企业承担社会责任，组织行业骨干成立志愿服务队，在强台风"山竹"侵袭大亚湾期间，帮忙疏通道路、发放应急物资、指挥车辆行驶，为灾后快速恢复生产贡献力量，还组织行业内志愿服务队在各旅游景点设置便民服务点，宣传大亚湾旅游并为游客提供服务。除了惠州大亚湾区旅游协会外，大亚湾还有海之源公益协会、东升海上救助志愿服务队、灾害预警宣传志愿服务队等志愿性公益社会组织，以海上志愿救援、促进海洋生态环境保护为主要服务内容，让员工投身公益事业，通过组织活动密切了与当地社区的互动关系，也让员工在志愿活动中建立良好的合作关系。

第四节 大亚湾和谐劳动关系纲领（建议稿）

1.和谐劳动关系的核心理念和意义

1.1 劳资同心与构建和谐劳动关系

1.1.1 劳资同心，统筹处理好促进企业发展和维护职工权益的关系。

1.1.2 劳资同商，沟通磋商，共同制定规章制度、利益分配规则。

1.1.3 劳资同力，共同奋斗，齐心协力，将企业做大做强。

1.1.4 劳资同享，成果分享，良性循环，持续发展。

1.2 劳资同心与企业的关系

1.2.1 劳动、企业家和资本共同成就了企业的价值。

1.2.2 劳动关系和谐稳定是企业永续经营的基础。

1.3 劳资同心与劳动者的关系

1.3.1 劳动者对企业产生认同感和归属感。

1.3.2 劳动者个人生活稳定，具有获得感、幸福感、安全感。

1.4 劳资同心与政府的关系

1.4.1 增强对党和国家的认同，夯实执政基础。

1.4.2 增强对当地政府的信心和支持。

1.4.3 减少劳动信访、劳动仲裁和群体性纠纷，节约行政资源。

1.5 劳资同心与社会的关系

1.5.1 和谐稳定的劳动关系，促进地区经济发展。

1.5.2 劳动关系的和谐是社会和谐的基础。

2.企业文化和规则制定

2.1 根据企业价值观、愿景、管理方式形成具有特色的企业和谐文化

2.2 规章制度是劳动关系权利义务的具体化规范，要经过民主程序制定，由员工充分酝酿发表意见

2.3 变更、修改劳动规章制度要与员工充分协商，广泛征求意见

2.4 劳动规章制度应以人为本，贯彻人性化管理理念

3.合法合规

3.1 规范管理

3.1.1 签订书面劳动合同，明确权利义务，保障基本权益。

3.1.2 建立稳定、长期劳动关系，形成熟练劳动者阶层。

3.2 薪资待遇

3.2.1 给予员工合理的薪资待遇，保障劳动者获得体面生活。

3.2.2 在条件允许的情况下提升薪资待遇，激励员工提高绩效。

3.3 工作环境

3.3.1 提供必备的防护设施和设备，确保安全健康的工作环境。

3.3.2 根据企业特点，为员工提供相应休息设施和设备。

3.3.3 在工作场所设置相应的卫生设施，创造整洁、干净的工作环境。

3.3.4 为女职工和未成年工提供相应的保护措施。

3.3.5 为三期女工提供相应的休息条件和设施。

3.3.6 树立正直可信、坦诚开明的价值观，形成友善、友好、放松的工作氛围。

3.3.7 建立组织体系内良好的人际关系，形成互帮互助的同事关系。

3.4 工作时间和休息休假

3.4.1 保证每周至少休息1天。

3.4.2 保证劳动者法定节假日的休息或者给予相应的补偿。

3.4.3 不超过法定最高限度的加班。

3.4.4 保障劳动者获得年休假。

3.4.5 保障三期女工享受相应的假期。

3.5 福利待遇

3.5.1 为员工提供食堂餐饮或相应的补贴。

3.5.2 为员工提供宿舍或相应的住房补贴。

3.5.3 为员工提供便利的网络设施。

3.5.4 为员工提供相应的文体设施。

3.5.5 设立多种社团，丰富业余生活。

3.5.6 设立多种节日福利，让员工感受企业温暖。

3.5.7 提供团体旅游或者团建活动，提高团队的凝聚力和战斗力。

3.5.8 为有需要的员工提供相应的心理咨询或辅导。

3.5.9 当劳动者或其家庭面临困难时，提供紧急援助。

3.5.10 为员工子女入学提供支持和帮助。

3.6 培训与发展

3.6.1 人尽其才，激发员工热情，充分发挥员工的才华和技能。

3.6.2 为员工提供多种职业培训，提高职业技能，为优秀员工提供专项培训。

3.6.3 帮助员工进行职业生涯规划，实现职业目标。

3.6.4 建立内部晋升渠道，明确晋升条件，为员工职业上升提供发展路径。

3.6.5 提供相关的素质培训，提高综合素养，追求美好生活。

3.6.6 建立学无止境、不断提高的学习氛围，鼓励员工继续成长。

4.沟通恳谈

4.1 建立公司与员工的沟通机制

4.1.1 公司主导，建立与员工的沟通互动机制。

4.1.2 建立高层管理者与员工的沟通平台，包括劳资恳谈会、座谈会、协商会、沟通会、对话会、议事会、茶话会、总裁茶座等，劳资双方形成命运共同体。

4.1.3 建立中层管理者与员工的沟通平台，采用多种灵活方式，促进实现团队目标。

4.1.4 建立基层管理者与员工的沟通平台，就日常事务进行沟通，建立紧密联系。

4.1.5 建立越级沟通平台，及时化解沟通中的不畅。

4.2 主动信息传递

4.2.1 通过多种渠道或者方式，如内部刊物、微信群、公众号、内网、钉钉、QQ群等，向员工传递企业动态。

4.3 进行日常沟通与辅导

4.3.1 进行个人发展谈话，对员工个人进行有针对性的沟通辅导。

4.3.2 给予员工绩效考核结果反馈，进行个性辅导，鼓励肯定员工业绩，对业绩差的员工采取建设性的改进措施。

4.3.3 加强对基层管理者的培训，提高管理水平和与员工的沟通技巧。

4.3.4 适用公平标准对员工进行工作认可，倡导高层管理者对基层员工的认可，直接上级要对工作出色的员工进行即时、具体、频繁的认可。

5.民主管理

5.1 拒绝封闭管理和单方管控方式，使企业管理更趋开放

5.2 加强企业党建，充分发挥企业党组织和党员模范先进作用

5.3 建立工会组织，推动工会工作规范化、民主化、制度化

5.4 切实发挥工会在落实职工民主权利、维护职工权益、开展职工关爱和企业文化建设等方面的作用，让工会成为员工利益代言人

5.5 建立透明公开的内部意见征询制度，主动向员工征询工资待遇、人力资源管理、生产管理等意见和建议，鼓励员工提出合理化建议

5.6 建立意见反馈机制，将员工意见尽量公开，及时反馈，不相互推诿

5.7 建立职工代表大会制，落实知情权、参与权、表达权和监督权，参与企业发展重大决策和涉及职工切身利益重大事项的决策

5.8 推行厂务公开制度，向员工公开人力资源管理、社会保险及企业经营信息

5.9 建立员工薪酬委员会，在公平合理的范围内参与薪酬决策，并将制定依据公开透明化

5.10 建立员工福利委员会，根据企业经营情况提高福利待遇

5.11 建立集体协商制度，推动企业与职工就劳动报酬、工作条件、劳动定额、女职工特殊保护等事项进行集体协商，订立集体合同

6.劳动争议处理

6.1 建立内部申诉机制，畅通员工诉求表达渠道与不满情绪的宣泄渠道，发现管理中存在的不足与问题

6.2 为员工提供清晰的意见处理路线图，员工可以跟踪意见的流程，直到得到接受和答复

6.3 建立员工复议制度，对申诉处理不满意的，员工可以要求复议，由更高级别部门介入处理

6.4 建立劳动争议调解委员会，对申诉复议不服的，启动争议调解途径，也可直接启动调解程序

6.5 劳动争议调解委员会成员和调解小组中要有基层员工的参与

6.6 企业为调解员提供办公及工作时间上的便利，不得因其参与调解而打击报复

7.提高员工对企业的忠诚度

7.1 树立员工主人翁和责任意识，工作认真负责

7.2 让员工对工作有一定的自主权和参与权，充分发挥员工价值和主动性

7.3 培养团队合作精神，具有大局意识，充满组织荣誉感

7.4 加强企业班组建设，依托班组建设开展职工小家建设，打造班组文化，增强职工对班组的归属感

7.5 关注社会，积极参与企业的社会责任活动，承担公民责任

8.劳资同心效果评估

8.1 建立离职谈话沟通制度，了解离职原因，降低员工离职率，建立长期稳定的劳动关系

8.2 定期进行员工敬业度调查，提高员工的职业荣誉感

8.3 定期进行员工满意度调查，了解员工需求，进行针对性改进

8.4 定期了解客户对企业、企业员工的满意度

8.5 运用多种调查结果进行持续改善

第五章

劳动关系评估
与监测

第一节 石化行业劳动关系自主协调机制的评估研究

大亚湾的石化产业是惠州市经济发展的重中之重，也是劳动关系协调的重中之重。《试验区方案》提出，要在石化超大型产业集群中总结推广以自主协调为重点的和谐劳动关系模式。试验区正式运作以来，在大亚湾区和谐劳动关系综合试验区领导小组的领导下，人力资源和社会保障局积极组织和推动，专家组提供了深厚的智力和知识支持，相关企业积极作为，石化产业劳动关系自主协调机制的建设取得了较大的进展，其制度和机制框架基本形成。

一、自主协调机制的制度框架：三大板块和十二种方式

自主协调机制是在企业层面建立的协调劳动关系的机制和方式。其制度框架是对"党委领导、政府负责、社会协同、企业和职工参与"体制的落实，是强化用人单位和职工主体责任的实现方式，也是对既有协调方式的挖掘、继承和创新。

石化产业的劳动关系自主协调机制主要由三大板块构成：一是沟通恳谈板块，二是民主管理板块，三是集体协商板块。

沟通恳谈板块的机制内涵是企业与员工充分沟通，企业在接纳、征求员工意见的基础上，对有关规章制度、员工政策和管理方式进行调整，减少侵害、不满并实现和谐、合作。它带有民主集中制的特点。

民主管理板块的机制内涵是员工参加企业方针政策、规章制度、待遇政策的制定，实现共同决定基础上的利益共享和效益共创。它带有民主参与制

和共决制的特点。

集体协商板块的机制内涵是劳资双方进行组织化的讨价还价，通过妥协达成合意，通过签订集体合同保证合意的实现。它带有市场性议价和契约制的特点。

二、自主协调机制对劳动者权益和劳动关系和谐都发挥了积极作用

为了对自主协调机制的推进进行评估，专家组于2018年5月以问卷方式对大亚湾区石化企业进行了调查。问卷内容包括：第一，自主协调机制的建立情况，包括全部三个板块、十二种方式。第二，员工待遇情况，包括劳动合同、安全卫生、非迫劳动、劳动时间、劳动报酬、社会保险、福利津贴、学习培训、职务晋升、职工持股等十个指标，分别计算单项分和总分。第三，劳动关系情况，包括劳资和谐、劳资合作、留任意愿、工作意愿等四个指标，分别计算单项分和总分。此次共调查24家石化企业，1054名各个岗位、各个层级的员工。

（一）自主协调机制对员工待遇发挥了积极作用

1. 协调机制的三个板块对员工待遇均有明显的影响力

通过专业性统计方法，考察自主协调机制对员工待遇的影响，得出协调机制三个板块总分对员工待遇指标总分的影响力指数为0.5679。这在统计学上是一个较高的数值，而且具有很强的可信度。将这一影响力指数用图形表示，可看出企业的自主协调机制建设得越好，员工待遇的水平越高。（图5-1）

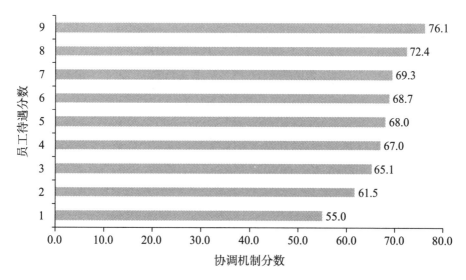

图5-1 不同协调机制得分对应的员工待遇水平

2.沟通恳谈板块对员工待遇的改善和提升作用最大

从表5-1可以看到,沟通恳谈得分为5分(百分制,表明沟通恳谈做得很少)的企业,员工待遇仅为50.4分;而沟通恳谈得分为95分(百分制,下同)的企业,员工待遇提升到了78.8分。民主管理的改善和提升作用居中,其得分最高时,员工待遇(74.8分)低于沟通恳谈。集体协商的改善和提升作用尚未发挥出来,其得分最高时,员工待遇低于民主管理。总之,沟通恳谈的影响力大于民主管理,民主管理的影响力大于集体协商。(表5-1)

表5-1 三大板块对员工待遇的影响力比较

协调机制分数	员工待遇分数		
	沟通恳谈	民主管理	集体协商
5	50.4	60.5	63.2
15	54.9	66.2	
25	58.8	66.9	
35	60.9	67.7	67.2

协调机制分数	员工待遇分数		
	沟通恳谈	民主管理	集体协商
45	63.4	68.6	
55	65.4	69.0	
65	69.0	69.3	68.0
75	71.5	70.7	
85	73.8	74.8	
95	78.8	74.8	68.9

注：因为一些企业没有开展集体协商，所以数据存在缺失。

（二）自主协调机制对劳资和谐与劳资合作都发挥了积极作用

1. 协调机制的三个板块对劳资和谐都产生了明显的促进作用

其中，沟通恳谈的作用最大，最高让劳资和谐得分达到了95.0分。民主管理的作用居中，最高让劳资和谐达到了90.0分。集体协商的促进作用较小，最高为87.1分。（表5-2）

表5-2　三大板块对劳资和谐的影响力

协调机制分数	劳资和谐分数		
	沟通恳谈	民主管理	集体协商
5	57.3	73.5	77.4
15	60.4	82.5	
25	71.7	82.8	
35	75.1	83.0	84.9
45	76.8	84.4	
55	80.8	86.6	
65	87.2	87.8	83.8

协调机制分数	劳资和谐分数		
	沟通恳谈	民主管理	集体协商
75	92.4	87.1	
85	93.1	89.0	
95	95.0	90.0	87.1

2.协调机制的三个板块对劳资合作都具有促进作用

沟通恳谈的作用最大、最明显，机制效果的反应也最敏感。沟通恳谈得分为5分（沟通恳谈做得很少）的企业，劳资合作仅得33.9分；而沟通恳谈得分为95分的企业，劳资合作提升到了95.0分。与之相比，民主管理得分为95分时，劳资合作分数较低（86.0分和75.0分）。集体协商对于劳资合作几乎没有影响作用，无论集体协商开展得如何，劳资合作的分数都少有变化。（表5–3）

表5–3 三大板块对劳资合作的影响力

协调机制分数	劳资合作分数		
	沟通恳谈	民主管理	集体协商
5	33.9	61.5	65.3
15	35.3	71.7	
25	54.4	72.2	
35	62.9	73.4	77.5
45	67.9	76.8	
55	72.9	85.4	
65	80.8	85.8	79.4
75	86.1	86.2	
85	90.3	86.0	
95	95.0	75.0	78.6

综上所述，石化行业劳动关系自主协调机制的三大板块，对员工待遇、劳资和谐、劳资合作都产生了明显的促进作用。其中，沟通恳谈的作用最大，民主管理居中，集体协商的作用有待观察。

沟通恳谈能够更大程度地促进劳资合作，而民主管理特别是集体协商的作用较差。大亚湾综合试验区的核心目标是实现"劳资同心、互利双赢、共建共享"，可认为沟通恳谈是实现这一目标的最有效机制。

三个板块相比，集体协商是外来的协调方式，民主管理带有中西合璧的特点，而沟通恳谈则产生于中国本土。可认为，沟通恳谈是最符合中国国情的协调方式。

三、石化行业劳动关系自主协调方式的发展状况与短板

（一）三个板块的建设都已经起步，但是发育程度还比较低、发展不平衡

三个板块中，沟通恳谈的得分为53.1分，民主管理为23.2分，集体协商为27.7分。总体来看，三个板块的建设都已经起步，但是发育程度低，发展不平衡。

（二）十二种方式的建设已经起步，但是相当不平衡，并且行业集体协商缺位

十二种方式中的十一种都得到了分数，表明都在发育。但是，内部相当不平衡，最高分是工会纽带（64.3分），最低分是民主选任（10.7分），高分和低分之间的差距很大。绝大部分方式的分数在50分以下，而且行业集体协商缺位。（表5-4）

表5-4 十二种协调方式的得分

序 号	协调方式	得 分
1	企务公开	60.3
2	意见响应	50.7
3	意见征询	43.1
4	上下沟通	61.6
5	平台恳谈	38.6
6	工会纽带	64.3
7	职代会	28.1
8	职工提案	12.5
9	民主选任	10.7
10	民主评议	28.4
11	企业集体协商	27.7
12	行业集体协商	—

（三）国有企业、民营企业、外商企业各有特点

在石化企业中，国有企业（46.7分）、日资企业（47.0分）的协商机制总分最高，韩资企业（20.1分）和民营企业（27.1分）的总分最低。

国有企业的沟通恳谈（65.6分）和民主管理（42.1分）发育程度较高，民营企业（49.1分）、港澳台企业（50.5分）、欧美企业（55.5分）的沟通恳谈发育程度较高，日资企业集体协商的发育程度较高（64.1分）。（表5-5）

表5-5 不同投资类型企业的协调机制发育程度

企业类型	协调机制总分	沟通恳谈	民主管理	集体协商
国有	46.7	65.6	42.1	32.9
民营	27.1	49.1	18.6	14.8
港澳台	30.7	50.5	18.6	24.1
日资	47.0	50.9	26.1	64.1

续表

企业类型	协调机制总分	沟通恳谈	民主管理	集体协商
韩资	20.1	35.7	10.7	17.9
欧美	34.2	55.5	21.2	26.0

（四）大型企业的协调机制发育最好，中小型企业有待完善

协调机制总体和沟通恳谈、民主管理两个板块，都是大型企业发育最好，中型企业居中，小企业相对较差。其中，1000人以上的大型企业协调机制总分为41.9分，100—1000人的中型企业为34.5分，100人以下的小型企业仅为31.1分。但是集体协商相反，小企业发育较好（30.0分），中型企业居中（27.2分），大型企业相对较差（24.8分）。（表5-6）

表5-6　不同规模企业的协调机制发育程度

企业规模	协调机制总分	沟通恳谈	民主管理	集体协商
100人以下	31.1	48.5	15.9	30.0
100—1000人	34.5	53.3	24.0	27.2
1000人以上	41.9	63.8	37.1	24.8

（五）经营状况好的企业的协调机制发育较好，经营状况差的企业的协调机制发育不足

企业的经营状况越好，协调机制总分越高。经营状况在问卷中分为：持续降低、有好有坏、基本平稳、持续提高四个水平，在所调查的企业中没有处于第一种水平的。在后三种水平中，"有好有坏"的协调机制得分为32.2分，"基本平稳"略高一些，为34.3分，"持续提高"又略高一些，为35.3分。这里存在双向效应：一是企业的经营状况越好，越能够建立协调机制；二是协调机制建设得越好，企业的经营就越好。

在三大板块中，企业的经营状况越好，沟通恳谈、民主管理的发育程度越高。"有好有坏"的沟通恳谈机制得分为47.4分，"基本平稳"较高一些，为53.2分，"持续提高"又提高到55.5分。这里同样存在双向效应。

但是，企业的经营状况越好，集体协商的发育程度反而越低："持续提高"的为22.3分，"基本平稳"的为28.0分，"有好有坏"的则提高为34.8分。这表明，集体协商或许会导致经营状况变差。（表5–7）

表5–7　不同经营状况企业的协调机制发育程度

经营状况	协调机制总分	沟通恳谈	民主管理	集体协商
有好有坏	32.2	47.4	14.5	34.8
基本平稳	34.3	53.2	23.1	28.0
持续提高	35.3	55.5	28.3	22.3

四、继续推进劳动关系自主协调机制建设的建议

（一）当前阶段应以沟通恳谈板块的建设为重点

鉴于沟通恳谈板块最有利于劳资双方的合作，有利于劳动关系的和谐，有利于员工待遇的提升，也有利于企业经营的发展，所以在当前阶段应该以推进沟通恳谈板块的建设为主。对于民主管理也应视条件积极推进。对于集体协商，则应该针对石化行业的特点和我国国情进行探索和完善，建立起中国特色的集体协商制度。

（二）针对企业特点，在不同类型企业各有侧重

在国有企业应重点推进沟通恳谈和民主管理，在民营企业和港澳台企业应重点推进沟通恳谈，在外商企业应重点推动沟通恳谈和集体协商。

（三）总结、推广先进企业的经验

总结自主协调机制建设先进企业的经验，形成案例、教材和手册，向其他企业推广。

企业的建设经验，有必要通过自我梳理、政府部门调研、专家组蹲点、专业咨询公司咨询等方式深入挖掘，并且形成高水平的案例。

（四）奖励先进，鞭策后进

建立科学的评价体系，实行第三方中立评估，对自主协调机制建立方面的先进企业进行表彰，对后进企业进行约谈。

广泛传播自主协调机制建设先进企业的事迹，通过张贴、散发、广播，形成良好的企业、行业和社会氛围。

公布监测结果和评价结果，影响企业的商业信誉和劳动力市场形象，形成外部动力和压力。

第二节　大亚湾2017年度劳动关系监测报告

为考察大亚湾和谐劳动关系综合试验区的整体进度、部门进度、地区进度和企业进度，评估"创建和谐劳动关系优秀企业"，为综合试验区的深度推进提示所存在的问题和工作的短板，对进一步的工作提出有针对性的建议，于2017年分别针对企业、员工进行了问卷调查，对大亚湾的劳动关系进行了监测，以展示大亚湾劳动关系的整体状况和发展动态，揭示大亚湾劳动关系的最新发展和存在的问题，发现和识别出"创建和谐劳动关系优秀企业"。

什么是劳动关系的和谐？大亚湾地区的劳动关系总体状况如何、具有哪些特点？大亚湾的劳动关系治理具有哪些长项和短板？这些都需要用准确的标准进行衡量和监测。大亚湾是省市共建和谐劳动关系综合试验区，哪些实验举措是有效的？实验的效果如何？还应该采取哪些新举措？这些也需要用准确的标准进行监测。

"和谐劳动关系监测"是省市共建大亚湾区和谐劳动关系综合试验区的试验方案的组成部分。《试验区方案》要求实施劳动关系监测工程，定期监测、动态跟踪、科学评价区域内的劳动关系状况，适时发布劳动关系监测报告。本报告就是2017年度的监测结果和报告，由大亚湾综合试验区工作领导小组牵头，由大亚湾人力资源和社会保障局负责，由试验区专家组运用专业手段和科学方法实施。

一、监测办法

（一）监测目的

第一，监测本地区劳动关系的和谐状况，把握总体情况，摸清地区底数，摸脉发展动态，了解特点优势，找准问题和短板，以推动进一步的工作，制订未来计划。

第二，监测试验方案所规定各项任务的进展情况，各部门、各地区、各企业所承担任务的实施进度，其间的成效、经验、不足和偏差，以激励承担部门、地区、单位的积极性，鼓励先进、鞭策后进，推动试验任务的圆满完成。

第三，监测劳动关系和试验实施中的新信息，受到新启发，总结新经验，得出新认识，发现新规律，理出新思路，推进和谐劳动关系构建和试验区试验工作的创新。

（二）监测程序

本次监测根据以下程序和先后顺序进行。第一步，确定工作思路，运用相关理论，提出监测原则，对监测方案进行总体思考和整体布局。第二步，确定监测框架，构建监测指标体系。第三步，确定监测范围和监测对象。第四步，确定数据来源和收集方法。第五步，实际收集数据，进行统计分析。第六步，撰写和发布报告。每个步骤都进行质量控制，坚持监测所要求的科学性、客观性和可验证性。

（三）监测指标

根据全面系统、突出重点、符合实际的原则构建监测指标体系。该指标体系体现了《中共中央　国务院关于构建和谐劳动关系的意见》和《中共广东省委　广东省人民政府贯彻落实〈中共中央　国务院关于构建和谐劳动关系的意见〉实施意见》的精神和条文，纳入了《试验区方案》提出的相关任务，吸纳了其他地区和高等院校、科研机构已有指标的合理部分，参照了国际劳工组织的相关公约、国际劳工标准和著名社会责任认证的标准，也参阅了国际著名的有关劳动事项的调查问卷。所建立的指标体系具有系统性、科学性和规范性。

监测指标体系分为一级指标、二级指标、三级指标三个层次（图5-2）。与国内现有劳动关系指标只关注劳动权益不同，本次制定的指标体系包括了职工权益、协调机制与职企合作三个维度。职工权益体现了《中共中央　国务院关于构建和谐劳动关系的意见》中的"利益共享"，协调机制体现了其中的"协商共事、机制共建"，职企合作体现了其中的"效益共创"。三个维度具有和谐劳动关系的完整内涵。

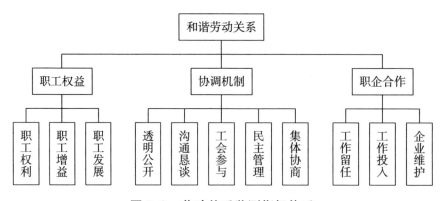

图5-2　劳动关系监测指标体系

（四）数据来源

本次监测的实施采取了适合劳动关系领域特点、符合国际通行方式的抽样调查方法。根据监测指标编制标准化的调查问卷，根据社会调查科学规范制定抽样方案，界定企业和员工作为调查对象，由经过培训的调查员进行调查，同时采用了现代化的互联网和通信技术手段。规范性抽样调查方法保证了数据的可得性和方便性，也保证了数据的真实性、准确性和高质量。

作为辅助手段，收集了政府部门的劳动纠纷处理记录、社会保险缴费记录等档案数据。

（五）监测团队

本次监测由试验区专家组全程实施，负责从确定工作思路到撰写报告的各项工作。根据监测者属性分类，这属于我国当前着力推行的第三方监测，具有专业性、中立性和权威性。

二、监测结果

（一）总体情况

1.职工的法定权利基本得到了保障，企业基本做到了遵纪守法

数据表明，在所监测的职工权益、协调机制与职企合作这三个维度中，职工权益的得分最高。职工权益的得分为75分，协调机制为54分，职企合作为73分。在职工权益维度中的职工权利、职工增益、职工发展三个指标上，职工权利的得分最高，为87分，属于良好等级并接近优秀水平。

表5-8　地区总分和二级指标得分

街道名称	总　分	二级指标得分		
		职工权益	协调机制	职企合作
霞涌	70	77	60	75
西区	66	74	53	71
澳头	66	75	51	74

相关劳动法律法规的各项规定在监测企业基本得到了执行。99%的职工与企业签订了劳动合同。96.1%的职工的工资水平在当地最低工资标准线以上。95.7%的职工加班加点能够得到合理补偿。96%以上的职工缴纳了养老保险、医疗保险和工伤保险。以前曾经发生的扣押职工证件、限制人身自由等事件已经极少发生。

88.1%的职工报告本企业在各种事情上都守法，另外8.7%的职工报告所在企业在大部分事情上守法。95.7%的职工报告本企业的管理基本是按照既定的规章制度进行的。

这些监测数据表明，试验区所构建的区域劳动关系治理体系，所实施的职工权益保障工程和劳资纠纷预防调解处置工程，以及区劳资纠纷应急处置中心等，都发挥了积极的作用，取得了明显的效果。

2.职工的利益改善需求成为新的趋向，企业效益分享初步推进

职工的利益改善需求即"增益"需求正在发育并逐渐增强，成为一个新趋势。他们要求在法定权利之外增加工资，享受带薪休假，增加福利项目；当离开企业时以及企业搬迁、重组时得到较多的补偿。与此对应，企业的增益机制正在建立，职工对企业效益的分享也在出现。所监测企业职工的平均工资为4736元，较大幅度地高于本地最低工资标准1350元。其中，技术工人平均为4946元，普通工人也达到4156元。一些企业建立了个人绩效工资、部门绩效工资、提成工资以及月奖金、年终奖等利益分享机制。87.3%的职工报告，当企业的盈利增加的时候，职工的利益也多少得到了增加。

3.企业层面的劳动关系协调机制正在建立，沟通恳谈方式推进较快

协调机制尽管在三个监测维度中的得分最低，但正在进入发育阶段。在监测的5个协调机制中，沟通恳谈的发展速度较快，发育程度较高。72.5%的职工报告，当发现扣工资、罚款不合理的时候，能够通过申诉渠道得到合理解决。71.8%的职工报告，企业会就新制定或修订的规章制度向职工说明，职工可以提出意见。47.1%的职工报告，自己参加过劳资恳谈会。43.4%的职工参加了包括企业人力资源经理在内的微信群，32.2%的职工参加了包括企业总经理或副总经理在内的微信群，在微信群中进行沟通。

4.职工与企业之间的效益合作逐渐发育，正在形成基本轮廓

职工正在转变过去的"打工挣钱，企业好坏与个人无关"的行为，越来越认识到职工与企业之间的互相依靠关系和双赢关系。55.9%的职工认为自己与企业之间是双赢关系，另外33.3%的职工认为自己与企业之间是"不对称双赢"关系，而认为双方属于"自己顾自己"关系的仅有10.9%。表示能够主动多做工作，时常超过企业要求的职工占39.4%。职工中2017年提出过对单位有益的建议或点子的占58.3%。报告存在故意浪费企业原材料、故意出次品、损坏机器设备现象的只有4.4%。与此相应的是，企业也越来越认识到职工与企业合作对企业效益的重要性，采取措施吸引职工与企业合作，实现效益共创。

（二）任务推进

《试验区方案》提出了在企业层面推进的五项任务：一是推进厂务公开，实现制度化、规范化。二是推进沟通恳谈，畅通沟通渠道。三是推进工会工作，发挥工会在维护职工权益方面的作用。四是推进民主管理，建立职代会。五是推进集体协商，签订集体合同。

1.总体推进

监测数据表明，这五项任务在工作中都得到了一定程度的推进，其中沟

通恳谈和透明公开的进展更为明显。职工中报告企业会向职工通报盈亏、订单、成本等经营情况的占29.1%，另外报告进行通报但不充分的占36.4%，而企业不通报、予以保密的占34.4%。报告企业会将业务转型、并购重组等重大变动及时通知员工的占55.2%。

在五项任务中，沟通恳谈的进展最好，得分为65。透明公开处于第二位，得分为64%。工会参与处于第三位，得分为59。民主管理和集体协商的进度相对迟缓，得分均为41。

2.地区推进

大亚湾试验所实行的体制方式是"党政主导、部门联动、各界支持、整体推动"，区和街道党政部门都是主导者、领导者，也都是实施者和执行者。

霞涌街道范围内的企业对试验任务的推进最好，在透明公开、沟通恳谈、民主管理和集体协商四个方面都位于第一。西区的企业在工会参与方面位于第一，在民主管理和集体协商方面位于第二。澳头地区的企业在五个方面都位于第三。（表5-9）

表5-9 地区五项协调机制推进进度（得分）

协调机制	霞　　涌	西　　区	澳　　头
透明公开	70	61	63
沟通恳谈	70	62	63
民主管理	51	39	37
工会参与	61	61	54
集体协商	47	41	38

3.企业推进

《试验区方案》界定，用人单位在试验任务的推进和落实中承担"主体责任"。各项协调机制的建立"以自主协调为重点"。在本次监测的38家企业中，多数企业不同程度地推进了内部协调机制的建设工作。

（1）协调机制推进最好的十家企业

企业内部建立协调机制推进程度最好的十家企业按照监测分数从高到低排名如表5-10所示。

表5-10　协调机制推进最好的十家企业

次　序	企业名称	得　分
1	惠州宇新化工有限责任公司	80
2	广州沃尔玛百货有限公司惠州澳头分店	79
3	智盛（惠州）石油化工有限公司	76
4	惠州比亚迪电子有限公司	74
5	惠州大亚湾萨至德光电科技有限公司	72
6	广东金新农饲料有限公司	70
7	鑫双利（惠州）树脂有限公司	68
8	惠州住电电装有限公司	65
9	敏华家具制造（惠州）有限公司	64
10	惠州大亚湾光弘科技电子有限公司	63

（2）单项机制推进较好的企业

在五个协调机制中的某个机制上推进较好（得分位于前10）的企业如表5-11所示。

表5-11　单项机制推进较好的企业

协调机制	企业名称
透明公开	惠州大亚湾望海楼酒店有限公司 中国神华能源股份有限公司国华惠州热电分公司 惠州东方雨虹建筑材料有限责任公司 惠州市长润发涂料有限公司大亚湾分公司
沟通恳谈	惠州市长润发涂料有限公司大亚湾分公司

协调机制	企业名称
民主管理	惠州市长润发涂料有限公司大亚湾分公司 广东惠州天然气发电有限公司
工会参与	建业科技电子（惠州）有限公司 中国神华能源股份有限公司国华惠州热电分公司 惠州大亚湾汇利日用制品有限公司
集体协商	惠州大亚湾汇利日用制品有限公司 惠州市聚真电路板有限公司 东风本田汽车零部件有限公司

（三）存在的问题

1. 一些企业依然偏离法律法规，甚至故意违法

一些职工的场地和岗位存在工伤或职业病的隐患，接触有毒物质和气体，以及冒险作业。报告身处如此情况的职工占8.4%，其中技术工人占14.2%，班组长占11.3%。

一些企业的劳动强度大，休息日少。50.5%的普通工人每周只休息1天，另外3.8%的普通工人仅休息半天，还有2.0%的工人每天都上班。33.8%的普通工人每天工作9—10个小时，16.9%的普通工人超过11个小时，另外1.5%的普通工人超过13个小时。

2. 劳资双方的增益性争议多发，且多处于无序状态

2016—2017年，7.0%的普通工人、10.5%的技术工人、11.5%的保安人员、15.4%的供销人员与企业发生过一次以上的劳动争议。2.8%的普通工人、4.0%的技术工人、7.7%的保安人员、15.4%的供销人员曾经去政府部门上访或者仲裁、诉讼。2.7%的普通工人、1.4%的技术工人、7.7%的保安人员参加过罢工。另外，在各类职工中，有1.7%的人经历过以特殊方式（如跳楼、堵门、威胁等）"维权"。这些争议中有一定比例的法定权利争议，但更多的是利益

改善性即增益性争议。职工群体进入了"增益诉求"阶段,增加所得、分享效率的意愿日渐强烈,导致增益性争议的数量和比例增加。增益性争议的特点是缺乏法律法规依据,企业和职工各持己见,具有闹大和纠缠倾向。政府难以依法裁决,不得不代替双方进行协商,然而难以摆平。

3.协调机制建设推进缓慢是最大的短板

此次监测中,大亚湾的劳动关系总分较低(67分),其中职工权益的得分较高,并且该维度中的职工权利分项得分高达87,而正是仅为54分的协调机制严重影响了总分值。可见,协调机制是一个最大的短板。

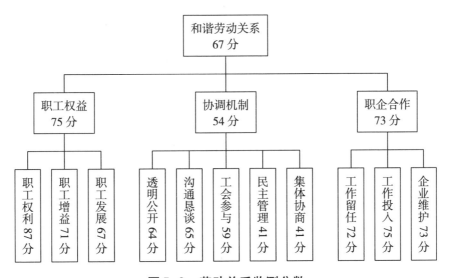

图5-3 劳动关系监测分数

协调机制短板是增益性争议多发、处于无序状态的背后原因。权利性争议可以也应该通过法律和行政执法调节,增益性争议则应该通过企业层面的协调机制进行调节。职工在政府规定的最低工资标准之上还应该增加多少钱,企业应该如何回应职工的诉求,这些都应该建立平台进行表达,建立规则进行协商,建立准则对各方诉求进行衡量,建立程序对不同意见进行合成,最后达成共识。正是因为内含这些因素的协调机制缺位,造成了增益性关系的无序状态。

4.职企合作尚处于试探和博弈阶段，具有不确定性和不稳定性

经过一段时间的经验积累，无论是职工还是企业，都比以前更希望合作。尤其是企业，在外部市场竞争激烈特别是市场不确定性增大的形势下，更需要与职工的稳定合作以提升内部的确定性。然而，因为协调机制未能建立，相应的平台、规则和准则、程序薄弱，使得职企合作带有较强的不确定性和不稳定性。职工并不知道，自己多干了、企业效益增加了，能不能得到利益的分享，能够得到多少增益；企业也不知道，给职工增加利益之后，他们是否真的相应地增加工作投入，带来企业效益的增加。以致企业在给职工增加工资、实行休假之后，因为得不到期待的职工工作投入增加而不再主动给予职工增益；职工在积极工作之后，因为得不到利益的分享，也会放弃工作投入的合作行为。

已经初步建立起来的协调机制，例如沟通恳谈和透明公开等，其规则性、准则性和程序性尚处于较低层次，在构建合作方面的功能不足。双方在协调机制缺位条件下的合作带有较强的试探性和博弈色彩，也带有较强的不确定性和不稳定性。

三、对策建议

（一）继续推进劳动法治建设，加强普法和执法

继续加强劳动保障监察，依法处理劳动争议上访，依法进行调解、仲裁和诉讼，打击欠薪违法行为，实现有法必依、执法必严，进一步规范企业和职工的行为，巩固职工权利保护和清晰各自法律边界的成果。

推进"法治大亚湾"建设，开展"普法进企业、进车间、进工地"活动，进行"诚信守法示范企业""民主法治示范企业"创建活动。继续对职工提供

法律援助、法律指导，引导企业守法经营、职工合法维权。

（二）花大力气推进协调机制建设，进行协调机制的创新

补齐协调机制缺位这个短板，集中力量、花大力气进行企业层面的协调机制建设。继续推进透明公开、沟通恳谈，对工会参与、民主管理和集体协商这三个机制进行攻坚。

加强"党政主导、部门联动、各界支持、整体推动"的工作格局，发挥劳动关系三方机制的影响力，发挥司法、综治维稳、工贸、财政、公安、住建、市场监督、地税、安监、群团等部门的职能优势，加强在协调机制建立方面的协调配合，形成推进合力。

发挥和谐劳动关系讲师团的作用，建立人力资源经理协会并发挥其作用，建立健全工商联和商会组织，共同推进协调机制的建设。

进行协调机制的创新，充实现有协调机制的内容，探索和创造新的机制形式。对于协调机制的建立和推进，也要进行探索和创新。

（三）研究和创新职企合作的实现机制，形成科学、成型的制度框架

研究职企合作在各类企业中的实现形式，建立起科学的制度框架和有效的运行机制。第一，研究和创新"协商共事""机制共建"的实现形式。由企业和职工共同商定职工在生产中投入之后可以得到分享的数量和方式，以及当企业效益增加后职工根据劳动和绩效能够分享的数量和比例，建立工作投入数量与利益改善数量之间的确定性联系。第二，研究和创新"效益共创"的实现形式。通过工作投入数量与利益改善数量之间的确定性联系，将职工的增益需求转化为工作动力，增加工作投入，产生工作业绩，增加企业效益。第三，研究和创新"利益共享"的实现形式。对于实现的企业效益，根据协商和约定进行分享，实现职工的增益目的。第四，研究和创新"互利双赢、共建共享"的实现形式。构建协商共事、机制共建、效益共创和利益共享的

机制衔接，促进其间的良性循环，保证合作的稳定性和确定性。

（四）工作建议

第一，表彰协调机制推进程度最好的十家企业，总结这些企业的经验和模式，进行宣传，向其他企业推广。第二，通过讲师团和培训班等形式，进行协调机制的培训，指导协调机制的建立过程。第三，对协调机制建立迟缓的企业进行约谈，以及进入企业进行指导。第四，将协调机制的推进情况作为政府选择采购供应商、工程承包商以及企业经营者评先评优的考核指标。

附　录

一、员工问卷

（一）劳动关系评价员工问卷（2015年）

尊敬的朋友：您好！

为全面真实了解企业劳动关系情况，促进建立和谐的劳动关系，我们进行了本次调查，所有信息仅作统计处理，不作个案分析，因此不会对您造成任何影响。同时本调查没有任何商业或营利目的，恳请您如实填写。

A1.您的性别：

（1）男

（2）女

A2.您的年龄：＿＿＿岁

A3.您的户籍情况：

（1）本地户口

（2）外地非农业户口

（3）外地农业户口

A4.您的籍贯：

A5.您的受教育程度：

（1）小学及以下

（2）初中

（3）高中（职高）

（4）中专（中技）

（5）大专（高职）

（6）本科

（7）研究生

A6.您在单位属于下列哪类人员？

（1）普通工人

（2）技术工人

（3）后勤服务人员

（4）保安、保卫

（5）办事人员、文员

（6）供销人员

（7）专业、业务人员

（8）工程技术人员

（9）班组长、线长、拉长

（10）中层管理人员

（11）专职工会干部

（12）党的专职干部

（13）其他（请说明，＿＿）

A7.您上月的月收入是多少？（包括拿到手的全部收入，不包括纳税额）（如果您上个月没有全勤，请选择第10项其他）

（1）1808元以下

（2）1809—2000元

（3）2001—2500元

（4）2501—3000元

（5）3001—4000元

（6）4001—6000元

（7）6001—8000元

（8）8001—10000元

（9）10000元以上

（10）其他

A8.您在本单位工作期限有多长？

（1）1年以下

（2）1—3年

（3）3—5年

（4）5—10年

（5）10年以上

A9.现在是第几次进入这家企业？

（1）第一次

（2）第二次

（3）第三次

（4）第四次

（5）第五次

1.您与单位是否签订了劳动合同？

（1）签订了

（2）不清楚签了还是没签

（3）没有签订

2.您感到自己现在工作是否稳定？

（1）随时可能被辞退

（2）合同到期后可能解除

（3）有可能会雇用几年

（4）可能长期雇用

3.如果本单位想长期雇用您，您准备在这里干多长时间？

（1）随时会离开

（2）看看再说

（3）会工作上几年

（4）会一直工作下去

4.您这个岗位上的工作过程，让您感到有趣味还是单调？

（1）十分单调、枯燥、乏味、没意思

（2）有点单调、枯燥、乏味、没意思

（3）有点兴趣，有点充实的感觉

（4）有较强的兴趣，相当充实

5.单位规定的工作任务，您能否在8小时内干完？

（1）8小时内肯定干不完

（2）有时干不完、有时能干完

（3）特殊情况下干不完

（4）基本上能干完

6.您认为您能跟上现在这个岗位的速度吗？

（1）从来跟不上

（2）有时跟不上

（3）多数时候能跟上

（4）一直能跟上

7.您加班的情况如何？

（1）单位强迫加班，加班太多

（2）单位强迫加班，加班不算多

（3）自己自愿加班，加班适中

（4）自己自愿加班，但是加班太少

8.您加班加点能否得到下列补偿？

（1）拿到平时1.5或2倍的加班费，或者补休

（2）有倒休或加班费，但是低于1.5或2倍

（3）没有任何补偿

9.您的工作场所和工作环境让您觉得舒适吗？

（1）非常难受、痛苦

（2）有点难受、痛苦

（3）比较舒适

（4）十分舒适

10.您现在的工作是否有可能影响您的健康（例如出现工伤或职业病）？

（1）随时可能

（2）偶尔可能

（3）不大可能

（4）基本不可能

11.您是否参加过单位组织的有关职业安全与卫生方面的培训?

（1）参加过较多次

（2）参加过一两次

（3）没有参加过

12.您的底薪是什么水平?

（1）高于政府定的最低工资标准

（2）相当于政府定的最低工资标准

（3）低于最低工资标准

13.您每月工资的发放情况?

（1）按时发放

（2）偶尔拖欠

（3）经常拖欠

14.您是否担心本单位以后会拖欠您的工资（例如因为订单原因或者欠薪逃匿）?

（1）十分担心

（2）有点担心

（3）不大担心

（4）基本不担心

15.您认为，单位给您的工资（薪酬）与您所付出的劳动和做出的业绩相比，合理还是不合理（公平还是不公平）?

（1）很不合理

（2）不大合理

（3）有点合理

（4）基本合理

16.您的工资是否与单位经济效益有联系?

（1）有关系，单位效益好，工资就涨

（2）单位效益好坏与我的工资没有关系

（3）单位效益差了，工资就降

17.您对工资收入是否满意?

（1）很满意

（2）比较满意

（3）不太满意

（4）非常不满意

18.本单位是否有员工食堂？

（1）有，我在那里用餐。很满意

（2）有，我在那里用餐。比较满意

（3）有，我在那里用餐。不太满意

（4）有，我在那里用餐。非常不满意

（5）有，我没有在那里用餐

（6）没有

19.您是否在单位住宿？

（1）在单位宿舍住宿。很满意

（2）在单位宿舍住宿。比较满意

（3）在单位宿舍住宿。不太满意

（4）在单位宿舍住宿。非常不满意

（5）不在单位住宿

20.您在住宿的地方，是否觉得比较自由？

（1）被严格限制，很不自由

（2）有些限制，不太自由

（3）比较随意，相对自由

（4）相当随意和自由

21.当您有病或有事的时候，是否可以顺利请假？

（1）可以顺利请假

（2）看情况，有时能请假

（3）根本请不到假

22.您去年在本单位是否享受了带薪年假？

（1）按照规定享受了带薪年假

（2）享受了带薪年假，但没有达到规定的天数

（3）根本没有享受过带薪年假

23.您觉得自己目前的工作和待遇体面吗？

（1）很寒酸

（2）不大体面

（3）比较体面

（4）相当体面

24.您在过去一年中，是否参加过本单位组织的有关工作方面的培训？

（1）参加过较多次

（2）参加过一两次

（3）没有参加过

25.在现在的岗位上，您能学到想学的技术、业务或管理吗？

（1）一点学不到

（2）学到的不多

（3）能学到一些

（4）能学到很多

26.对于个人掌握的技术诀窍或业务经验，您的同事能否传授给您？

（1）绝对不传授

（2）一般不传授

（3）有的会传授

（4）基本会传授

27.当单位管理岗位出现空缺时，如果您够条件，会有被选任的机会吗？

（1）有机会，凭竞争

（2）说不定，不一定凭竞争

（3）没机会，单位不能做到公平

28.您认为，本单位发自内心地关心您这样的员工吗（真的为您这样的员工好吗）？

（1）根本不关心

（2）关心不多

（3）比较关心

（4）很是关心

29.对于本单位向员工宣布的事情、所作的承诺等，您信还是不信？

（1）根本不信

（2）不太信

（3）有些可信

（4）基本可信

30.您的单位对于您这样的员工的管理，是根据规章制度（例如员工手册）还是由领导者随意决定？

（1）领导者随心所欲

（2）领导者有些随意

（3）大多按照规章制度

（4）完全按照规章制度

31.您感到在本单位是被管制的还是拥有自由的？

（1）被严苛管制

（2）受一定束缚

（3）有点自由

（4）有合理的自由

32.您的上级在工作和管理中对待您的态度是什么样的？

（1）很专横、强迫

（2）有点专横、强迫

（3）有点心平气和

（4）基本是心平气和

33.您在单位能否感受到被尊重？

（1）强烈感到不受尊重，受欺负

（2）有点不受尊重、受欺负

（3）有点尊重感

（4）有较强的尊重感

34.本单位向您这样的员工定期公开或通告以下哪些事项？（可多选）

（1）销售额

（2）利润额

（3）经营状况

（4）订单情况

（5）企业政策和变动

（6）未来发展计划

（7）未来工资提升计划

35.在本单位，当您有不满或有意见时（对于主管、工作安排、工资、福利、请假、纪律、规定等），能否反映到单位的有关部门并得到解决？

（1）根本不能

（2）小部分能

（3）大部分能

（4）基本都能

36.您在本单位是否参加过有关员工手册、规章制度、工资调整、福利休假、住房公积金等的座谈会（或者称为协商会、说明会、听证会、恳谈会、沟通会、宣导会、宣讲会）？

（1）从来没有参加过

（2）很少参加

（3）参加过一些

（4）经常参加

37.您在本单位是否参加过职代会（比如您作为职代会代表）？

（1）没有参加过

（2）偶尔参加

（3）定期参加

38.您在本单位是否经历或参加过集体协商、签订集体合同的过程？

（1）没有参加过

（2）偶尔参加

（3）定期参加

39.在本企业您有讨厌的人吗？

（1）有，不少

（2）有，少数几个

（3）很少

（4）没有

40.您觉得，您与企业间的关系如何？

（1）彼此矛盾很大，企业只顾自己

（2）有点矛盾，企业多是考虑自己

（3）有点像利益共同体，互相有关照

（4）就是个利益共同体，同舟共济

41.您是否参加了单位的工会？

（1）参加了

（2）没参加

（3）单位没有工会

42.您是否参加过本单位工会干部的选举并投票？

（1）没有参加过

（2）不记得了

（3）参加过

43.您是否参加过由单位工会组织的劳动竞赛或技能大赛活动？

（1）没有参加过

（2）不记得了

（3）参加过一两次

（4）参加过多次

44.你们的企业工会是否定期收集您这样的员工的意见，向企业行政反映？

（1）没有过

（2）偶尔有

（3）比较多

（4）很经常

45.如果您与单位发生劳动争议，或者对工资、加班和经济补偿金不满，您认为最有用的解决方式是什么？

（1）直接找单位的劳动争议调解机构

（2）找工会

（3）找单位领导或主管领导反映问题

（4）辞职

（5）找政府部门

（6）通过法律途径解决

（7）采用罢工、停工等群体性手段解决

46.您觉得自己有发自内心的工作积极性吗？

（1）根本没有，只是不得不干

（2）有一点，想干些工作

（3）有积极性，有活力

（4）很积极，很热情

47.今年来，您有没有给单位提过经营管理或技术设备方面的合理化建议（包括口头、短信、书面、意见箱、电话、网络、电子邮件、在会上发言等方式）？

（1）没有提过

（2）提过1—2次

（3）提过多次

48.您认为现在所在的企业是否有发展前景？

（1）有很好的发展前景

（2）一般

（3）发展前景不怎么样

49.您觉得在这里工作有希望和前途吗？

（1）谈不上希望和前途

（2）或许有希望和前途

（3）会有希望和前途的

（4）肯定能满足希望，有前途

50.总的来说，您觉得自己的人生过得幸福吗？

（1）很不幸福

（2）不太幸福

（3）比较幸福

（4）非常幸福

51.如果让您对单位的劳动关系状况进行打分，10分为满分，您会给单位打多少分？（该题是计分题，将加入总分中）

（二）劳动关系评价指标体系员工问卷（2017年）

尊敬的朋友：您好！

为全面真实了解企业劳动关系情况，建立和谐的劳动关系，我们进行了本次调查，本调查没有任何商业或营利目的，所有信息仅作统计处理，因此不会对您造成任何影响，恳请您如实填写。

温馨提示：

（1）您需要填写的是目前正在工作的企业的情况（个别题目除外）

（2）您需要填写的是今年（2017年）的情况（个别题目除外）

（3）您需要填写的是您实际的情况（个别题目除外）

（4）题目答案限选一项（个别题目除外）

A1.人员类型：

（1）普通员工

（2）专业技术人员

（3）一般管理人员

（4）中层管理人员

（5）高层管理人员

A2.性别：

（1）男

（2）女

A3.年龄（周岁）：

（1）不到16岁

（2）16—20岁

（3）21—25岁

（4）26—30岁

（5）31—35岁

（6）36—40岁

（7）41—50岁

（8）51—60岁

（9）60岁以上

A4.户籍：

（1）农业户口

（2）非农业户口

A5.教育水平：

（1）小学及以下

（2）初中

（3）高中（职高）

（4）中专（中技）

（3）大专（高职）

（6）本科

（7）研究生

A6.岗位类型：

（1）普通工人

（2）技术工人

（3）后勤服务人员

（4）保安、保卫

（5）办事人员、文员

（6）供销人员

（7）专业、业务人员

（8）工程技术人员

（9）班组长、线长、拉长

（10）中层管理人员

（11）高层管理人员

（12）专职工会干部

（13）党的专职干部

（14）其他（请说明，_____）

A7.身份性质：

（1）国有企业或原国有企业的正式工

（2）劳动合同工或雇员（包括试用期的员工）

（3）劳务派遣工（被劳务派遣公司派到这家企业工作）

（4）人事代理（人事关系在人才服务中心）

（5）劳务外包工（属于项目承包公司或包工队，到这家企业干活儿）

（6）灵活就业（小时工、计时工、临时工、季节工等）

（7）学生工（属于某学校的学生，到这个单位来实习）

（8）学徒工（与本企业签订了学徒合同）

（9）业主、股东（企业出资人，或出资人委派的代表）

A8.在本单位的工作期限：

（1）1年以下

（2）1—3年

（3）3—5年

（4）5—10年

（5）10年以上

1.您是否与用人单位签订了劳动合同（当前有劳动合同就算，不管与哪家企业签的）？合同期限有多长？

（1）没有签订劳动合同

（2）半年期合同

（3）1年期合同

（4）2—3年期合同

（5）4年以上的固定期限合同

（6）无固定期限合同

（7）其他

2.如果你想辞职的话，是否可以随时离开？

（1）可以随时离开，没有限制

（2）需要提前一个月通知企业，到时即可离厂

（3）企业扣着我的身份证（或暂住证、资格证、学历证），不让随便离开

（4）企业扣着我的押金，不让随便离开

（5）企业扣着我上个月（或更长时间）的工资，如果离开就拿不到

3.如果现工作单位想留您一直工作下去，您自己准备工作多长时间？

（1）随时会离开

（2）看看再说

（3）会工作上几年

（4）会一直工作下去

4.对于单位的工作任务，您周围的同事一般是怎么做的？

（1）接任务时能少点就少点，工作时能少干就少干点

（2）基本过得去，随大溜，让领导挑不出什么

（3）安排什么就做什么，符合领导的要求

（4）主动多做工作，时常超过领导的要求，不讲价钱

5.您工作的场地和岗位是否有工伤、职业病的隐患（例如接触有毒物质和气体、冒险作业等）？

（1）我的场地、岗位都很安全，没有隐患

（2）有不安全因素，但问题不大

（3）隐患较多，但尚未发生过工伤或职业病

（4）隐患很多，已经发生过工伤或职业病

6.如果有安全隐患，您是否向单位提出过解决的要求？

（1）没有提出过

（2）提出过，没有结果

（3）提出过，有部分改善

（4）提出过，基本改善了

7.您正在工作的岗位有没有岗位职责规定（即岗位说明书）？

（1）我的岗位没有岗位职责规定/岗位说明书（或"不知道"有没有）

（2）有，很简单、笼统

（3）有，比较详细，但仍有不足

（4）有，详细、具体，也符合实际

8.当您有病或有事的时候，是否可以顺利请假？

（1）有病可以顺利请假

（2）有事可以顺利请假

（3）看情况，有时能请假

（4）根本请不到假

9.在上个工作周的7天内，你实际上休息了几天（有几个厂休日）？

（1）每天都上班干活儿，没有休息过

（2）休息了半天

（3）休息了1天

（4）休息了1.5天

（5）休息了2天

（6）休息了2.5天以上

10.在上个星期的每个工作日，你大约工作了多少个小时（包括加班）？

（1）不够8小时

（2）8个小时左右

（3）9—10个小时

（4）11—12个小时

（5）13—14个小时

（6）15个小时以上

11.您上个月加班了吗？加班是否自愿？

（1）单位强迫加班，不加班扣罚

（2）单位强求加班，不加班领导有意见

（3）自愿加班，但不想加班太多

（4）愿意加班，加班多些好

12.您加班加点能否得到补偿？

（1）没有任何补偿

（2）有倒休、补休，但没有其他补偿

（3）有加班费，但是低于1.5或2倍

（4）可拿到平时1.5或2倍的加班费

13.下面列出了企业常见的薪酬项目，请从中找出您实际上有的薪酬项目？（可多选）

（1）固定工资（每月的数额是相对固定的，例如基本工资、岗位工资、技能工资、实习工资、试用期工资等）

（2）计件工资（也包括包工工资、项目工资、日工资等）

（3）加班加点工资（即加班费）

（4）薪点工资（单位对各岗位制定不同的薪点，薪点乘以企业效益即工资数）

（5）个人绩效工资（随个人绩效考核的分数而定）

（6）部门绩效工资（随部门等小单位的绩效考核分数而定）

（7）提成工资（例如销售提成、研发提成、利润提成等）

（8）工龄工资（根据在本企业的工作年限而定，又称年功工资）

（9）月奖金（按月发放的各种奖金，也包括季度奖、半年奖）

（10）年终奖（年终发放的一次性奖金）

（11）年金、利润分享、股票分红

（12）股票期权、股票分享

（13）津贴、补贴（各类）

（14）职务性消费（各类）

（15）其他，请说明_____

14.您的底薪（基础工资）是什么水平？

（1）高于1350元

（2）差不多是1350元

（3）低于1350元

15.您上月的月薪酬总共有多少（打到你银行卡上的全部工资和津贴）？（如果您上个月没有全勤，请选择"未工作满一个月"）

（1）低于1350元

（2）1350—3000元

（3）3001—4000元

（4）4001—5000元

（5）5001—7000元

（6）7001—9000元

（7）9000元以上

（8）未工作满一个月

16.您觉得自己的薪酬（工资、奖金等）与所付出的劳动符合吗？

（1）工资与付出的劳动相比太低了

（2）工资与付出的劳动相比低一些

（3）工资与付出的劳动相差不多

（4）工资与劳动付出相符合

17.在2017年，您每月工资的发放情况是什么？

（1）经常拖欠

（2）时不时拖欠

（3）偶尔拖欠

（4）按时发放

18.在2017年，你的工资单中是否出现过扣款？

（1）几乎每个月都被扣款

（2）隔一两个月就被扣款

（3）某些月份被扣过款

（4）没有被扣过款

19.在2017年，您对工资待遇等是否向企业管理方提出过意见或要求？

（1）多次提过问题或意见（五次以上）

（2）提过三四次

（3）提过一两次

（4）没有提过问题或意见

20.单位给你缴纳了哪些社会保险或福利？（请在您确知已经办理的项目上选择，可多选）

（1）养老保险

（2）失业保险

（3）工伤保险

（4）医疗保险

（5）住房公积金

21. 用人单位是否向您提供了下面的福利？（可多选）

（1）免费或补贴的食堂

（2）免费或补贴的集体宿舍/夫妻房

（3）岗位附近的休息场所和座椅

（4）浴室、淋浴或浸浴设施

（5）体育或娱乐设施

（6）业余社团/协会

（7）困难救助金（家里灾害、特困、伤病、事故等）

（8）解决孩子上学，或资助学费

（9）节日发水果、糕点、月饼等

22. 您和本单位（本部门）的同事们是否一块游览、爬山、打球、唱歌、用餐、喝酒、喝茶、打牌、看电影等？（只要有其中的一项就算）

（1）我没有参加过这样的活动

（2）我参加过，但是参加次数很少，一年没几次

（3）参加次数和活动类型较多，一年有几次

（4）经常参加这样的活动，每个月都有

23. 对于个人掌握的技术诀窍或业务经验，您的同事是否传授给您？

（1）绝对不传授

（2）一般不传授

（3）有的会传授

（4）基本会传授

24. 企业的保安是否对员工进行搜包搜身、监督纪律以及打骂等？（有一种就算

（1）几乎每天都有

（2）经常有

（3）偶尔有

（4）没有过

25. 您的直接上级在对您的管理中，较多地采用下面哪些做法？（直接上级就是直接管你的人，例如您的班长）

（1）发脾气、说脏话、打骂员工

（2）用罚款、辞退等威胁员工

（3）指出问题，进行教育

（4）与员工聊天，关系融洽

26.您2017年一共参加了多长时间的职业培训（包括单位内的，也包括单位外派到学校、培训机构的）？

（1）没有参加过

（2）10天以下

（3）10—30天

（4）31—60天

（5）61天以上

27.您周围的员工里边有没有下面一些现象？

（1）故意浪费原材料或企业物品

（2）向政府举报企业的违法行为（例如污染、消防、安全等）

（3）故意出次品或让机器设备损坏

（4）没有以上现象

28.本单位是否就您的绩效考核结果与您进行面谈？

（1）本单位对我没有绩效考核

（2）有绩效考核，但不对我公布结果

（3）考核后会告诉我分数或公布分数

（4）考核后在通知分数的同时进行沟通/面谈

29.您的直接上级是通过什么方式担任现在的职务的？

（1）由企业高管或有关部门单独直接任命

（2）征求我这样的员工的意见，由上级任命

（3）由我这样的员工推荐（投票），然后上级任命

（4）由我这样的员工选举（投票），得票高的人担任

（5）不知道他是如何任职的

30.当单位管理岗位出现空缺时，您有被选任的机会吗？

（1）本单位较少内部晋升，而是从社会上招聘

（2）有内部晋升，但我没机会，因为不能做到公开、公平

（3）比较公开、公平，但也不一定都如此

（4）基本是公开、公平的，只要够条件就有机会

31.你认为本企业是否遵守法律（例如《劳动法》《劳动合同法》《社会保险法》等），是否算得上守法企业？

（1）不守法，想怎么做就怎么做

（2）有些事情守法，有些事情不守法

（3）大部分事情守法，有些事情搞擦边球

（4）在各种事情上都守法，该做的基本做了

32.您的单位对于您这样的员工的管理，是根据规章制度（例如员工手册）还是由主管个人随意决定？

（1）领导者随意决定

（2）领导者有些随意

（3）大多按照规章制度

（4）完全按照规章制度

33.本企业的经营状况（包括盈亏情况、订单情况、成本情况等）是否让您这样的员工知道？

（1）这是保密的，不公开（或"不知道"是否公开）

（2）透露一点，但是很少

（3）通报一些，不是很充分

（4）基本通报，包括数字等

34.企业的有关政策变化和较大变动（例如业务转型、并购重组、向外地迁厂等），是否会及时通知您这样的员工？

（1）这是保密的，不对员工公开（或"不知道"是否公开）

（2）透露一点，但是很少

（3）通报一些，不是很充分

（4）基本提前告知，让员工有准备

35.在新规定（例如薪酬福利、劳动定额、计件工资、绩效考核等）正式实施之前，本企业是否召开员工说明会（解说会、宣导会、宣讲会等）？

（1）单位不开这类会（或"不知道"有没有）

（2）开会只宣读规定，对员工提要求

（3）宣读规定并说明依据，但员工不能提问题

（4）宣读和说明后，员工可以提问、提意见

36.如果单位给您的处罚（扣工资、罚款、调职等）不合理，您是否可以通过正常渠道（包括接待日、开放日、意见箱、打电话、发邮件、内部网、直接去等，只要有一种就算）进行申诉并得到解决？

（1）没有这样的申诉渠道（或"不知道"有没有）

（2）可以申诉，但不一定达到真正的主管部门

（3）能达到主管部门，但不一定接受和处理

（4）能达到主管部门，也能得到合理的处理

37.如果您对单位的待遇、管理、规定等有建议或想法，能否通过正常渠道（包括接待日、开放日、意见箱、打电话、发邮件、内部网、直接去等）反映到主管部门并得到答复？

（1）没有这样的正常渠道（或"不知道"有没有）

（2）可以反映，但不一定达到真正的主管部门

（3）能达到主管部门，但不一定给答复

（4）能达到主管部门，也能得到答复

38.本单位的有关领导是否深入您这样的员工中走访、慰问？

（1）没有过（或不知道有没有）

（2）偶尔有

（3）比较多

（4）经常

39.本单位在制定或修改规章制度（例如员工手册、劳动纪律、食堂管理）时，是否征求您这样的员工的意见？（包括开会、张贴、网上、意见表，以及职代会、员工评审会等，只要有就算）

（1）没有征求过我的意见

（2）征求，但我没有参加过

（3）征求，我偶尔参加

（4）征求，我参加较多

40.本单位是否对您这样的员工进行意见调查（例如问卷调查）？

（1）没有（或不知道有没有）

（2）有，偶尔进行

（3）有，每年一次

（4）有，每年两次以上

41.本单位是否设立了劳资恳谈会（有的企业叫座谈会、协商会、沟通会、对话会、议事会、茶话会、总裁茶歇等，只要存在这些形式就算），在会上总经理（总裁、副总裁）等高管与员工面对面沟通、交换意见、讨论商量？

（1）本单位没有恳谈会（或"不知道"有没有）

（2）有，但我没有参加过

（3）有，我偶尔参加

（4）有，我经常参加

42.你是否可以在本单位的内部网上发帖、回帖？

（1）本单位没有内部网或网上论坛（或"不知道"有没有）

（2）有内部的网上论坛，但我这样的员工没有权限

（3）有内部的网上论坛，不过我较少发帖、回帖

（4）有内部的网上论坛，我发帖和回帖都较多

43.您是否参加了包括下列人员在内的QQ群或微信群（只要是群都算）？请选出你参加的所有的群。（可多选）

（1）包括总经理或副总在内的群

（2）包括人力资源主管在内的群

（3）包括直接主管在内的群

（4）本企业工会的群

（5）与自己同类别员工的群

（6）同乡群或亲友群

（7）劳工服务群

（8）没有参加以上的各种群

44.您是否参加过本单位工会干部的选举并投票？

（1）本单位没有工会（或"不知道"有没有）

（2）有工会，但我没有参加过选举

（3）参加过工会选举，但候选人不是会员推荐的

（4）参加过工会选举，也推选过候选人

45.在2017年，单位工会是否收集过您这样的员工的意见，汇集起来后与人力资源部门或高管沟通？

（1）本单位没有工会（或"不知道"有没有）

（2）没听说过工会做这样的事

（3）工会收集员工意见，但不经常，收集范围窄

（4）工会定期、广泛收集员工的意见

46.在2017年，您在本单位是否参加过职代会的活动？

（1）本单位没有职代会（或"不知道"有没有）

（2）有，但我没有参加过职代会的活动

（3）有，我参加过推选/选举职代会代表

（4）有，我推选过代表，也作为职代会代表参加过会议

47.本单位是否有集体协商，即工会（或工人推选的代表）代表员工，与企业方就工资、休假等问题进行协商，之后签订集体合同？

（1）本单位没有集体协商（或"不知道"有没有）

（2）有，但我没有参加过活动

（3）有，我参加过推选/选举集体协商的员工代表

（4）有，我推选过代表，并作为员工代表参加过集体协商

（5）有，我作为资方代表参加过集体协商

48.就实际情况看，本企业与您这样的员工之间，是互利共赢的吗？

（1）不是。企业只想盈利，纯粹把员工当工具

（2）不像。企业多是考虑自己，不大考虑员工

（3）部分是。企业盈利了，有时会给员工加点工资福利

（4）是。企业盈利了，员工的工资福利会同样幅度地增加

49.在您周围的同事里边，有没有一心把工作干好，对收入、待遇顺其自然的人？

（1）没有

（2）很少

（3）有几个

（4）较多

50.今年来，您有没有提过对单位有益的建议或点子（包括经营管理、物料采购、销售服务、物流安排，或者解决某个技术问题等）？

（1）没有提过

（2）提过一两次

（3）提过三四次

（4）提过多次

51.从去年到现在，您是否因为维权而与本企业发生过劳动争议？（包括工资争议、工伤争议、社会保险争议、辞职和解聘争议、调岗争议等，只要有一种就算）

（1）没有发生过劳动争议

（2）发生过一两次

（3）发生过三四次

（4）发生过多次

52.从去年到现在，您是否因为维权而求助过政府有关部门？（包括投诉、上访、仲裁、诉讼，以及检举、揭发等，只要有一种就算）

（1）没有去过

（2）去过一两次

（3）去过三四次

（4）去过多次

53.从去年到现在，您是否因为维权而参加过本单位员工的罢工？

（1）本单位没有发生过罢工（或"不知道"是否有过）

（2）发生过，但是我没参加

（3）参加过，但发挥作用较小

（4）参加了，发挥了适当的作用

54.从去年到现在，您是否采用过特殊方式进行维权？（包括跳楼、堵门、堵路、吵架、殴打、威胁、恐吓等，只要有一种就算）

（1）没有过

（2）有过一两次

（3）有过三四次

（4）有过多次

55.本题请您对单位的劳动关系状况打分，10分为满分，您会给单位打多少分？（按照实际分值计入总分中）

二、企业问卷

（一）劳动关系评价企业问卷（2015年）

企业基本信息

1.企业名称：

2.所在社区：

3.行业类别：

（1）电子信息产业

（2）石化产业

（3）家具产业

（4）建筑业

（5）港口物流

（6）旅游业

（7）其他

4.工商登记注册类型：

（1）有限责任公司

（2）三来一补

（3）个人合伙企业

5.企业所有制类型：

（1）国有

（2）民营

（3）港澳台

（4）日资

（5）韩资

（6）欧美

（7）集体

（8）其他

6.企业规模：

（1）超大型企业（指的是万人以上的企业）

（2）大型企业

（3）中型企业

（4）小型企业

（5）微型企业

7.企业就业人数：____人

8.本企业近年来的人员数量：

	年初人数（人）	本年度累计招工总人数
2011年		
2012年		
2013年		

9.本企业的经营状况：

	销售额（万元）	人工成本总额（包括薪酬、奖金、社保等）（万元）	税前利润总额（万元）	纳税总额（万元）
2011年				
2012年				
2013年				

第一部分　企业经营与员工稳定性

1.本企业签订无固定期限劳动合同率是____%。

2.本企业使用劳务派遣工的比例是____%。

3.去年员工月平均流失率大概有多少？

（1）5%及以下

（2）5%—10%

（3）10%—20%

（4）20%—30%

（5）30%以上

4.本企业从2013年年初以来，以下数字各是多少：

（1）辞退或开除员工人数：____人

（2）员工去政府上访、投诉____起

（3）劳动仲裁（包括裁前调解）____起

（4）停工、怠工、罢工____起

（5）堵路、集体上访____起，由人力资源部调处的纠纷____起

5.本企业是否有下列组织或部门？（可以是性质相近但名称不同）

（1）董事会

（2）监事会

（3）经理办公会

（4）职工董事

（5）职工监事

（6）工会

（7）职代会

（8）党支部

（9）共青团

（10）女工组织

（11）社工部门

（12）社团

（13）成本管理提案委员会

（14）职工福利委员会

（15）职工权益委员会

（16）劳动关系促进委员会

（17）劳动关系协调委员会

（18）劳动争议调解委员会

（19）员工申诉委员会

（20）团队精神委员会

（21）宿舍管理委员会

（22）食堂管理委员会

（23）其他

6.与同行业竞争对手相比，过去的两年中公司的销售情况总体上怎样？

（1）很差

（2）中下水平

（3）中等水平

（4）中上水平

（5）领先水平

第二部分　工资和福利

7.本公司近5年来的经营业绩走向如何？

利润率	（1）持续降低	（2）时降时升	（3）基本平稳	（4）持续提高	（5）其他
产品合格率	（1）持续降低	（2）时降时升	（3）基本平稳	（4）持续提高	（5）其他
交货准时率	（1）持续降低	（2）时降时升	（3）基本平稳	（4）持续提高	（5）其他
客户投诉率	（1）持续降低	（2）时降时升	（3）基本平稳	（4）持续提高	（5）其他
人工成本	（1）持续降低	（2）时降时升	（3）基本平稳	（4）持续提高	（5）其他

8.本单位的薪酬制度主要受到哪些因素的影响？（可多选）

（1）单位的业绩和经营效益

（2）单位负责人或者董事会的决策

（3）当地政府的最低工资标准

（4）工会与管理方的集体谈判

（5）劳动力的市场行情和薪酬水平

（6）职工满意度调查结果

9.普通员工享受哪些福利项目？（可多选）

（1）免费或低价的宿舍或租房津贴

（2）免费或低价的夫妻房

（3）困难救助基金或医疗救助金

（4）幼儿园

（5）医务室

（6）免费或低价饭堂

（7）冬季热水洗澡

（8）图书室

（9）外出旅游、活动

（10）企业内网吧或宿舍网线

（11）运动场（篮球场、排球场）

（12）过生日、贺卡

（13）文艺活动

（14）心理咨询

（15）知识和技术培训

第三部分　工作条件与环境

10.企业是否为女性和未成年工提供了以下的保护?

（1）禁止安排女职工和未成年工从事重体力劳动

（2）禁止未成年工从事夜班工作

（3）对怀孕的妇女进行调岗

（4）给予女性法定的产假

（5）给予哺乳期妇女特殊的保护

（6）定期给未成年工进行体检

11.去年，企业内工伤发生率是多少?

（1）没有出现工伤

（2）发生率低于0.5%

（3）发生率在0.5%—1%

（4）发生率在1%—3%

（5）发生率在3%以上

第四部分　职工培训与发展

12.当经理岗位出现空缺时，一般是在内部选任还是在外部招聘?

（1）尽量在内部选任

（2）视情况而定

（3）尽量在社会上招聘

（4）其他＿＿＿＿＿＿

13.在现有全部职员以上人员中，有多大比例来自普通员工的内部晋升：＿＿＿%

14.企业会将绩效评估的结果与员工进行面谈吗？

（1）企业会及时沟通绩效评估结果，帮助员工成长

（2）企业有绩效评估，但不公布结果

（3）企业没有绩效评估

第五部分　沟通与民主管理

15.企业会向普通员工公开和通告以下哪些事项？（可多选）

（1）销售额

（2）利润额

（3）经营状况

（4）订单情况

（5）企业政策和变动

（6）未来发展计划

（7）未来工资提升计划

16.本企业是否建立了职代会？

（1）有，定期召开

（2）有，不定期召开

（3）没有

17.企业是否设立了劳资恳谈会，在会上董事长或总经理、CEO等与员工面对面交换意见？（劳资恳谈会在本企业可能称为座谈会、协商会、沟通会、对话会、议事会、茶话会等，只要本企业存在这类会议形式就可填写）

（1）没有恳谈会

（2）有，但是不常开

（3）有，有事的时候开

（4）有，定期或经常开

18.单位在制定或修改规章制度（例如员工手册）时，是否会征求员工的意见？

（1）不会征求员工意见

（2）视情况而定，有时会征求，有时不会

（3）大部分情况下会征求员工意见

（4）广泛征求员工意见

19.在重要人力资源政策、制度（例如工资制度、奖金制度、劳动定额标准、计件工资方案、绩效考核方案等）实施之前，是否召开员工说明会（宣导会、宣讲会、宣示会）？

（1）没有采取过

（2）采取过少数几次

（3）只要有这样的事情就举办

20.总经理、副总经理（CEO）是否与下列人员一对一面谈？

（1）经理

（2）班组长

（3）职员

（4）员工

21.是否进行离职面谈？

（1）不面谈

（2）对部分人面谈

（3）对每个人都面谈

（4）其他_____

22.对普通员工是否进行满意度调查？

（1）没有

（2）有，偶尔进行

（3）有，每年一次

（4）有，每年两次以上

第六部分　劳动争议与工会

23.企业是否成立了工会组织？

（1）成立了

（2）没有成立

24.工会主席是如何产生的？

（1）企业决定

（2）上级工会决定

（3）上级工会与企业共同决定

（4）企业推荐、会员选举

（5）会员直接选举

25.工会日常都做哪些工作？

（1）开展文体活动

（2）组织劳动竞赛、技能大赛

（3）组织员工提合理化建议

（4）组织技术技能培训

（5）开展新发明、新创造活动

（6）开展节能减排活动

（7）组织优秀职工评选

（8）帮助解决员工的实际困难

（9）组织"安康杯"竞赛

（10）接受来访投诉

（11）开展女职工关爱行动

（12）征求员工意见

（13）开展集体谈判、签订集体合同

（14）接受来访投诉

（15）组织和召开职代会

（16）主持或参加劳资恳谈会、听证会等

（17）其他_____

26.工会与人力资源部门之间是否建立了以下制度性关系？（可多选）

（1）工会与人力资源部门的联席会议

（2）工会就员工反映的问题与人力资源部门沟通

（3）工会就重要问题向人力资源部发函

（4）定期共同组织恳谈会、协商会

（5）开展集体谈判、签订集体合同

（6）其他_____

27.本企业去年是否开展过集体协商（或集体谈判）？

（1）没有开展

（2）开展了

28.今年以来，本企业是否发生过集体劳动争议？

（1）发生过几次

（2）发生过1次

（3）没有发生过

29.本企业内员工中是否有帮伙？

（1）没有

（2）有，不多

（3）有，较多

（4）其他

（二）企业调查问卷（2017年）

为全面真实了解企业劳动关系情况，促进构建和谐劳动关系，我们进行了本次调查，所有信息仅作统计处理，不作个案分析，因此不会对企业造成任何影响；同时，本调查没有任何商业或营利目的，恳请如实填写。

以下问题，除有明确说明外，限选一项。

企业基本信息

1.企业名称：

2.所在街道：（1）霞涌（2）西区（3）澳头

3.贵企业所属行业是：

（1）制造业

（2）石化行业

（3）旅游服务

（4）物流运输

（5）高新科技

（6）其他（请说明_____）

4.贵企业工商登记注册类型是：

（1）有限责任公司

（2）三来一补

（3）个人合伙企业

（4）个体工商户

5.企业所有制类型：

（1）国有

（2）民营

（3）港澳台

（4）日资

（5）韩资

（6）欧美

（7）集体

（8）其他

6.企业规模：

（1）超大型企业（指的是万人以上的企业）

（2）大型企业

（3）中型企业

（4）小型企业

（5）微型企业

7.企业就业人数：____人

8.请圈选每句话后面的数字，以表达贵企业的意见：

	非常 不满意	不满意	一般	满意	非常 满意
对街道劳动办提供的职业介绍、人才服务	1	2	3	4	5
对街道劳动办提供的法律咨询及服务	1	2	3	4	5
对街道劳动办的劳动监察	1	2	3	4	5

	非常 不满意	不满意	一般	满意	非常 满意
对街道劳动办的劳动争议调解和仲裁	1	2	3	4	5
对街道劳动办工作人员的服务态度	1	2	3	4	5
对大亚湾人社局和街道办的职业技能培训服务	1	2	3	4	5
对大亚湾构建和谐劳动关系文化氛围	1	2	3	4	5

9. 贵企业是否参与了政府组织的劳动法制宣传？

（1）参与了，参与了____场次的活动

（2）没有参与

10. 贵企业是否参与了政府组织的构建和谐劳动关系企业？是否愿意参加？

（1）已经参加了，愿意参加

（2）已经参加了，不太愿意参加

（3）没有参加，今后愿意参加

（4）没有参加，今后也不愿意参加

11. 贵企业是否愿意参加人社局组织的以下培训？

请在愿意参加的 课程编号上打√	课程名称	上课时间
1	高层管理者的领导艺术	3小时
2	追求卓越的团队管理	3小时
3	打造高绩效组织氛围：基层管理干部培训	3小时
4	组织氛围与企业文化建设	3小时
5	高管的人力资源管理	3小时
6	人力资源管理的核心：如何经营四种关系	3小时
7	看得见的绩效提升——从KPI到OKR	3小时
8	绩效管理理论与实务	3小时
9	员工关系管理及劳动用工风险防控	3小时
10	如何进行企业民主管理	3小时

请在愿意参加的课程编号上打√	课程名称	上课时间
11	劳资沟通的技巧（1）	3小时
12	劳资沟通的技巧（2）	3小时
13	规章制度制定与实施合法性的关键条款解读	3小时
14	防范劳动用工风险关键：劳动法常识	3小时
15	解雇裁员的法律风险与对策	3小时
16	全球视角下的企业社会责任	3小时

12.贵企业在员工管理、劳动关系方面存在哪些困难？

13.贵企业希望人社局为企业提供哪些服务？

14.贵企业希望大亚湾政府为企业提供哪些服务？

调查完毕，谢谢合作！

三、抽样方案

2017年大亚湾劳动关系监测抽样方案

人员类型	抽样范围	1000人以上的企业	400—1000人的企业	400人以下的企业
高层管理人员	总经理，副总经理，总监，以及相应级别	2	2	1
中层管理人员	处长，科长，课长，部门主任，生产厂长，车间主任，以及相应级别。可是正职或副职	10	7	5
基层管理人员	班组长，拉长，工段长；办事人员，文员，以及相应级别	20	15	10

人员类型	抽样范围	1000人以上的企业	400—1000人的企业	400人以下的企业
专业技术人员	工程师，技术员，会计，供销人员，以及相应职别	30	22	15
普通员工	技术工人，普工，后勤服务人员，保安，其他工人	40	30	20
抽样总数		102	76	51

说明：

1.根据企业的人数规模确定抽样数量。1000人以上的企业抽样102人，400—1000人的企业抽样76人，400人以下的企业抽样51人。

2.企业的最小抽样规模是51人。如果企业的员工总数低于50人则全部抽取。

3.每个企业所调查的员工都设定一个特殊的编号，以便在数据库中被识别为不同企业的样本。

后 记

惠州大亚湾区和谐劳动关系综合试验区建设历时五年，我们作为学者深度参与了整个过程，从最初的调研座谈，到方案制定、机制建立、经验形成、企业指导、评估监测全程介入，既有理论、理念付诸实施带来的成就感，也有理论与实践之间的落差带来的遗憾。从2009年在深圳市宝安区推行"1+3劳资恳谈协商机制"出版《劳资协商制——中国劳动关系改善的路径选择》到2015年在惠州市大亚湾区进行和谐劳动关系综合试验区建设，从原有的劳资协商到目前的自主协调、中国式的集体协商、劳资协商、行业自律、班组建设，从源头治理、过程介入评估监测，理论和实践更为丰富具体。作为社科学者，深知劳动关系在社会关系中的重要基础作用，只要存在劳动关系，和谐与改善就是一项长期的任务，对和谐劳动关系的研究和实践任重而道远。

在构建综合试验区的过程中，我们有幸结识了一大批志同道合、从事劳动关系工作的人员，非常感谢他们的信任、支持与帮助。他们是广东省人力资源和社会保障厅谢树兴副厅长、劳动关系处邓尧均处长、劳动关系处黄海京处长、劳动关系处副处长吴潇雯博士；惠州市人力资源和社会保障局谢耀凡副局长、劳动关系科杨超洪科长、张惠虹女士；惠州市大亚湾区人力资源和社会保障局曾文生局长、罗育青局长、文淑媚副局长、谢运俚科长、张玉花女士以及大亚湾区人社局和区总工会的多名工作人员。在谢树兴副厅长的带领下，中央《构建意见》颁布后，广东省快速颁布了相应实施办法并启动了多个试验区的建设，针对大亚湾提出了石化超大产业集群的传导带动功能，邓尧均处长多次莅临大亚湾现场指导，黄海京处长肯定大亚湾做法并总结为"系统化协同、立体化构建、行业化特色、项目化推进的大亚湾模式"，吴潇雯博士更是在方案制定上具体指导，反复推敲。谢耀凡局长多次到大亚湾指导工作，参与制定了试验区方案，杨超洪科长多次参与调研与指导，提出了很多创意。曾文生局长、罗育青局长高度重视试验区工作，多次参加工作总结会，文淑媚副局长主管试验区工作，参与了调研、协调、动员等多项工作，谢运俚科长负责布置、实施、联络等具体工作，张玉花女士参与了多份文件和资料的起草工作。经过五年共同的努力，大亚湾区成为全国和谐劳动关系示范区，辖区内企业华德石化有限公司成为全国和谐劳动关系示范企业，辖区内的多家企业成为广东省、惠州市、大亚湾区的和谐劳动关系先进企业。

本书的主要撰写人员有，第一章：翟玉娟、石秀印、彭光华；第二章：彭光华、李强；第三章：石秀印；第四章：方案及实施方案由多人参与完成，企业指引及劳动关系纲领由翟玉娟完成；第五章：石秀印；附录调查问卷：石秀印、翟玉娟。

感谢中国法制出版社编辑马颖、王雯汀对本书的支持。

图书在版编目(CIP)数据

中国式区域劳动关系治理 / 翟玉娟，石秀印，彭光华著. — 北京：中国法制出版社，2023.6

ISBN 978-7-5216-3470-9

Ⅰ.①中… Ⅱ.①翟… ②石… ③彭… Ⅲ.①劳动关系 - 管理 - 研究 - 中国 Ⅳ.①F249.26

中国国家版本馆CIP数据核字（2023）第069622号

责任编辑：王雯汀 封面设计：李 宁

中国式区域劳动关系治理
ZHONGGUOSHI QUYU LAODONG GUANXI ZHILI

著者 / 翟玉娟 石秀印 彭光华
经销 / 新华书店
印刷 / 河北华商印刷有限公司

开本 / 710毫米×1000毫米 16开	印张 / 18.25 字数 / 253千
版次 / 2023 年 6 月第 1 版	2023 年 6 月第 1 次印刷

中国法制出版社出版

书号ISBN 978-7-5216-3470-9 定价：69.00元

北京市西城区西便门西里甲16号西便门办公区

邮政编码：100053 传真：010-63141600

网址：http://www.zgfzs.com 编辑部电话：010-63141824

市场营销部电话：010-63141612 印务部电话：010-63141606

（如有印装质量问题，请与本社印务部联系。）